Autor und Verlag haben sich bei diesem Führer gewissenhaft um verläßliche Angaben bemüht. Eine Haftung irgendeiner Art kann jedoch nicht übernommen werden. Die Verantwortung für seine Routenwahl und die Einschätzung alpiner Gefahren muß jeder Tourengeher und Skibergsteiger selbst übernehmen.

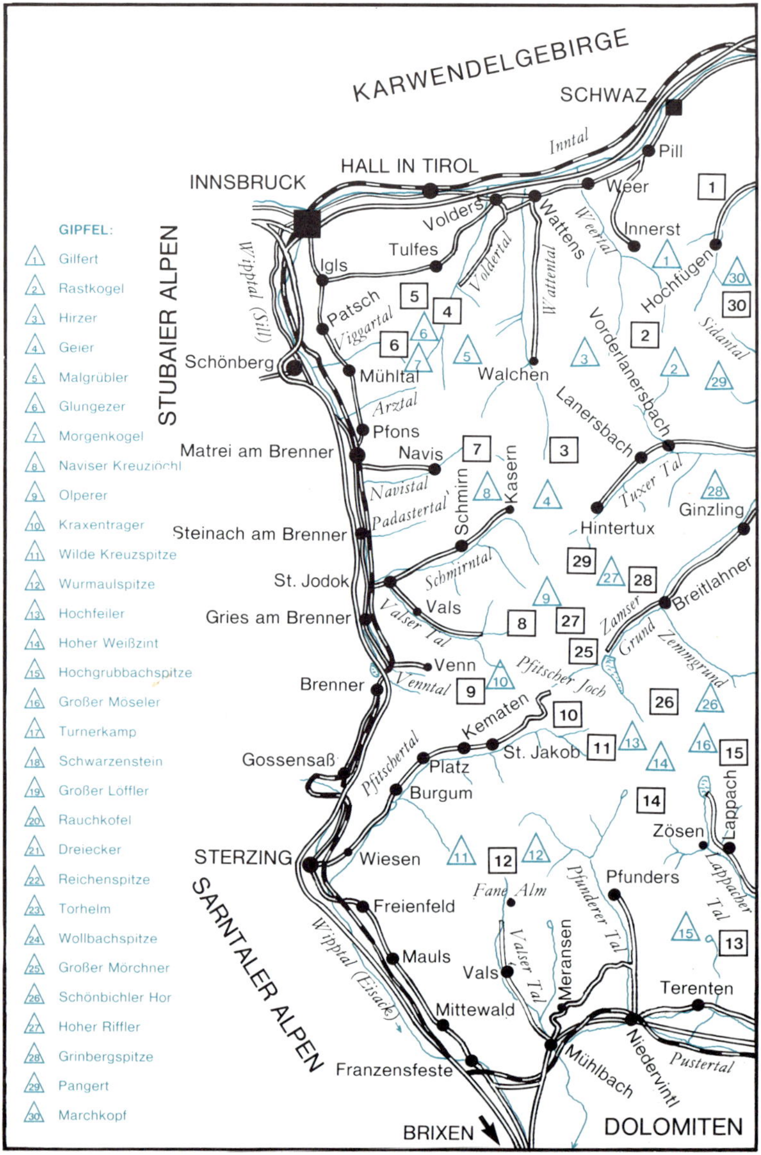

KARWENDELGEBIRGE
SCHWAZ
Inntal
Pill
HALL IN TIROL
INNSBRUCK
Weer
Innerst
Volders
Wattens
Weertal
Tulfes
Voldertal
Igls
Wattental
Hochfügen
Patsch
Viggartal
Vorderlanersbach
Sidantal
Schönberg
Mühltal
Walchen
Lanersbach
Arztal
Pfons
Matrei am Brenner
Navis
Navistal
Padastertal
Schmirn
Kasern
Tuxer Tal
Ginzling
Hintertux
Steinach am Brenner
Schmirntal
St. Jodok
Breitlahner
Vals
Valser Tal
Gries am Brenner
Zamser Grund
Zemmgrund
Venn
Venntal
Pfitscher Joch
Brenner
Kematen
Pfitschertal
St. Jakob
Gossensaß
Platz
Burgum
Lappach
Zösen
STERZING
Wiesen
Pfunders
Lappacher Tal
Fane Alm
Freienfeld
Pfunderer Tal
Valser Tal
Meransen
Wipptal (Sill)
Wipptal (Eisack)
Mauls
Vals
Terenten
Mittewald
Niedervintl
Mühlbach
Pustertal
Franzensfeste
BRIXEN
DOLOMITEN
STUBAIER ALPEN
SARNTALER ALPEN
GIPFEL:
1 Gilfert
2 Rastkogel
3 Hirzer
4 Geier
5 Malgrübler
6 Glungezer
7 Morgenkogel
8 Naviser Kreuzjöchl
9 Olperer
10 Kraxentrager
11 Wilde Kreuzspitze
12 Wurmaulspitze
13 Hochfeiler
14 Hoher Weißzint
15 Hochgrubbachspitze
16 Großer Möseler
17 Turnerkamp
18 Schwarzenstein
19 Großer Löffler
20 Rauchkofel
21 Dreiecker
22 Reichenspitze
23 Torhelm
24 Wollbachspitze
25 Großer Mörchner
26 Schönbichler Hor
27 Hoher Riffler
28 Grinbergspitze
29 Pangert
30 Marchkopf

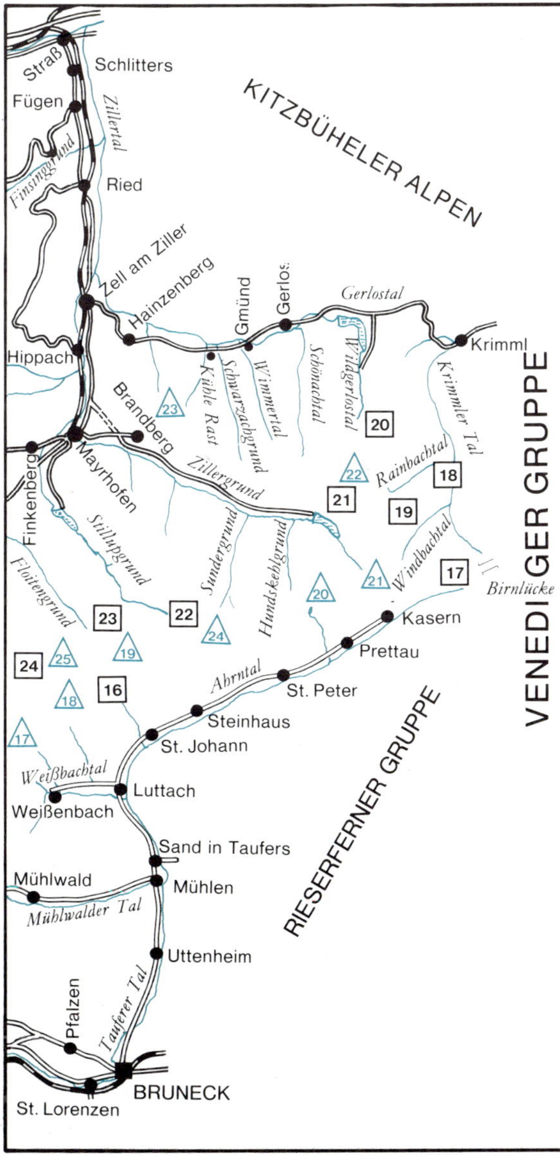

HÜTTEN:

1 Gamssteinhaus
2 Nafinghütte
3 Lizumer Hütte
4 Naturfreundehütte
5 Glungezer Hütte
6 Meißnerhaus
7 Naviser Hütte
8 Geraer Hütte
9 Landshuter Hütte
10 Pfitscherjochhaus
11 Hochfeilerhütte
12 Brixner Hütte
13 Tiefrastenhütte
14 Edelrautehütte
15 Chemnitzer Hütte
16 Schwarzensteinhütte
17 Birnlückenhütte
18 Krimmler Tauernhaus
19 Richterhütte
20 Zittauer Hütte
21 Plauener Hütte
22 Kasseler Hütte
23 Greizer Hütte
24 Berliner Hütte
25 Dominikushütte
26 Furtschagelhaus
27 Olpererhütte
28 Friesenberghaus
29 Spannagelhaus
30 Rastkogelhütte

Skitouren

Zillertaler Alpen
Tuxer Alpen

Gebietsführer

Rudolf Weiss

STEIGER VERLAG

Titelbild: Die Gruppe steigt zur ㉗ Mölser Sonnenspitze auf, einem der zahlreichen Skiberge im Bereich der Lizumer Hütte (Wattener Lizum).

CIP-Kurztitelaufnahme der Deutschen Bibliothek

Weiss, Rudolf:
Skitouren Zillertaler Alpen, Tuxer Alpen: Nordtirol—Südtirol / R. Weiss.
Berwang/Tirol: Steiger, 1988 (Skitouren-Gebietsführer)
ISBN 3-85423-054-0

Sämtliche Farbaufnahmen zu diesem Buch stammen von Siegrun und Rudolf Weiss, die Vorlagen zu den Routen-Skizzen von Siegrun Weiss.

Auflage 1988

Druck: M. Theiss, Wolfsberg · Printed in Austria

INHALT

Tour-Nr.		Hm	Ekm	Z	Skt	Klt	Lg	Abf	Seite
22	Grafensspitze, 2619 m	1250	4	3,5	1ab	0	1	W	47
23	Hippold, 2643 m	1250	4	3,5	1ab	0	1	N, W	49
	Ausgangspunkt: Lizumer Hütte (2050 m)								49
24	Eiskarspitze, 2611 m	600	3	2	0	0	0	W	50
25	Torspitze, 2663 m	650	2,5	2	0	0	0	SW, W	53
26	Graue Wand, 2594 m	550	2	1,5	0	0	0	SW, W	53
27	Mölser Sonnenspitze, 2496 m	500	3	1,5	1a	0	1	O	53
28	Mölser Berg, 2479 m	500	4	1,5	0	0	0	O	54
29	Torwand, 2771 m	750	2	2	1a	0	1	NW, W	54
30	Pluderlinge, 2778 m	750	3,5	2,5	1a	0	1	N	54
31	Geier, 2857 m	850	3,5	2,5	1a	0	1	N	56
32	Lizumer Reckner, 2886 m	900	3,5	3	1a	1	1	N	56
33	Lizumer Sonnenspitze, 2831 m	850	5	3	1a	0	1	SW, N	56
34	Tarntaler Köpfe, 2757 m	750	2	2,5	2a	2	2	O	57
35	Klammspitze, 2515 m	500	3	2	0	0	0	NO, O	57
36	Südlicher Tarntaler Kopf, 2681 m	700	2	2,5	2a	1	2	NO	57
	TOURENBEREICH VOLDERS, TULFES — VOLDERER TAL								58
37	Largoz, 2214 m	900	3	2,5	1ab	0	1	N	59
38	Wattenspitze, 2321 m	1050	4	3	1a	0	1	NW	61
39	Roßkopf, 2382 m	1400	5	4	1ab	0	1	W	61
40	Glungezer, 2677 m	700	2	2	1a	0	0	N	61
	Ausgangspunkt: Naturfreundehütte (1376 m)								63
41	Haneburger, 2596 m	1250	4	3,5	1a	0	1	NW	65
42	Malgrübler, 2749 m	1400	5	4	1a	0	1	W, NW	65
43	Sonnenspitze, 2620 m	1250	8	4	1a	0	1	N	65
44	Grünbergspitze, 2790 m bzw. Grafmartspitze, 2720 m	1450	7	4,5	1a	0	1	NO	65
45	Rosenjoch, 2796 m	1450	6	4,5	2ab	0	2	NO	66

Tour-Nr.		Hm	Ekm	Z	Skt	Klt	Lg	Abf	Seite
	Ausgangspunkt: Liesn (etwa 1500 m)								81
69	Wetterkreuz, 2148 m	650	1,5	1,5	1a	0	1	S	81
70	Kreuzjöchl, 2640 m	1150	3	3	2a	0	1	SO, S	82
71	Grünbergspitze, 2790 m	1350	4,5	4	1a	0	1	S	82
72	Sonnenspitze, 2620 m	1150	5	3,5	2a	0	1	S	82
	Ausgangspunkt: Naviser Hütte (1782 m)								82
73	Kreuzjöchl, 2536 m	750	3	2,25	1ab	0	1	NW	83
74	Geier, 2857 m	1100	6	3,5	1a	0	1	W	83
75	Lizumer Reckner, 2886 m	1100	6	3,5	1a	1	1	W	83
	Ausgangspunkt: Padastertal								85
76	Sumpfkopf, 2343 m	1300	5	4	1ab	0	1	NW, W	85
77	Reisenschuh, 2471 m	1400	6	4,5	1ab	0	1	W, NW	85
	TOURENBEREICH ST. JODOK AM BRENNER — VALSER TAL, SCHMIRNTAL								89
	Ausgangspunkt: Valser Tal								90
78	Padauner Kogel, 2066 m	500	1,5	1,5	2a	0	1	S, SO	90
79	Padauner Berg, 2228 m	650	2,5	2	1a	0	1	N, NW	90
80	Vennspitze, 2390 m	850	3	2,5	0	0	0	NW	92
81	Roßgrubenkofel, 2450 m	1050	3	3	2ab	0	2	N	92
82	Saxalmwand, 2630 m	1350	4	4	2ab	0	2	N	92
83	Olperer, 3476 m	2100	7,5	7	1a	2	1	W, SW	93
	Ausgangspunkt: Schmirntal								93
84	Leiten, 2079 m	650	2,5	2	1ab	0	0	NW	93
85	Ottenspitze, 2179 m	750	3	2,5	1ab	0	0	NW	93
86	Gammerspitze, 2537 m	1150	3	3,5	2ab	0	2	NNW	94
87	Rippenspitze, 2461 m	1100	2,5	3	2ab	0	1	NNW	94
88	Hoher Napf, 2247 m	850	3	2,5	1ab	0	1	NW	94
89	Jochgrubenkopf, 2453 m	850	2	2	2ab	0	1	N	97
90	Kleiner Kaserer, 3090 m	1650	6	5	2ab	2	2	W, NW	97

Tour-Nr.		Hm	Ekm	Z	Skt	Klt	Lg	Abf	Seite
91	Olperer, 3476 m	2050	7	6,5	2ab	2	2	W, NW	98
92	Kleiner Kaserer, 3090 m	1500	5	4,5	3	1	2	N, NW	98
93	Hochgeneiner Jöchl, 1981 m	900	2,5	2,5	1ab	0	1	S, SW	99
94	Sumpfkopf, 2343 m	1200	5	3,5	1ab	0	1	W, S	99
95	Kreuzjöchl, 2536 m	950	4	3	2ab	0	2	SO, S	99
	TOURENBEREICH GRIES AM BRENNER								100
96	Padauner Kogel, 2066 m	900	3	2,5	0	0	1	N, W	100
97	Saxalmwand, 2635 m	1300	5	4	2ab	0	1	W	101
98	Kraxentrager, 2999 m	1700	7	6	2ab	1	2	NW	102
99	Wildseespitze, 2733 m	1400	5	4	2ab	0	2	W, NW	102
100	Wolfendorn, 2776 m	1450	5	4	1ab	0	1	N, NW	102
	TOURENBEREICH BRENNER BIS BRIXEN — SÜDTIROLER WIPPTAL (EISACKTAL)								104
101	Wolfendorn, 2776 m	1400	3	3	1ab	0	1	SW, W	107
102	Flatschspitze, 2567 m	1200	3	3,5	2ab	0	1	NW, W	108
103	Flatschspitze, 2567 m (Zirogalm)	400	1,5	1	0	0	0	SW	108
104	Rollspitze, 2800 m	1500	4	4,5	2ab	1	2	W	108
105	Weißspitze, 2716 m	200	0,5	0,5	1a	0	1	W	111
106	Saun, 2068 m	750	3	2,5	0	0	0	W	111
107	Riedspitze, 2498 m	1050	4	3	1a	0	1	S, W	111
108	Wilde Kreuzspitze, 3132 m	1750	8	5	1ab	0	2	S-W	112
	TOURENBEREICH STERZING — PFITSCHERTAL								114
109	Flatschspitze, 2567 m	1150	4	3,5	0	0	1	SW, O	115
110	Wolfendorn, 2776 m	1350	5	4	1ab	0	1	SW, SO	115
111	Wilde Kreuzspitze, 3132 m	1800	6	5,5	1ab	0	1	NW	115
112	Ochsenalmspitze, 2652 m	1350	4	4	1ab	0	1	N, NW	117
113	Sandspitze, 2755 m	1400	7	4	1a	0	1	W, NW	117
114	Kraxentrager, 2999 m	1650	6	5	1ab	0	1	S	117
115	Grabspitze, 3059 m	1650	4,5	4,5	2ab	0	2	NW	118
116	Felbespitze, 2849 m	1400	4	4	2ab	0	2	NW	118
117	Rotes Beil, 2949 m	1500	5	5	2ab	1	2	NW	118

Tour-Nr.		Hm	Ekm	Z	Skt	Klt	Lg	Abf	Seite
118	Hochfeiler, 3510 m	1800	7	6	2ab	0	2	SW, W	121
119	Hoher Weißzint, 3371 m	1750	9	6	2ab	1	2	W	121
120	Hochfernerspitze, 3463 m	1750	9,5	6	2ab	1	2	W	121
121	Rotbachlspitze, 2895 m	650	3,5	2	2a	0	1	W	122
122	Hohe Wand, 3286 m	1000	5	3	2a	0	1	O-S	122
123	Schrammacher, 3411 m	1200	5	4	1a	1	1	S-O	125
	TOURENBEREICH MÜHLBACH — VALSER TAL								127
124	Südliche Plattspitze, 2669 m	750	3	2,5	1a	0	1	S, SO	129
125	Fallmetzer, 2568 m	1000	5	3,5	1a	0	1	S, SW	129
126	Gaisjochspitz, 2641 m	950	4	3	1a	1	1	S, SW	129
127	Tschiffernaun, 2698 m	1150	3	3,5	1ab	0	1	W, SW	130
	Ausgangspunkt: Fane Alm (1739 m)								130
128	Südliche Plattspitze, 2669 m	1000	3	3	1a	0	1	NO	130
129	Domenarspitze, 2718 m	1050	5	3	1a	0	1	N, NO	131
130	Wilde Kreuzspitze, 3132 m	1450	8	4,5	1a	0	1	S, N	131
131	Wurmaulspitze, 3022 m	1350	4	4	2ab	0	2	S, SW	131
	TOURENBEREICH NIEDER-VINTL — PFUNDERER TAL								133
132	Altenberg, 2384 m	1250	3	3,5	0	0	0	S, SW	133
133	Hörndle, 2603 m	1100	4	3,5	1ab	0	1	SW	135
134	Dengelstein, 2698 m	1200	4	3,5	1a	1	1	SW	135
135	Seefeldspitze, 2715 m	1600	5	4,5	1ab	0	1	SO, O	135
136	Eisbruggspitze, 2787 m	1200	5	3,5	2ab	0	2	W, SW	136
137	Pfunderer Hochwart, 3045 m	1500	5	4,5	2ab	1	2	SW, S	136
138	Hochfeiler, 3510 m	1950	8	6,5	2a	0	1	SW-SO	136
139	Hoher Weißzint, 3371 m	1800	8	6	2ab	0	1	SW-SO	138
140	Rotes Beil, 2949 m	1500	6	5	2a	2	1	S	138
141	Wurmaulspitze, 3022 m	1550	7	5	1ab	0	2	S, N	140
	TOURENBEREICH TERENTEN/PFALZEN								143
142	Perntaler Spitze, 2450 m	1000	4	3	0	0	0	S	145

Tour-Nr.		Hm	Ekm	Z	Skt	Klt	Lg	Abf	Seite
143	»Windegg«, 2439 m	1000	5	3	0	0	0	S	145
144	Sambock, 2396 m	850	4	2,5	0	0	0	S, SW	146
145	Monte Sommo, 2418 m	900	5	3	0	0	0	S	146
146	Putzenhöhe, 2438 m	1050	3	3	0	0	0	SW	146
147	Zwölferspitze, 2351 m	1100	5	3,5	0	0	0	S, SW	147
148	Hohe Spitze, 2403 m	1150	5	3,5	1a	0	0	SW, S	147
149	Mutenock, 2484 m	1250	5,5	4	1a	0	0	O, S	147
150	Am Joch, 2405 m	900	4	2,5	0	0	0	S	147
151	Reisenock, 2663 m	1150	5	4	1a	0	1	W, S	149
152	Hochgrubbachspitze, 2809 m	1300	5,5	4	1ab	1	1	SO, S	149
153	Eidechsspitze, 2738 m	1300	5	4	1a	0	1	SO, S	149
154	Altenberg, 2384 m	900	2,5	2,5	2a	0	1	S, SO	150
	TOURENBEREICH MÜHLWALDER TAL								152
	Ausgangspunkt: Zösen (1700 m)								153
155	Seebergl, 2705 m	1000	3	3	2a	0	1	S, SO	153
156	Eisbruggspitze, 2787 m	1200	5	3,5	1a	0	1	S, O	154
157	Pfeifholderspitze, 2862 m	1200	5	4	1a	0	1	SO	154
158	Roter Rüffel, 2874 m	1200	5	4	1a	1	1	NO-SO	154
159	Hörndle, 2603 m	900	4,5	3	1a	0	1	S, NO	155
160	Dengelstein, 2698 m	1000	5	4	1a	1	1	NO	155
161	Zösenberg, 2343 m	650	4	2,5	0	0	1	N	155
	Ausgangspunkt: Neveser Stausee (1856 m)								155
162	Pfeifholderspitze, 2862 m	1000	5	3	2ab	0	2	N, O	156
163	Hochfeiler, 3510 m	1750	8	5,5	1a	0	2	S, O	156
164	Hoher Weißzint, 3371 m	1550	7	4,5	1a	0	2	W, S, O	158
165	Großer Möseler 3479 m	1650	6	5	1a	0	1	S	158
166	Roßruggspitze, 3304 m	1450	5	4,5	1a	0	1	S	161
167	Turnerkamp, 3418 m	1600	5	5	2a	2	1	SW, S	161
168	Gamslahnernock, 2869 m	1050	4	3	1a	0	1	S, W	161

Tour-Nr.		Hm	Ekm	Z	Skt	Klt	Lg	Abf	Seite
	TOURENBEREICH WEISSENBACHTAL								162
169	Tristenspitze, 2716 m	1400	4	4	1b	1	1	S, O	163
170	Tristenkamm, 2551 m	1200	3,5	3,5	1ab	1	1	NO, O	163
171	Henne, 2475 m	1150	4	3,5	1ab	0	0	N-W	165
172	Seewassernock, 2516 m	1200	5	3,5	0	0	0	W-N	165
173	Speikboden, 2517 m	1200	5,5	3,75	0	0	0	N-W	165
174	Stoßkofel, 2474 m	1150	5,5	3,5	1a	1	1	N	166
175	Weitentalkopf, 2435 m	1100	4	3,5	1ab	0	1	N-O	166
176	Schönberg, 2278 m	850	4	2,5	1a	0	1	S	166
177	Fünfte Hornspitze, 3146 m	1800	7	5,5	2a	2	1	S	167
178	Turnerkamp, 3418 m	2100	7	6,5	2a	2	1	SO, S	168
179	Dritte Hornspitze, 3253 m	1900	7	6	2ab	0	2	SSO	168
	TOURENBEREICH AHRNTAL								169
180	Schwarzenstein, 3368 m (durch das Rotbachtal)	2150	9	7	2a	0	2	S	170
181	Schwarzenstein, 3368 m (durch das Tribbachtal)	2150	7	6,5	2a	0	1	SO, S	172
182	Tribbachspitze, 3267 m	2050	6	6	3	1	2	S	172
183	Großer Löffler, 3376 m	2150	6,5	6,5	3	1	2	S	174
184	Keilbachspitze, 3093 m	1900	7	6	2a	0	1	W, S	174
185	Wagnerschneidspitze, 2897 m	1400	5	4	1ab	0	0	O, SO	174
186	Rauchkofel, 3252 m	1750	7	5,5	2a	0	1	SW, S	176
187	Winkelkopf, 2858 m	1250	3	3,5	1a	0	1	S	176
188	Windbachspitze, 2869 m	1250	4	3,5	2ab	0	1	S	179
189	Dreiecker, 2892 m	1300	4	3,5	2ab	0	1	S	179
190	Schientalkopf, 2774 m	1200	5	3,5	1ab	0	1	N, S	181
191	Tauernkogel, 2874 m	1300	5	4	1a	0	1	SW, S	181
192	Birnlückenkopf, 2778 m	1200	7	4	2ab	0	2	W	181
	TOURENBEREICH KRIMML								182
	Ausgangspunkt: Krimmler Tauernhaus (1622 m)								185
193	Birnlückenkopf, 2778 m	1200	8	4	1a	1	2	NO	185
194	Graukarkopf, 2663 m	1050	5,5	3,5	1ab	0	1	S, NO	185

Tour-Nr.		Hm	Ekm	Z	Skt	Klt	Lg	Abf	Seite
195	Windbachtalkopf, 2844 m	1250	6	4	1ab	0	1	SO-NO	186
196	Rainbachspitze, 3130 m	1550	7	5	2ab	1	2	O, NO	186
197	Zillerplattenspitze, 3147 m (von N)	1550	8	5	2ab	1	2	SO-NO	186
198	Zillerplattenspitze, 3147 m (von S)	1550	11	6	1ab	1	1	SO, NO	188
199	Keeskarkopf, 2917 m	1300	10	5	2ab	2	1	NO, SO	188
200	Dreiecker, 2892 m	1300	9	4,5	1ab	1	1	NO	188
201	Schientalkopf, 2774 m	1200	9	4	1ab	0	1	N, NO	189
202	Tauernkogel, 2874 m	1300	10	4,5	2ab	0	1	W, NO	189
203	Glockenkarkopf, 2912 m	1300	11	5	2ab	1	1	W, NO	189
204	Rainbachegg, 2529 m	950	3	3	1a	0	1	S, SO	190
205	Roßkopf, 2845 m	1250	7	4	2a	0	1	SO	190
206	Mannlkarkopf, 2873 m	1300	7,5	4,5	1a	0	1	SO	190
	Ausgangspunkt: Richterhütte (2374 m)								191
207	Reichenspitze, 3303 m	950	3	3,5	2a	2	1	O, SO	191
208	Zillerspitze, 3091 m	750	2,5	3	2a	1	1	O, SO	191
209	Richterspitze, 3054 m	700	2	2,5	2a	1	1	O, SO	191
210	Nördliche Nadelspitze, 2955 m	600	2	2,5	2ab	2	1	NO	192
211	Rainbachspitze, 3130 m	850	3	3	2ab	0	1	O, NO	192
212	Windbachtalkopf, 2844 m	500	2	1,5	1a	0	0	NO-NW	192
213	Windbachkarkopf, 2765 m	400	2	1,5	1ab	0	1	S, NW	193
	TOURENBEREICH GERLOS — GERLOSTAL								193
214	Wildkarspitze, 3076 m	1650	6	5	1ab	1	1	N, NW	197
	Ausgangspunkt: Zittauer Hütte (2329 m)								197
215	Gabler, 3260 m	950	2,5	3	1a	1	1	N	199
216	Reichenspitze, 3303 m	1000	3	4	1a	2	1	N	199
217	Mannlkarkopf, 2873 m	600	2,5	2	2a	0	1	N	199
218	Roßkopf, 2845 m	550	3	2	1a	0	0	N	200
	Ausgangspunkt: Gerlos (1245 m) — Schönachtal								200
219	Schönbichl, 2050 m	700	4	2,5	0	0	0	N, SW	200

Tour-Nr.		Hm	Ekm	Z	Skt	Klt	Lg	Abf	Seite
243	Dreiecker, 2892 m	1450	10	5,5	2a	0	1	NW, N	216
244	Winkelkopf, 2858 m	1400	10	5	1a	1	1	NO, N	216
	Ausgangspunkt: Plauener Hütte (2363 m)								217
245	Reichenspitze, 3303 m	950	3,5	3	2a	1	1	W-S	217
246	Kuchelmooskopf, 3215 m	850	4	3	1a	0	1	SO-SW	218
247	Wildgerlosspitze, 3278 m	950	4	3,5	1a	2	1	SO-SW	218
248	Nördliche Nadelspitze, 2955 m	600	3	2	0	2	1	SW	218
249	Zillerplattenspitze, 3147 m	800	5	3,5	1a	2	1	S, W	219
250	Dreiecker, 2892 m	550	6	2,5	1a	0	1	W	219
	ANSTIEGE AUS DEM STILLUPPTAL								220
	Ausgangspunkt: Kasseler Hütte (2177 m)								220
251	Vordere Stangenspitze, 3120 m	950	2,5	2,5	1a	0	1	W	221
252	Wollbachspitze, 3210 m	1050	3,5	3	1a	0	1	W, NW	221
253	Grüne Wand, 2946 m	800	3,5	2,5	1a	0	1	O, NO	221
254	Keilbachspitze, 3093 m	950	3,5	3	2a	2	1	N	221
	TOURENBEREICH DORNAUBERG/GINZLING								223
	Ausgangspunkt: Floitengrund — Greizer Hütte (2227 m)								224
255	Lapenspitze, 2992 m	800	2,5	3	1a	2	1	SW, W	225
256	Großer Löffler, 3376 m	1150	3	3,5	1a	0	1	NW	225
257	Westliche Floitenspitze, 3194 m	1000	4	3	1a	0	1	N	225
258	Schwarzenstein, 3368 m	1150	5	3,5	2a	0	1	N, O	225
259	Großer Mörchner, 3283 m	1100	6	3,5	2a	0	1	N, W	227
	Ausgangspunkt: Zemmgrund — Berliner Hütte (2040 m)								227
260	Schönbichler Horn, 3133 m	1300	3	3,5	1a	0	1	O, NO	228

Tour-Nr.		Hm	Ekm	Z	Skt	Klt	Lg	Abf	Seite
	Ausgangspunkt: Finkenberg (839 m)								249
283	Mittlere Grinbergspitze, 2867 m	1850	5	5,5	2ab	1	2	N, NO	249
	Ausgangspunkt: Lanersbach (1281 m)								250
284	Nestspitze, 2965 m	1700	6	5	1a	1	1	NO	250
285	Grüblspitze, 2395 m	100	1	0,5	0	0	0	O	252
286	Madseitberg, 2292 m	900	5	3	1a	0	1	N, O	252
287	Geier, 2857 m	1500	8	5	1a	0	1	N, SO	252
288	Rastkogel, 2762 m	400	1,5	1,5	1a	0	1	SW, S	255
289	Nafingjoch, 2440 m	1000	5	3	1a	0	1	S	255
290	Halslspitze, 2574 m	1100	5	4	0	0	0	SO, S	255
291	Hobarjoch, 2512 m	1050	6	3,5	0	0	0	S	256
292	Almkogel, 2419 m	950	6	3	0	0	0	S	256
293	Torspitze, 2663 m (von N)	1200	7	4	2a	0	1	N, O	256
294	Hippoldspitze, 2643 m	1200	8	4	2ab	0	1	O, SO	257
295	Torwand, 2771 m	1100	7	4	2ab	0	1	N-SO	257
296	Torspitze, 2663 m (von S)	1350	6	4	1a	0	1	SO, O	257
	TOURENBEREICH UNTERES ZILLERTAL								258
	Ausgangspunkt: Atlas-Sportalm (1730 m) — Rastkogelhütte (2117 m)								259
297	Rauhenkopf, 2268 m	550	2	1,5	0	0	0	SW	261
298	Kraxentrager, 2423 m	700	4	2,5	1a	0	1	SW	261
299	Marchkopf, 2499 m	900	6	3,5	1a	0	1	SW	261
300	Roßkopf, 2576 m	850	6	3	1a	0	1	NO, SO	262
301	Rastkogel, 2762 m	1050	8	3,5	1ab	0	1	N, SO	262
302	Pangert, 2550 m	850	6	3	2a	0	1	N, O	262
	Ausgangspunkt: Zillertaler Höhenstraße								264
303	Wimbachkopf, 2442 m	300	1,5	1	1a	0	1	O	264

*

EINFÜHRUNG

Dieses Buch wurde nicht für Anfänger im Tourenskilauf geschrieben, sondern für selbständige Skitouristen und Skibergsteiger. Es setzt voraus, daß der Benützer Schwierigkeiten und Gefahren zuverlässig abschätzen kann. Wer sich unsicher fühlt, sollte einen Ausbildungskurs besuchen — die Führer der Bergsteigerschulen sind als Berglehrer ausgebildet. Zusätzlich verweise ich auf mein Lehrbuch »Tourenskilauf — sicher und genußvoll in Pulver und Firn«, das ebenfalls im Steiger-Verlag erschienen ist und als Informations- und Nachschlagewerk dienen kann. Gut beraten ist auch, wer sich einen einheimischen Bergführer zum sachkundigen Begleiter wählt, wenn er in diesem Buch eine »Traumtour« gefunden hat, der er sich selbständig nicht gewachsen fühlt. Die jeweiligen Fremdenverkehrsverbände (Anschriften und Telefonnummern sind bei der Vorstellung der einzelnen Tourenbereiche angegeben) stellen gerne ein Verzeichnis der in ihrem Ort ansässigen Berg- und Skiführer zur Verfügung.

Gebietsführer

Damit sind wir bei einem wichtigen Thema. *Auswahlführer* haben einen Nachteil. Sie veranlassen viele Tourengeher, einige wenige Gipfel zu besteigen. In Zusammenhang mit der erfreulichen Zunahme des Tourenskilaufs kann es da schon zu einem Gedränge kommen. Ein *Gebietsführer* bietet dagegen sehr viele Tourenmöglichkeiten auf einem vergleichsweise kleinen Gebiet an und trägt dadurch zu einer besseren Verteilung der Tourengeher bei — natürlich nur dann, wenn unsere Tourenfreunde dieses vielfältige Angebot nützen und nicht weiterhin nur ganz bestimmte Gipfel aufsuchen.

Skitouren in großartiger Landschaft!

Wie die Stubaier Alpen warten auch die Zillertaler (Tuxer Alpen eingeschlossen) mit einer Fülle von Tourenmöglichkeiten auf, die vom Frühwinter bis zum Frühsommer reichen. Die Tuxer Alpen sind zwar etwas rauher, steiler und steiniger als etwa die Kitzbüheler Alpen, sie ermöglichen es aber doch, bereits nach den ersten Schneefällen im November oder Dezember mit dem Tourenjahr zu beginnen. Dasselbe gilt für die Anstiege aus dem Gerlostal, die wegen der kurzen Anfahrt bei bayrischen Tourenfreunden sehr beliebt sind. Auch in Südtirol gibt es bereits im Frühwinter gute Tourenmöglichkeiten. Günstiger ist es allerdings, den Hochwinter abzuwarten. Da bieten sich etwa das (außer bei einheimischen Tourengehern) nahezu unbekannte Tourenparadies des Weißenbachtales, die früh auffirnenden Südabfahrten von der Terrasse zwischen Terenten und Pfalzen, die anspruchsvollen Touren im Pfitschtal usw. an. Das Zillertal weist aber auch ausgesprochene Frühjahrstouren auf: die großzügigen Anstiege vom Neveser Stausee oder vom Ahrntal und die hohen Gipfel im Hauptkamm, bei denen allerdings die Hüttenzustiege besonders lawinengefährdet sind.

Die Erschließung durch Aufstiegshilfen hält sich in Grenzen. Das gilt vor allem für die Zugänge von Norden, Westen und Süden. Lediglich im Bereich der Zillertaler Höhenstraße, um Mayrhofen und Hintertux, in Hochfügen und im Gerlostal treten die Liftanlagen gehäufter auf. Selbst hier aber verbleiben dem Tourengeher genügend unerschlossene Skiräume.

Begrenzung der Zillertaler Alpen

Aus praktischen Gründen beziehe ich die Tuxer Alpen ein. Sie sind den Zillertalern vorgelagert, daher auch der früher gebräuchliche Name »Tuxer Voralpen«. In manchen Teilen sind sie derart mit den Zillertaler Alpen verzahnt, daß es für den Tourengeher sehr unpraktisch wäre, eine Trennung vorzunehmen. Ebenfalls einbezogen sind die Reichenspitzgruppe im Osten und die Pfunderer Berge im Süden des Zillertaler Hauptkammes.

Danach ergibt sich folgende Umgrenzung: Inn von Innsbruck bis zur Einmündung des Ziller — Zillertal bis Zell am Ziller — Gerlostal — Gerlospaß — Salzach bis zur Einmündung der Krimmler Ache — Krimmler Tal — Birnlücke — Ahrntal — Tauferer Tal — Bruneck — Rienz bis zur Einmündung in den Eisack (= unteres Pustertal) — Eisacktal (= Südtiroler Wipptal) — Brenner — Sill bis zur Einmündung in den Inn bei Innsbruck (= Nordtiroler Wipptal).

Für die Darstellung in diesem Führer habe ich folgende Grobgliederung vorgenommen: Zugänge von Norden, Zugänge von Westen, Zugänge von Süden und Zugänge von Osten.

Im Abschnitt »Zugänge von Norden« fasse ich Anstiege zusammen, die ihren Ausgangspunkt im Inntal oder den abzweigenden Seitentälern (Weertal, Wattental, Volderer Tal) haben. Im Abschnitt »Zugänge von Westen« jene, die vom Nordtiroler Wipptal bzw. den Seitentälern (Viggartal, Arztal, Navistal, Schmirntal, Valser Tal, Venntal) ausgehen. Der Abschnitt »Zugänge von Süden« stellt alle Gipfel vor, die von Südtirol aus angegangen werden, also aus dem Eisacktal, Pfitschtal, Valser Tal, Pfunderer Tal, der Terrasse zwischen Terenten und Pfalzen, Mühlwalder Tal, Lappacher Tal, Weißenbachtal und Ahrntal. Im Abschnitt »Zugänge von Osten« sind die Anstiege aus dem Krimmler Tal, dem Gerlostal und seinen Nebentälern (Wildgerlostal, Schönachtal, Wimmertal), die verschiedenen »Gründe« (Zillergrund, Stilluppgrund, Floitengrund, Zemmgrund, Zamser Grund) sowie das Tuxer Tal und der Höhenstraße über dem Zillertal und der Finsinggrund (Straße aus dem Zillertal nach Hochfügen) zu finden.

Tourenbereiche

Die Anstiege im Bereich eines bestimmten Talortes werden jeweils zu einem *»Tourenbereich«* zusammengefaßt. Diese Zusammenfassungen sollen die Planung eines längeren Aufenthaltes erleichtern. Um einen Überblick zu gewinnen, sollte man diesen Abschnitt lesen, bevor man sich für eine bestimmte Tour entscheidet. Mitunter müssen Informationen eingeholt (z. B. Schneeverhältnisse, Lawinengefährdung, Hüttenbewirtschaftung) oder Quartiere bestellt werden. Zu diesem Zweck sind bei jedem Tourenbereich Anschriften und Telefonnummern der zuständigen Fremdenverkehrsverbände angeführt. Die Vorwahlnummer gilt dabei für Anrufe aus Österreich. Wer aus dem Ausland anruft, muß sich erst in das österreichische Fernsprechnetz einwählen (Schweiz, Italien, Bundesrepublik Deutschland: 00 43); bei der nachfolgenden Vorwahl ist dann die Null wegzulassen.

Beispiel: Der Fremdenverkehrsverband Hintertux wird innerhalb Österreichs unter »0 52 87-207« erreicht, aus der Bundesrepublik Deutschland unter »00 43-52 87-207«. Um die Südtiroler Fremdenverkehrsverbände anzurufen, muß man sich in das italienische Fernsprechnetz einwählen. Das erfolgt aus Österreich durch »040«, aus der Bundesrepublik Deutschland und der Schweiz durch »00 39«. Beispiel: Sand in Taufers ist innerhalb Italiens unter »04 74-68 0 76« erreichbar. Aus Österreich hat man »040-474-68 0 76« zu wählen, aus der BRD »00 39-474-68 0 76«.

Anschriften und Telefonnummern der Fremdenverkehrsverbände

Nordtirol

FVV A-6274 Aschau im Zillertal, Tel. 0 52 82-29 23
FVV A-6295 Dornauberg-Ginzling, Tel. 0 52 86-270
FVV A-6292 Finkenberg, Tel. 0 52 85-26 73
FVV A-6263 Fügen, Tel. 0 52 88-22 62
FVV A-6263 Fügenberg, Tel. 0 52 88-24 59
FVV A-6281 Gerlos, Tel. 0 52 84-52 54
FVV A-6294 Hintertux, Tel. 0 52 87-207
FVV A-6263 Hippach, Tel. 0 52 82-36 30
FVV A-6272 Kaltenbach, Tel. 0 52 83-22 18
FVV A-6293 Lanersbach, Tel. 0 52 87-207
FVV A-6143 Matrei am Brenner, Tel. 0 72 73-62 78
FVV A-6290 Mayrhofen, Tel. 0 52 85-23 05
FVV A-6143 Navis, Tel. 0 52 78-201
FVV A-6272 Ried, Tel. 0 52 83-23 07
FVV A-6262 Schlitters, Tel. 0 52 88-28 47
FVV A-6130 Schwaz-Pill, Tel. 0 52 42-32 40
FVV A-6150 Steinach am Brenner, Tel. 0 52 72-62 70
FVV A-6261 Straß im Zillertal, Tel. 0 52 44-21 44

FVV A-6060 Tulfes, Tel. 0 52 23-83 24
FVV A-6271 Uderns, Tel. 0 52 88-23 84
FVV A-6112 Wattens-Wattenberg, Tel. 0 52 24-29 04
FVV A-6114 Weer-Kolsaß-Kolsaßberg, Tel. 0 52 24-81 24
FVV A-6163 Weerberg, Tel. 0 52 24-83 20
FVV A-6280 Zell am Ziller, Tel. 0 52 82-22 81

Südtirol
FVV I-39030 Ahrntal (St. Johann, Luttach, Weißenbach), Tel. 0 474-61 2 57
FVV I-39030 Ahrntal (Steinhaus, St. Jakob, St. Peter), Tel. 0 474-62 1 98
FVV I-39042 Brixen, Tel. 0 472-22 4 01
FVV I-39031 Bruneck, Tel. 0 474-85 7 22
FVV I-39040 Gossensaß, Tel. 0 472-62 3 72
FVV I-39030 Kiens, Tel. 0 474-55 2 45
FVV I-39030 Lappach, Tel. 0 474-63 1 15
FVV I-39037 Meransen, Tel. 0 472-50 1 97
FVV I-39037 Mühlbach-Vals-Spinges, Tel. 0 472-49 4 67
FVV I-39032 Sand in Taufers, Tel. 0 474-68 0 76
FVV I-39030 Terenten, Tel. 0 472-56 1 40
FVV I-39030 Vintl-Pfunderertal, Tel. 0 472-49 1 00
FVV I-39040 Wiesen-Pfitsch, Tel. 0 47 26-65 7 30
FVV I-39040 Sterzing, Tel. 0 472-65 3 25

Ausgangspunkte

Innerhalb von Tourenbereichen werden häufig Anstiege zusammengefaßt, die an einem bestimmten gemeinsamen Ausgangspunkt beginnen. Dadurch wird die Wiederholung bestimmter Informationen vermieden und der Umfang dieses Gebietsführers eingeschränkt. Das wirkt sich über einen günstigeren Preis als Vorteil für den Benützer aus. Er erhält für dasselbe Geld ohne Informationsverlust eine größere Zahl von Tourenbeschreibungen.

Kurzbeschreibungen (K)

Die Kurzbeschreibungen liefern für jede Tour in knapper, abgekürzter Form die wichtigsten Angaben: Höhenmeter (Hm), Entfernungskilometer (Ekm), Anstiegszeit (Z), Skitechnische Schwierigkeit (Skt), Klettertechnische Schwierigkeit (Klt), Lawinengefährdung (Lg), Hauptrichtung der Abfahrt (Abf), günstige Zeit und Landkarte. Ein Verzeichnis der Abkürzungen ist zusätzlich auf einem Lesezeichen abgedruckt und liegt jedem Führer bei. Dieses *Lesezeichen* enthält an seinem oberen und unteren Rand weitere nützliche Hilfen: ein Maß für die Entfernung und ein Maß für die Steilheit, jeweils für Landkarten im Maßstab 1:25.000.

Zeitangaben (Z)

Höhenmeter und Entfernungskilometer entscheiden weitgehend über Zeitaufwand und Anstrengung bei einer Skitour. Sie werden daher für jeden Anstieg (gerundet) genannt. Die angegebenen Zeiten sind knapp berechnet und werden nur bei gutem Trainingszustand und günstigen Bedingungen (z. B. keine schwere Spurarbeit, keine »Wolke« von einem Rucksack) erreicht werden. Nicht eingeschlossen sind Rastpausen und Zeit für verschiedene Manipulationen wie Felle ab- und aufziehen bei Gegenanstiegen, Anseilen usf.

Skitechnische Schwierigkeiten (Skt)

Die skitechnischen Schwierigkeiten hängen grundsätzlich von der Steilheit des Geländes und vom Spielraum ab, den ich für meine Schwünge habe. Die Schneeverhältnisse bedingen die Schwierigkeiten in hohem Maße mit. Sie können nicht berücksichtigt werden, da sie zwangsläufig stark wechseln. Der Benützer dieses Tourenführers muß im Einzelfall selbst entscheiden, ob die Verhältnisse als »normal« oder »ungünstig« zu betrachten sind und danach die skitechnische Schwierigkeit abschätzen. Dabei sollen ihm meine Angaben für den »Normalfall« nützen:

Als *»0 = unschwierig«* verstehe ich einen Anstieg, der keine Hänge mit einer Steilheit von mehr als 30 Grad und keine Engstellen aufweist. Selbst diese Anstiege setzen gutes Pistenkönnen voraus und bedeuten nicht, daß man sie mit einem »Schneepflugkönnen« befahren sollte.

Als *»1 = mittelschwierig«* bezeichne ich Anstiege, die entweder Steilhänge bis zu 35 Grad aufweisen (1a) oder Engstellen bis zu einer mittleren Steilheit von 25 Grad (1b) oder beides zusammen (1ab). Steilhänge werte ich als solche, wenn sie sich über mindestens 50 Höhenmeter (Hm) erstrekken. Engstellen, die den Spielraum für die Schwünge einschränken, können durch ein Bachbett geschaffen werden, durch einen Hohlweg, einen steilen Wald oder eine schmale Rinne. Auch Gletscherspalten können eine sehr kontrollierte Fahrweise erzwingen.

Als *»2 = schwierig«* bezeichne ich Anstiege mit Steilhängen bis zu 40 Grad (2a) oder Engstellen mit einer Steilheit bis zu 35 Grad (2b) oder beides zusammen (2ab). Diese skitechnische Schwierigkeit erfordert auch bei günstigsten Verhältnissen ein hervorragendes skiläuferisches Können, wenn die Abfahrt nicht zur Qual oder sogar zur Gefahr werden soll!

Das skiläuferische Können der Tourengeher hat zugenommen. Ich habe mich deshalb entschlossen, auch sehr steile Abfahrten aufzunehmen, z. B. den Kleinen Kaserer aus dem »Kaserer Winkel«. Derartige Abfahrten werden mit *»3 = sehr schwierig«* bezeichnet. Daß diese Abfahrten auch von den allerbesten Skibergsteigern nur bei besonders günstigen Verhältnissen unternommen werden dürfen, versteht sich von selbst. Ich habe mit Absicht von »Skibergsteigern« gesprochen — hervorragendes skiläuferisches Können auf Pisten reicht mit Sicherheit nicht aus, um solche Abfahrten verantworten zu können.

Klettertechnische Schwierigkeiten (Klt)

Viele Skitouren in den Zillertaler Alpen erfordern einen erprobten Skibergsteiger, der sich in Fels und Eis sicher bewegen kann.

Kann ein Gipfel mit Skiern oder zu Fuß ohne Klettern erreicht werden, bezeichne ich ihn als *»0 = unschwierig«*. (Ungeübte werden auch bei Touren, die als *»0=1 unschwierig«* bezeichnet sind, mitunter auf allen Vieren krabbeln.)

Die Bezeichnung *»1 = mittelschwierig«* umfaßt Schwierigkeiten, die bis zum I. Grad im Sommer reichen können und hier als »wenig schwierig« oder »leicht« bezeichnet werden. Dabei darf nicht übersehen werden, daß die tatsächliche Schwierigkeit bei winterlichen Bedinungen stark von den augenblicklichen Verhältnissen (Schneelage, Vereisung) abhängt, die der Benützer selbst einschätzen muß.

Dasselbe gilt sinngemäß für *»2 = schwierig«*. Diese Bezeichnung umfaßt Schwierigkeiten, die bis zum II. Grad im Sommer gehen und in Kletterführern meist als »mäßig schwierig« bezeichnet werden.

Ich möchte ausdrücklich darauf hinweisen, daß ein »einfacher Zweier« unter ungünstigen winterlichen Bedingungen ganz wesentlich schwieriger, ja ungangbar sein kann.

Noch schwierigere Gipfelanstiege wurden nicht aufgenommen, weil solche Unternehmungen nur mehr mit Vorbehalt als »Skitouren« zu werten sind.

Eistechnische Schwierigkeiten werden durch ein nachgestelltes *»e«* gekennzeichnet. *»1e«* bedeutet Flanken, Rinnen oder Grate im Eis/Firn mit einer Steilheit bis zu 40 Grad, *»2e«* bis zu 45 Grad. Die eistechnischen Schwierigkeiten eines Anstieges sind im Vergleich zum Sommer häufig geringer. Andererseits können Anstiege, für die lediglich die skitechnische Schwierigkeit mit »2« oder gar mit »3« angegeben wurde, in »1e« oder sogar »2e« ausarten.

Lawinengefahr (Lg)

Eine verläßliche Aussage über die Lawinengefahr ist nicht möglich. Daß eine an sich lawinensichere Tour nach einem starken Schneefall mit Windverfrachtung gefährlich werden kann, muß jeder Tourengeher selbst wissen. Ähnliches gilt für Steilflanken nach starker Sonneneinstrahlung im späten Frühjahr. In diesem Sinne gibt es weder eine »lawinensichere« noch eine »lawinengefährdete« Tour. Die Angaben über die Lawinengefahr können sich nur auf die Wahrscheinlichkeit von Lawinenabgängen im Laufe eines

Winters beziehen. Nachdrücklich möchte ich auf die Bedeutung einer vernünftigen Anstiegs- bzw. Abfahrtsspur verweisen.

»0 = kaum gefährdet« bedeutet, daß dieser Anstieg fast an jedem Tag des Tourenwinters begangen werden kann.

»1 = mitunter gefährdet« heißt, daß für diesen Anstieg einigermaßen günstige Verhältnisse erforderlich sind, daß ich z. B. nach einer weiten Anreise nicht sicher sein kann, diese Tour tatsächlich unternehmen zu können.

»2 = häufig gefährdet« umfaßt Anstiege, die nur bei besonders günstigen Bedingungen unternommen werden können. Anstiege dieser Art müssen in Wintern mit schlechtem Schneedeckenaufbau unter Pulverschnee-Bedingungen gemieden werden und erfordern selbst im Frühjahr noch viel Vorsicht (kalte Nacht, rechtzeitige Abfahrt).

Ich bitte die Tourenfreunde: Scheuen Sie sich nicht, das Ziel abzuändern, wenn Sie nach der Ankunft am Ausgangspunkt, vielleicht nach Gesprächen mit Einheimischen, erfahren, daß die Verhältnisse nicht so günstig sind, wie Sie es sich bei der Tourenplanung vorgestellt haben! Planen Sie schon am Schreibtisch zusätzlich eine »gemütlichere« Ersatztour ein, der Verzicht auf die geplante rasantere Abfahrt fällt dann leichter!

Hauptrichtung der Abfahrt (Abf)

Aus dieser Angabe kann der erfahrene Tourengeher schließen, in welchem Monat, bei welchen Schnee- und Wetterverhältnissen gute Wahrscheinlichkeit für einen ungetrübten Abfahrtsgenuß besteht.

Empfehlung einer günstigen Zeit

Hier nenne ich die Monate, in denen meist Bedingungen bestehen, die eine Besteigung des Gipfels erlauben. Dabei handelt es sich natürlich nicht um verbindliche Richtlinien. In einem schneereichen Winter können manche Touren durchaus schon einen Monat früher unternommen werden. Andererseits ist es immer möglich, auch noch später zu einem Gipfel aufzusteigen. Das bringt bei steilen und schwierigen Touren häufig größere Sicherheit, erfordert aber mitunter eine Anstiegsstunde (oder mehr) im aperen Gelände mit aufgeschnallten Skiern.

Landkarten

Bei jedem Tourengebiet habe ich die m. E. genaueste Landkarte angegeben, die für den Anstieg bzw. die Abfahrt erhältlich ist. Das sind Alpenvereinskarten und die entsprechenden Blätter der Österreichischen und der Italienischen Karte. Alpenvereinsmitglieder erhalten die AV-Karten verbilligt über ihre Sektionen oder (zu normalen Preisen) in der Buchhandlung.

Die Österreichischen Karten liegen im Maßstab 1:50.000 und im Maßstab 1:25.000 (ÖK 25V) auf. Die ÖK 25V ist lediglich eine Vergrößerung der entsprechenden Karte 1:50.000. Obwohl sie unhandlicher ist, sollte sie der Tourengeher bevorzugen, weil die ÖK 50.000 derart mit Informationen überladen ist, daß sie ohne Lupe und bei ungünstigen Bedingungen (Nebel, Schneetreiben) kaum vollständig genützt werden kann. Die Karten können über jede Buchhandlung, unmittelbar beim Bundesamt für Eich- und Vermessungswesen, A-1080 Wien, Krotenthallergasse 3, aber auch über den Verlag (Steiger, A-6622 Berwang) bezogen werden. Die notwendigen Blätter der Italienischen Karte besorgt man sich am besten bei einem Aufenthalt in Südtirol; sie sind in den Buchhandlungen (z. B. in Sterzing und Bruneck) meist lagernd.

»Wanderkarten« im Maßstab 1:50.000 oder gar 1:100.000 reichen für eine genaue Planung (vor allem aber für das Auffinden des Gipfels), womöglich bei schlechter Sicht, nicht aus. Sie sind aber übersichtlich und können für die erste Tourenplanung verwendet werden. Nützlich sind sie aber auch deshalb, weil sie (aufgrund der größeren Verbreitung) viel häufiger überarbeitet werden und insbesondere Aufstiegshilfen, Straßen und Forstwege meist auf einen neueren Stand gebracht wurden.

Verwendet wurden folgende Landkarten:
KOMPASS-WANDERKARTEN IM MASSTAB 1:50.000
Nr. 28 (Nördliches Zillertal, mit Skirouten)
Nr. 36 (Innsbruck—Brenner)
Nr. 37 (Zillertaler Alpen—Tuxer Alpen, mit Skirouten)
Nr. 44 (Sterzing)
Nr. 81 (Wörgl—Hopfgarten—Gerlos—Wildschönau, mit Skirouten)
Nr. 82 (Tauferer und Ahrntal, mit Skirouten)

FREYTAG & BERNDT, WANDERKARTE 1:100.000
Nr. 15 (Zillertaler Alpen)

FREYTAG & BERNDT, WANDERKARTEN 1:50.000
WK 151 (Zillertal, Tuxer Alpen, Jenbach, Schwaz)
WK 152 (Mayrhofen, Zillertaler Alpen, Gerlos, Krimml)
WK 241 (Innsbruck, Stubai, Sellrain, Brenner)
WK S3 (Pustertal, Bruneck, Drei Zinnen)
WK S4 (Sterzing, Jaufenpaß, Brixen)

ITALIENISCHE KARTE IM MASSTAB 1:25.000 (»MILITÄRKARTE«)
IK 4A/I/SO (Mühlwald)
IK 4A/I/SW (Grubbachspitze, Eidechsspitze)
IK 4A/I/NW (Lappach)
IK 4A/I/NO (Luttach)
IK 4A/II/NO (Bruneck)
IK 4A/II/NW (Vintl)
IK 4A/III/NO (Franzensfeste)
IK 4A/IV/SW (Freienfels, Mauls)

IK 4A/IV/SO (Vals)
IK 4A/IV/NO (Pfitscher Joch)
IK 4A/IV/NW (Brennerbad)
IK 4B/III/NW (Olang)

ÖSTERREICHISCHE KARTE IM MASSTAB 1:50.000 und 1:25.000 (ÖK 25V)
ÖK 118 (Innsbruck)
ÖK 119 (Schwaz)
ÖK 120 (Wörgl)
ÖK 148 (Brenner)
ÖK 149 (Lanersbach)
ÖK 150 (Mayrhofen)
ÖK 151 (Krimml)
ÖK 175 (Sterzing)
ÖK 176 (Mühlbach)

ALPENVEREINSKARTEN IM MASSTAB 1:25.000
Nr. 35/1 (Zillertaler Alpen, Westliches Blatt)
Nr. 35/2 (Zillertaler Alpen, Mittleres Blatt)
Nr. 35/3 (Zillertaler Alpen, Östliches Blatt)

ALPENVEREINSKARTEN IM MASSTAB 1:50.000
Nr. 31/5 (Innsbruck—Umgebung)

Benützt wurden auch *Karten*, die von *Fremdenverkehrsverbänden* herausgegeben wurden, etwa
Wanderkarte Ahrntaler Berge, Tauferer und Ahrntal, 1:25.000
Wanderkarte Terenten, 1:25.000
Wander- und Tourenkarte Tuxertal 1:40.000
Wanderkarte Schwaz-Pill 1:25.000
Wanderkarte Hippach 1:35.000

Skizzen

Die Skizzen sind maßstabgetreu. Sie können und wollen Landkarten nicht ersetzen, zeigen aber die Entfernungen und die Lage einzelner Gipfel zueinander im richtigen Verhältnis. Ihre Hauptaufgabe besteht darin, eine grobe Vorstellung vom Verlauf einer Tour zu geben und die Übertragung dieses Verlaufs auf die Landkarte zu erleichtern.

Farbbilder

Die Farbaufnahmen sind nicht als zusätzliche Orientierungshilfe gedacht. Deshalb wurde auch darauf verzichtet, Anstiegswege einzuzeichnen — ein Verfahren, das sich zwar für Routen im Steilfels, nicht aber für Skitouren eignet. Sie dienen in erster Linie der Anregung vor der Tour und dem vergnüglichen Nacherleben der Tour.

Für Fotofreunde: Alle Farbbilder wurden auf Kodachrome 64 aufgenommen. Fotografiert wurde mit einer Olympus OM 40 (35-105 mm) und einer Olympus XA (35 mm).

Hinweise auf Kunst und Kultur

Gelegentliche »Anmerkungen für den Kunstfreund« möchten keineswegs einen Kunst- und Kulturführer ersetzen (vgl. die Hinweise im Literaturverzeichnis). In den kunsthistorisch bedeutenden Städten wie Schwaz, Hall, Innsbruck in Nordtirol oder Sterzing, Brixen und Bruneck in Südtirol wird sich der Interessierte ohnehin Informationen verschaffen. Wichtiger erschienen mir Hinweise auf Kunststätten und Kunstschätze in kleinen Orten, die häufig Ausgangspunkt für Skitouren sind. Ich selbst finde es sehr reizvoll, zum Ausklang einer schönen Tour z. B. zu einer auf einem Hügel aussichtsreich gelegenen alten Kapelle zu wandern und gotische Fresken oder einen Flügelaltar zu bewundern.

Forstgesetz und Jagdgesetz

Die Bewegungsfreiheit des Tourengehers wird in den Zillertaler Alpen (derzeit — eine Novellierung des Forstgesetzes ist geplant) wenig eingeschränkt. In Österreich darf z. B. jedermann Wald zu Erholungszwecken betreten, und zwar auch außerhalb von Wegen. Als Einschränkung nennt das Forstgesetz Jungwälder, deren Bewuchs noch unter drei Metern liegt. Sie dürfen weder betreten noch mit Skiern befahren werden. In besonderen Fällen können auch Betretungsverbote erlassen und durch entsprechende Beschilderung erkennbar gemacht werden, wie zur Verhütung von Waldbränden oder im Rahmen der Schädlingsbekämpfung. Derartige Verbote können allerdings nur von der Behörde, nicht aber vom Grundeigentümer oder Jagdberechtigten erlassen werden. Das gilt auch für Sperren um Futterstellen des Wildes nach dem Tiroler Jagdgesetz.

Ich bitte alle Tourengeher, sich im gemeinsamen Interesse dem Wald und dem Wild gegenüber rücksichtsvoll zu verhalten, um das im allgemeinen gute Einvernehmen mit Forst und Jagd nicht zu gefährden.

Verläßlichkeit der Beschreibungen und Skizzen

Ich habe mich bemüht, alle beschriebenen Anstiege selbst zu begehen oder sie wenigstens (meist von benachbarten Routen aus) einzusehen. Meine eigenen Erfahrungen liegen aber in manchen Fällen um Jahre zurück. Dadurch könnte es zu Veränderungen gekommen sein (Bau von Straßen und Aufstiegshilfen, Zuwachsen von Waldschneisen usf.). Um möglichst verläßliche Informationen liefern zu können, habe ich daher viele Personen und Institutionen um ihre Mithilfe gebeten. In diesem Sinne bin ich zu Dank verpflichtet: Fremdenverkehrsverbänden, Alpenvereinssektionen, Hüttenwirten, vor allem aber befreundeten Bergführern. Von den im Literaturverzeichnis aufgelisteten Titeln möchte ich vor allem den Sommerführer von Klier erwähnen, der auch für den Skibergsteiger wertvolle Informationen liefert.

Den Benützern dieses Buches wünsche ich viel Freude auf den Skitouren in den Zillertaler und Tuxer Alpen, viel Sonne und g'führigen Schnee — und nicht zuletzt: eine gute Heimkehr!

*

TOURENBEREICH SCHWAZ

Schwaz erreicht man auf der Inntal-Bundesstraße oder über die Autobahn (eigene Abfahrt). Von Schwaz aus erreicht man mit dem PKW oder der Benützung der Kellerjoch-Bahnen den Ausgangspunkt für einige Skitouren: Kleiner Gamsstein (1889 m), Sonntagsköpfl (2246 m) und Gilfert (2506 m). Von Pill, nahe bei Schwaz, fährt man nach Weerberg hinauf und weiter bis zum Alpengasthof Hausstatt (1248 m). Das ist der Ausgangspunkt für den beliebtesten Anstieg auf den Gilfert von NW her. Ein weiterer Weg erreicht diesen beliebten Skigipfel vom Gasthof Innerst (1287 m), von W her. Auch Innerst erreicht man über Weerberg, wobei man auch eine Auffahrt von Weer wählen kann. Das Wirtshaus Hausstatt ist etwa 12 km, Innerst etwa 14 km von Schwaz entfernt. Die Bergstraßen sind zwar gut ausgebaut, im letzten Teil aber schmal. Sie erfordern nach Schneefällen Ketten. Der beschränkte Parkraum beim Gasthof Innerst wird vielen Tourenfreunden noch in unangenehmer Erinnerung sein. An Wochenenden gab es ein ordentliches Gedränge, weil man von hier aus auch die Roßlaufspitze (2249 m), den Hohen Kogel (2376 m) und den Wildofen (2553 m) besteigen kann. Seit 1986 steht ein großer Parkplatz zur Verfügung.

Innerst ist auch der Ausgangspunkt für den Anstieg zur Nafinghütte (1799 m), die weniger besucht wird als die benachbarte Lizumer Hütte. Dabei bietet auch sie schöne Anstiege auf das Nafingköpfel (2453 m), die Halslspitze (2574 m), das Nafingjoch (2440 m), das Hobarjoch (2513 m). Wenn man bereit ist, einen Gegenanstieg in Kauf zu nehmen, kann man auch recht gut die Hippoldspitze (2643 m), den Wildofen (2553 m) und andere Gipfel besteigen.

Der Tourenbereich Schwaz umfaßt zahlreiche, in der Mehrzahl kurze und eher leichte Anstiege. Die Gipfel weisen im obersten Teil keine klettertechnischen Schwierigkeiten auf. Allerdings muß man, vielleicht in höherem Maße als im Bereich der Wattener Lizum, nach Schneefällen unter Windeinfluß mit Schneebrettgefährdung rechnen.

Schwaz, bereits 930 urkundlich erwähnt, im Mittelalter eine bedeutende Bergwerks- und Handelsstadt, sollte dem Kunstfreund nach einer Skitour einen Rundgang wert sein. Der größte Anziehungspunkt ist die Stadtpfarr-

→

Einer der schönsten Anstiege im Bereich der Weidener Hütte führt auf den aussichtsreichen (17) Hippold. Einziger Schönheitsfehler ist der Gegenanstieg bei der Rückkehr zur Hütte. Im Hintergrund links der Gilfert, ein bekannter Skigipfel, der von mehreren Seiten her erstiegen werden kann (z. B. (3) von der Hausstatt und (4) von Innerst).

kirche, eine großartige vierschiffige Hallenkirche aus dem Ende des 15. Jh.s. Sehenswert ist die Burg Freundsberg, eine mächtige Anlage auf einem Hügel südlich der Stadt. Im Bergfried dieser Burg ist das Museum der Stadt Schwaz untergebracht. In Pill ist vor allem die Heiligkreuzkirche, eine kleine Wallfahrtskirche, ein hübscher Zentralbau aus dem Rokoko, östlich vom Ort gelegen, sehenswert.

Auskünfte und Zimmernachweis:
Fremdenverkehrsverband A-6130 Schwaz-Pill, Tel. 05 2 42-32 40
Fremdenverkehrsverband A-6133 Weerberg, Tel. 05 2 24-83 20
Fremdenverkehrsverband A-6060 Tulfes, Tel. 05 2 23-83 24

Karten: Im Maßstab 1:25.000 gibt es nur die ÖK 25V, und zwar die Blätter 149 (Lanersbach) und 119 (Schwaz). Eine AV-Karte gibt es für diesen Bereich nicht, auch nicht im Maßstab 1:50.000. Als Übersichtskarten können die Freytag & Berndt WK 151 (Zillertal, Jenbach, Mayrhofen) oder die Kompaß Nr. 28 (Nördliches Zillertal) verwendet werden.

Kleiner Gamsstein, 1924 m 1

K: Hm 600, Ekm 6, Z 2. Skt 0, Klt 0, Lg 0. Abf NO, dann Fahrstraße und Piste. Dezember—März.

Mini-Skitour mit vielen Querungen. Von Schwaz mit zwei Teilstrecken der Sesselbahn nach Grafenast (1347 m). Auf einem Fahrweg mit nur geringem Höhengewinn die SW-Flanke des Kellerjochs querend zum Loassattel. Hierher kommt man auch recht gut ohne die Benützung der Aufstiegshilfen, wenn man von Schwaz oder Pill die Fahrstraße zum Pillberg benützt (beide Anfahrten vereinigen sich bei Hochbrunn), die gleichfalls nach Grafenast führt. Man zweigt dann aber schon knapp 2 km vorher ab zum urigen Gasthof Loas etwas unterhalb des Sattels bzw. zum Gasthof Gamsstein (1675 m). Am Sattel kleiner Schlepplift. Vom Gasthaus Gamsstein in wenigen Minuten auf den Loassattel und über den breiten NO-Rücken auf den Gipfel.

Sonntagsköpfl, 2244 m 2

K: Hm 1150, Ekm 7, Z 3,5 + 0,5 Gegenanstieg, Skt 1a, Klt 0, Lg 0 (bei vernünftiger Spurwahl). Abf S, N, NO. Dezember—April.

←

Windverblasener Schnee beim Anstieg zum 32 *Reckner mit Blick zur* 26 *Grauen Wand und zur* 29 *Torwand.*

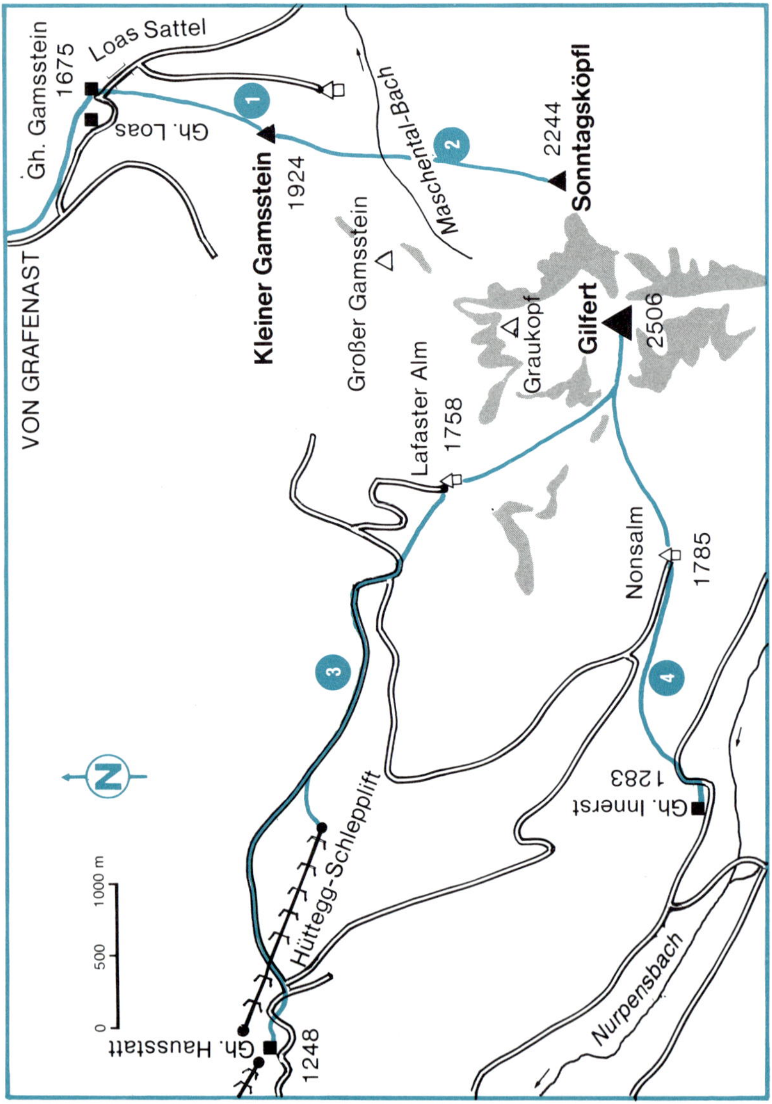
Loas Sattel
Gh. Gamsstein
1675
Gh. Loas
VON GRAFENAST
Kleiner Gamsstein
1924
Großer Gamsstein
Maschental-Bach
Sonntagsköpfl
2244
Graukopf
Gilfert
2506
Lafaster Alm
1758
Nonsalm
1785
Gh. Innerst
1283
Hüttegg-Schlepplift
Gh. Hausstatt
1248
Nurpensbach
0
500
1000 m
N
1
2
3
4

Wie eben beschrieben auf den Kleinen Gamsstein (1924 m). Über den schönen SO-Hang ins Maschental, am besten bis in den Talboden bei 1700 m. Über schönes, abwechslungsreiches Skigelände steigt man unmittelbar zum Gipfel auf.

Gilfert, 2506 m

3

K: Hm 1300, Ekm 7, Z 4. Skt 1a, Klt 0, Lg 1. Abf NW. Dezember—März.

Von Pill oder Weer auf einer gut ausgebauten Bergstraße nach Mitterweerberg und, zuletzt steil und kurvenreich, zum Alpengasthof Hausstatt (1248 m). Zum Gasthof Hausstatt kommt man auch von Mitterweerberg, wenn man einen Schlepplift (»Hausstattlift«) benützt. Auch den Anstieg zum Gilfert kann man sich durch Lifthilfe verkürzen, und zwar durch den Schlepplift »Hüttegg«, der bis in eine Höhe von etwa 1500 m führt und eine Dreiviertelstunde Anstieg erspart.

Auf einem Forstweg zur Waldgrenze, über die Almböden weiter zur Lafaster Alm (1758 m). Weiter in Richtung SSO auf den Gipfel zu, den man zuletzt, um einigen Felsen auszuweichen, etwas von rechts her mit Skiern erreicht.

AUSGANGSPUNKT: GASTHOF INNERST (1283 m)

Von Pill oder Weer nach Weerberg. Nun aber nicht nach links zur Hausstatt abzweigen, sondern oberhalb des Weerbaches bleiben. Auf schmaler Bergstraße erreicht man den Gasthof Innerst (1283 m). Früher sehr eingeschränkte Parkmöglichkeit. Seit 1986 großer geräumter Parkplatz knapp vor dem Gasthof. Ausgangspunkt für mehrere lohnende Skitouren und für den Anstieg zur Nafinghütte. Bei den Skitouren im Nurpenstal habe ich den Rastkogel nicht aufgenommen, weil Höhenmeter und Entfernungskilometer in einem recht ungünstigen Verhältnis zueinander stehen.

Gilfert, 2506 m

4

K: Hm 1250, Ekm 3, Z 3,5. Skt 1a, Klt 0, Lg 1. Abf W, SW. Dezember—April.

Dieser Anstieg wird weniger häufig begangen als der von der Hausstatt, ist aber skiläuferisch genußreicher. Von Innerst ein kurzes Stück ins Nurpenstal, bald aber nach links abzweigen und mit gutem Höhengewinn durch mehrere Lichtungen zur Waldgrenze und weiter zur Nonsalm (1784 m). Eine Folge von Mulden und Kuppen führt Richtung O zu einem

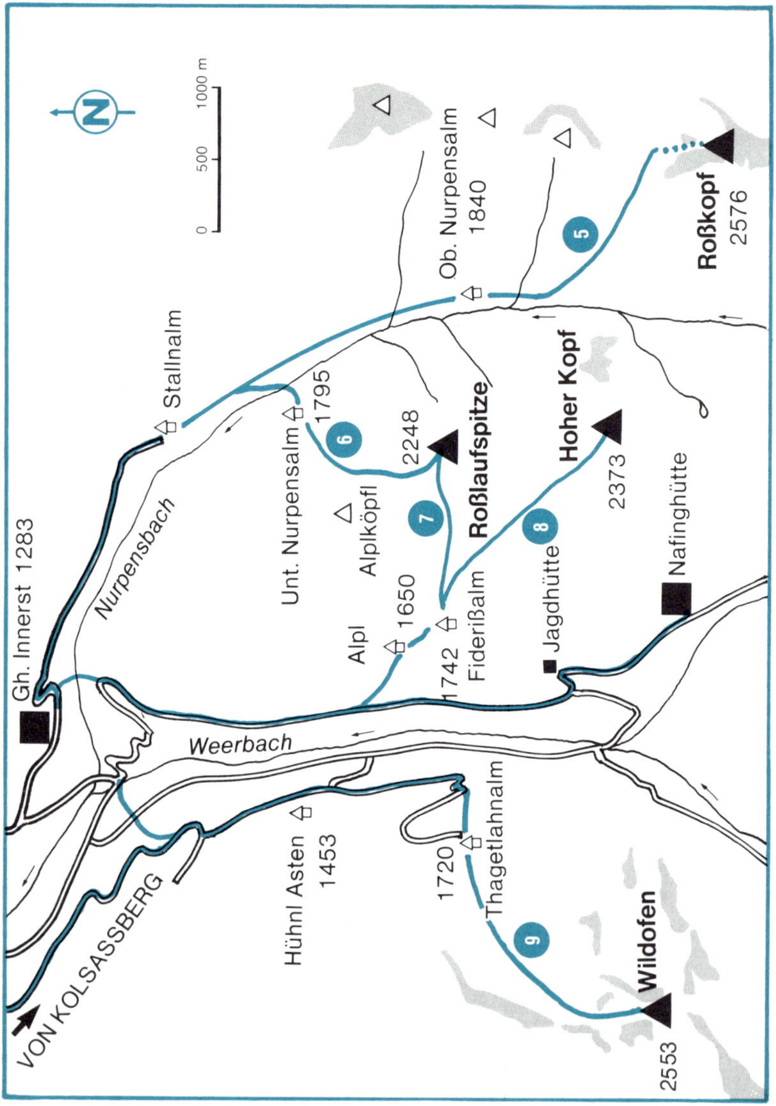
N
0
500
1000 m
Gh. Innerst 1283
Stallnalm
Nurpensbach
Unt. Nurpensalm
1795
Ob. Nurpensalm
1840
5
Roßkopf
2576
6
2248
Alplköpfl
Roßlaufspitze
7
Hoher Kopf
2373
8
Alpl
1650
1742
Fiderißalm
Jagdhütte
Nafinghütte
Weerbach
Hühnl Asten
1453
1720
Thagetlahnalm
9
Wildofen
2553
VON KOLSASSBERG

felsigen Gratausläufer. Rechts davon weiter, erst später auf die linke Seite des Rückens wechseln und ohne Schwierigkeiten mit Skiern zum großen Holzkreuz auf dem Gipfel.

Roßkopf, 2576 m 5

K: Hm 1300, Ekm 8, Z 4,5. Skt 1a, Klt 0, Lg 1. Abf NW. Jänner—April.

Von Innerst auf einem Forstweg ins Nurpenstal bis zur Oberen Nurpensalm (1840 m). Hier endet der Fahrweg. Wir bleiben noch eine Viertelstunde im Tal des Nurpensbaches, dann wenden wir uns nach links und steigen, anfangs recht steil (etwa 35 Grad), dann wieder etwas sanfter, Richtung SW zum felsigen N-Rücken des Roßkopfes auf. Skidepot in etwa 2500 m Höhe. Unschwierig weiter zum Gipfel.

Roßlaufspitze, 2248 m (von NO) 6

K: Hm 1000, Ekm 4, Z 3. Skt 1a, Klt 0, Lg 1. Abf NO, dann Fahrweg. Dezember—April.

Von Innerst links vom Gasthof auf einem Fahrweg ins Nurpenstal bis zur Unteren Nurpensalm (1795 m), das ist gleich nach einer Doppelkehre (kurz nach dem Wechsel auf die andere Bachseite). Über schöne NO-Hänge auf einen Rücken (»Alplköpfl«) und über diesen unschwierig auf den Gipfel.

Roßlaufspitze, 2248 m (von W) 7

K: Hm 1000, Ekm 4, Z 3. Skt 1a, Klt 0, Lg 1. Abf W, dann Fahrweg. Dezember—April.

Von Innerst den Hinweisschildern »Nafinghütte« folgen. Den Fahrweg verläßt man, sobald sich zum ersten Mal links freies Gelände zeigt. Vorbei an zahlreichen Almhütten zur Fiderißalm (1742 m) und ziemlich genau Richtung W zum Gipfel, dessen letzte Steilstufe man links oder rechts umgehen kann.

Hoher Kopf, 2373 m 8

K: Hm 1100, Ekm 6, Z 3,5. Skt 1a, Klt 0, Lg 0 (bei vernünftiger Spurwahl). Abf NW, dann Fahrweg. Dezember—März.

Von Innerst zum Nurpensbach hinunter, über die Brücke und auf dem Weg zur Nafinghütte etwa 40 Minuten. Nun nach links abzweigen (deutliches Hinweisschild »Hoher Kopf« und über das Alpl (1650 m) zur Fiderißalm (1742 m). Durch lichten Wald bzw. breite Schneisen auf einen schwach ausgeprägten Rücken, den man bis zum Gipfel verfolgt.

9 Wildofen, 2553 m

K: Hm 1300, Ekm 6, Z 4. Skt 1ab, Klt 0, Lg 1. Abf NO. Jänner—April.

Etwa 1 km vor dem Gasthof Innerst zweigt nach rechts ein Weg ab, der in den Talboden führt und hintereinander den Nurpesbach und den Weerbach überquert. Nun steigt man durch eine Lichtung an, überquert einen Weg und erreicht kurze Zeit später einen zweiten Fahrweg, dem man zur Hühnl Asten (1453 m) folgt. Kurz danach Wegverzweigung, man hält sich rechts und erreicht, zuletzt eine weite Kehre abkürzend, die Thagetlahnalm (1720 m). Über schöne Hänge erreicht man eine ausgeprägte Mulde, durch die man nunmehr steiler, kurz unter dem Gipfel einen Rücken gewinnt. Über diesen Rücken, zuletzt einigen Felsen nach links ausweichend, zum hölzernen Gipfelkreuz.

Den Gipfel kann man auch erreichen, wenn man von Weer im Inntal nach Kolsaßberg fährt, sich also von vornherein auf der im Anstiegssinne rechten Talseite hält. Von Kolsaßberg folgt man dem Fahrweg, bis man gleichfalls die Hühnl Asten erreicht. Spät im Jahr kann man hierher auch mit dem PKW fahren — Mautstraße der Weggemeinschaft Kolsaßberg, Benützung gegen eine sehr bescheidene Gebühr gestattet. Weiter wie beschrieben. Wenn man von Kolsaßberg kommt, kann man auch (etwas kürzer) schon früher nach rechts abzweigen und über die Studlalm (1600 m) aufsteigen. Dieser Anstieg ist jedoch skiläuferisch nicht so schön.

AUSGANGSPUNKT: NAFINGHÜTTE (1856 m)

(Hüttenhandbuch, 1799 m — ÖK)

Die Nafinghütte gehört der Sektion Weiden des DAV (daher auch »Weidener Hütte«). Sie wird von Hubert und Else Schröck (A-6163 Weerberg, Tel. 0 52 24-85 29) während der gesamten Tourensaison bewirtschaftet.

Vom Parkplatz rechts am Gasthof Innerst vorbei, zum Nurpensbach hinunter, über die Brücke und auf dem Fahrweg in zwei Stunden zur Hütte. Beim Aufstieg sehr schöner Blick auf den Wildofen.

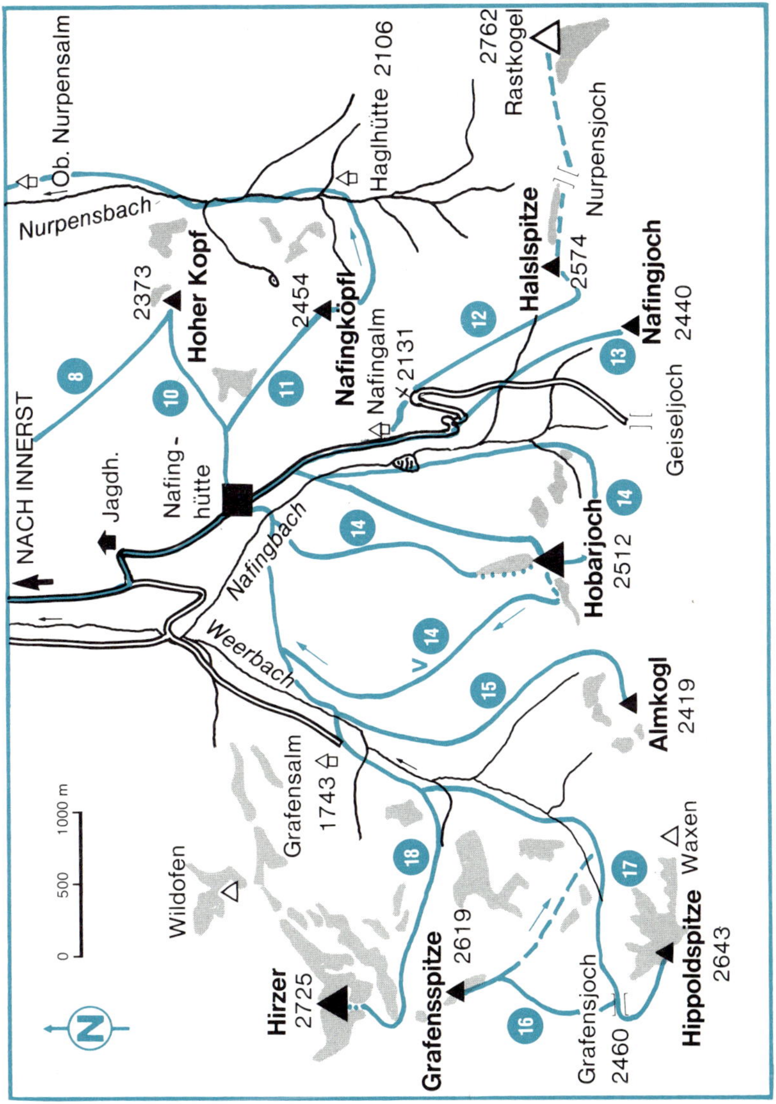

NACH INNERST
Ob. Nurpensalm
Nurpensbach
Hoher Kopf
2373
Haglhütte 2106
2762
Rastkogel
Nafingköpfl
2454
Nurpensjoch
Halslspitze
2574
Nafingjoch
2440
Nafingalm
2131
Geiseljoch
Jagdh.
Nafing-
hütte
Nafingbach
Weerbach
Hobarjoch
2512
Almkogl
2419
Grafensalm
1743
Wildofen
Waxen
Hippoldspitze
2643
Grafensjoch
2460
Grafensspitze
2619
Hirzer
2725
0
500
1000 m
8
10
11
12
13
14
15
16
17
18

10 Hoher Kopf, 2373 m

K: Hm 600, Ekm 2, Z 2. Skt 1a, Klt 0, Lg 1. Abf W. Dezember—April.

Von der Hütte ziemlich steil Richtung O bis in eine Höhe von 2100 m. Hier biegt man, bereits in weniger steilem Gelände, Richtung NO ein, erreicht eine flache Mulde, und aus dieser unschwierig den Gipfel. Empfehlenswert für den letzten Tag eines Hüttenaufenthaltes — Abfahrt über 8 nach Innerst.

11 Nafingköpfl, 2454 m

K: Hm 650, Ekm 1,5, Z 2. Skt 1a, Klt 0, Lg 1. Abf NW. Dezember—April.

Wie zum Anstieg zum Hohen Kopf. In einer Höhe von 2100 m aber nun nach rechts abzweigen und Richtung SO geradewegs zum Gipfel aufsteigen. Ebenfalls empfehlenswert für den letzten Tag eines Hüttenaufenthaltes: Abfahrt über die schönen Osthänge zur Haglhütte (2106 m) und durch das Nurpenstal nach Innerst.

12 Halslspitze, 2574 m

K: Hm 800, Ekm 3, Z 2,5. Skt 0, Klt 0, Lg 1. Abf NW. Dezember—April.

Auf dem Almweg Richtung S zur Nafingalm. Die großen Straßenkehren schneidet man nun ab, indem man unmittelbar zu P. 2131 und weiter in Richtung SO zum Kamm aufsteigt, über den man unschwierig den Gipfel erreicht. Die Abfahrt nimmt man dann unmittelbar durch schöne Mulden zur Nafingalm. Wer sich nicht ausgelastet fühlt, kann zum Nurpensjoch absteigen und über den W-Grat unschwierig den Rastkogel (2762 m) besteigen (etwa 1,5 Stunden).

13 Nafingjoch, 2440 m

K: Hm 650, Ekm 3, Z 3. Skt 0, Klt 0, Lg 1. Abf NW. Dezember—April.

Dieses Joch ist keine Einsattelung, sondern eine unbedeutende Kuppe am Ende des Rückens, der von der Halslspitze nach SW zieht. Von der Hütte auf dem Almweg zur Nafingalm und noch ein Stück weiter bis zur ersten Kehre. Hier verläßt man den Almweg, steigt Richtung SO an, überschreitet den Weg in einer Höhe von 2200 m und steigt durch eine ziemlich flache Mulde unmittelbar zum Gipfel auf.

Hobarjoch, 2512 m

14

K: Hm 750, Ekm 3, Z 2,5. Skt 1a, Klt 0, Lg 1. Abf SO (Variante SO, O, N). Dezember—April.

Etwas niedriger als die Halslspitze, aber eindrucksvollster Gipfel im Bereich der Hütte. Ein kurzes Stück auf dem Almweg, bis man auf halbem Wege zur Nafingalm eine günstige Möglichkeit findet, in den Talboden des Nafingbaches zu queren. Durch eine schöne Mulde, die meist guten Schnee aufweist, im letzten Teil steil über die Gipfelflanke zum höchsten Punkt.

Ein anderer Anstieg, der eine hübsche Überschreitung ermöglicht, führt (etwas weiter) im Talboden bis zum Talschluß, dann Richtung SW teilweise steil durch eine Mulde zum Kamm, der vom Hobarjoch nach SO zieht. Über diesen Kamm, meist jedoch besser links davon in der Flanke, auf den Gipfel. Eine bei sicherer Schneelage schöne Abfahrtsvariante: Vom Gipfel über den Kamm nach Ost, bis man in eine schöne Nord bis Nordwest gerichtete Mulde einfahren kann. Man quert dann ähnlich wie bei 15 beschrieben zurück zur Hütte. Bei geringer Schneelage läßt sich das Hobarjoch auch mit einer kurzen alpinen Einlage erreichen: Von der Hütte Abfahrt in den Talboden. Aufstieg durch schütteren Wald, teilweise schöne Lichtungen bis zu einem Kreuz auf einem Vorgipfel (von der Hütte gut sichtbar). Mit Skiern weiter, zuletzt unschwieriges Stapfen und über Blöcke zum Gipfel.

Almkogel, 2419 m

15

K: Hm 800, Ekm 4, Z 2,5. Skt 1a, Klt 0, Lg 1. Abf NW-Hänge. Dezember bis April.

Dieser und die nachfolgenden Anstiege haben den Nachteil, daß sie mit einer kleinen Abfahrt (die natürlich bei der Rückkehr einen Gegenanstieg bedeutet) und einer längeren Querung zur Grafensalm beginnen. Von der Hütte kurze Abfahrt zum Nafingbach, den man überquert und (dem Verlauf des Sommerweges folgend) mit geringem Höhenverlust zur Grafensalm. Zu der Alm, die etwa 50 m höher im Gegenhang steht, muß man nicht aufsteigen. Sobald man das Tal des Weerbaches erreicht hat, hält man sich links und steigt in wechselnder Steilheit Richtung S auf, bis man über einen vom Hobarjoch herabziehenden Rücken in die Mulde einzweigen kann, die sich zwischen Hobarjoch und Almkogel befindet. In dieser Mulde, am besten jedoch etwas oberhalb auf einem schwach ausgeprägten Rücken, zum Kamm und, nach rechts abbiegend, über ihn unschwierig zum Gipfel.

16 Grafensspitze, 2619 m (auch »Krovenzspitze«)

K: Hm 900, Ekm 6, Z 3. Skt 1a, Klt 0, Lg 1. Abf S, O, N. Dezember bis April.

Wie beim Anstieg zum Almkogel zum Weerbach unterhalb der Grafensalm. Im Bachbett bis zum Talschluß, dann teilweise über Steilstufen, teilweise sehr flach, zum Grafensjoch (2460 m). Über den S-Rücken unschwierig zu einem Vorgipfel (Kreuz) und weiter, das letzte Stück mitunter zu Fuß, auf den Gipfel. Bei sicheren Schneeverhältnissen kann man unmittelbar über die prachtvolle SO-Flanke in den Talboden abfahren (Skt 2a).

17 Hippoldspitze, 2643 m

K: Hm 900, Ekm 5,5, Z 3. Skt 1a, Klt 0, Lg 1. Abf N, NO. Dezember April.

Dieser Gipfel läßt sich vom Grafensjoch (2468 m) über den NW-Rücken unschwierig, nur im letzten Teil des Anstieges etwas felsig, erreichen. Bei guter Schneelage mit Skiern bis zum Gipfel möglich.

18 Hirzer, 2725 m

K: Hm 1000, Ekm 5, Z 3,5. Skt 2ab, Klt 0, Lg 2. Abf O. März—Mai.

Eindrucksvollste, aber auch anspruchsvollste Skitour im Bereich der Weidener Hütte, auch von Kolsaßberg her erreichbar (spät im Jahr Verkürzung des Anstieges durch Mautstraße). Von der Hütte kurze Abfahrt zum Nafingbach, über die Brücke und — zuerst kurz ansteigend, dann in lästigem Wechsel von kurzen Aufstiegen und geringfügig längeren Abfahrten um den Untersberg herum ins Tal des Weerbaches. Im Talboden oder auf der (im Anstiegssinne) rechten Talseite taleinwärts, bis (etwa 10 Minuten nach der Grafensalm) von rechts eine ziemlich steile Rinne herabzieht. Orientierungshilfe: links und rechts von der Rinne sieht man eine Kuppe mit Felsen und Bäumen. Durch diese Rinne verläuft unser Anstieg bis zu einer Einsattelung in der Gratverbindung zwischen Grafensspitze und Hirzer. Etwas nach links in die Flanke ausweichend erreichen wir unschwierig den Gipfel.

TOURENBEREICH WATTENS/WATTENER LIZUM, WATTENTAL

Wattens (564 m) ist über die Inntal-Autobahn leicht erreichbar. Von hier aus führt das Wattental in die Tuxer Alpen, dem nördlich vorgelagerten Teil der Zillertaler Alpen. Wegen des Truppenübungsplatzes des Österreichischen Bundesheeres in der Wattener Lizum ist die Straße in den letzten Jahren ausgebaut worden. Nach Schneefällen sind aber immer noch Schneeketten erforderlich, um sicher bis zum Lager Walchen (1410 m), 12 km von Wattens, zu kommen.

Das Wattental ist ein ergiebiges Skitourengebiet. Lange Anstiege führen auf der Westseite des Tales auf den Largoz (2214 m), den Hahneburger (2596 m) und den Malgrübler (2749 m). Auf der Ostseite sind die Rote Wand (2252 m), der recht bekannte Hirzer (2725 m), die Grafensspitze (2619 m) und die Hippoldspitze (2643 m) zu erwähnen. Vom Lager Walchen erreicht man durch das Mölser Tal schöne Skigipfel wie die Sonnenspitze (2620 m) und den Mölser Berg (2479 m).

Ein wahres Skitourenparadies ist die Wattener Lizum mit der gemütlichen Lizumer Hütte (2050 m) als Stützpunkt. Der bekannteste Gipfel, der von dieser Hütte aus erstiegen wird, ist der Geier (2857 m). Sehr beliebt sind auch die Anstiege auf den Mölser Berg (2479 m) und die Torspitze (2663 m), weil sie schöne Abfahrten zum Parkplatz beim Lager Walchen ermöglichen. Daneben sind aber noch viele andere Gipfel zu nennen wie die Graue Wand (2594 m), die Torwand (2771 m), die Pluderlinge (2778 m), der Felsklotz Reckner (2884 m), die Lizumer Sonnenspitze (2831 m), die Tarntaler Köpfe (2755 m) und die Klammspitze (2515 m). Auch hübsche Rundfahrten sind möglich, z. B. über den Geier ins Mölstal und über die Klammscharte wieder zurück.

Auskünfte und Zimmernachweis:
Fremdenverkehrsverband A-6112 Wattens, Tel. 05 2 24-29 04

Landkarten: ÖK 119 (Schwaz), vor allem aber ÖK 149 (Lanersbach), AV-Karte 31/5 (Innsbruck-Umgebung; leider nur im Maßstab 1:50.000). Als Übersichtskarten Freytag & Berndt WK 241 (Innsbruck—Stubai—Sellrain—Brenner) und Kompaß Nr. 36 (Innsbruck—Brenner).

Rote Wand, 2252 m 19

K: Hm 1000, Ekm 5, Z 3. Skt lab, Klt 0, Lg 1. Abf N, W. Dezember—März.

Von Wattens in das Wattental. Beim Gasthof Mühle (1003 m) zweigt nach links eine Fahrstraße ab (Hinweisschild »Schlepplift Wildstätt«), der

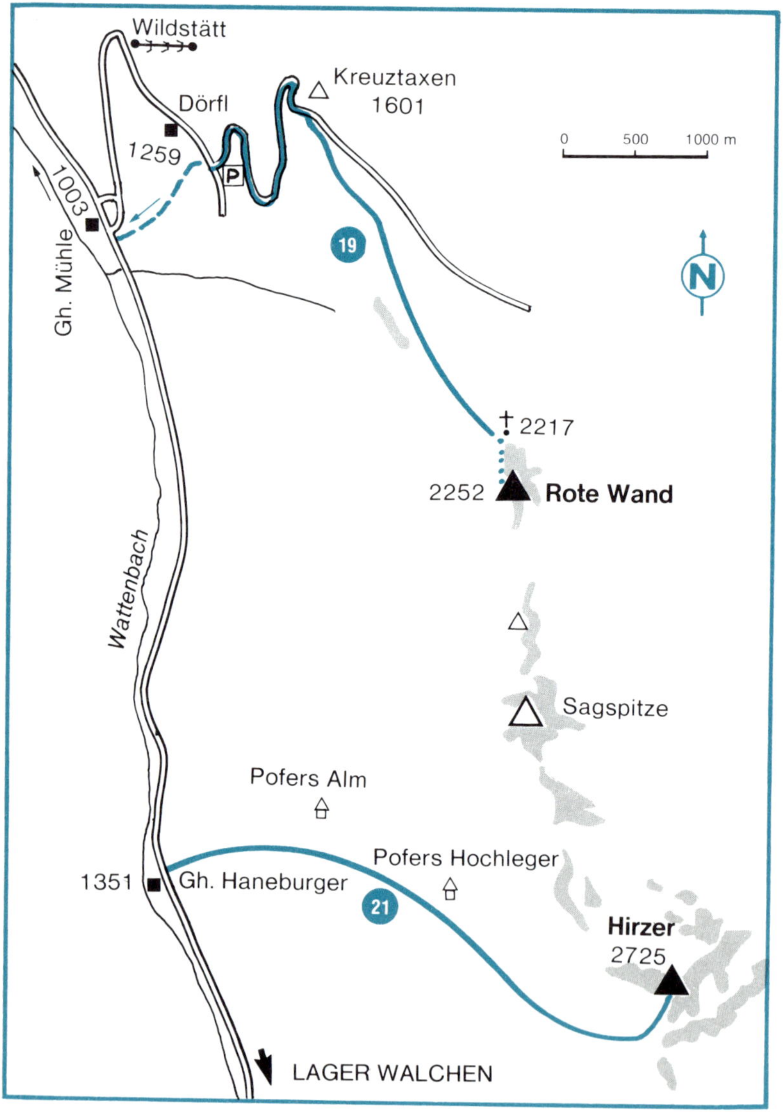
Wildstätt
Kreuztaxen
1601
Dörfl
1259
1003
P
0 500 1000 m
Gh. Mühle
19
N
2217
2252
Rote Wand
Wattenbach
Sagspitze
Pofers Alm
Pofers Hochleger
1351
Gh. Haneburger
21
Hirzer
2725
LAGER WALCHEN

wir bis zum Weiler Dörfl (1259 m) und ein Stück weiter bis zu einem Parkplatz am Waldrand folgen. Nun am besten auf einem Forstweg zum Endpunkt des langen Rückens, der von der Roten Wand nach N zieht und unseren Aufstiegsweg bildet (»Kreuztaxen«, 1601 m). Über den Rücken durch lichten Wald, später über freie Hänge und durch schöne Mulden zu einem Vorgipfel (P. 2217, Kreuz). Zu Fuß unschwierig weiter zur Roten Wand. Viele Tourengeher lassen es beim Vorgipfel bewenden.

Anmerkung: Bei guter Schneelage empfiehlt es sich, bereits beim Gasthaus Mühle oder noch weiter unten zu parken, um die Abfahrt über wunderschöne hindernislose Hänge genießen zu können.

Largoz, 2214 m 20

(Skizze bei TB 3 — Volders! Seite 60)
K: Hm 1350, Ekm 4, Z 4. Skt lab, Klt 0, Lg 1. Abf N. Dezember—März.

Vom südlichen Ortsende von Wattens führt eine Fahrstraße zum Gasthof Vögelsberg (866 m). Besonders Faule können eine Viertelstunde Anstieg einsparen, wenn sie einen kleinen Schlepplift benützen. Richtung S über freie Wiesen und durch lichte Waldgürtel zu einer Forststraße, die zur Jagdhütte Schönrastboden (1569 m) führt. Durch Waldschneisen, bald aber über herrliches freies Skigelände geradewegs auf den Gipfel.

Hirzer, 2725 m 21

K: Hm 1400, Ekm 4,5, Z 4. Skt lab, Klt 0, Lg 1. Abf W. Jänner—April.

Von Wattens zum Gasthaus Haneburger (1351 m), 9 km. Durch eine schmale Waldschneise oder (bequemer) weit nach rechts ausholend auf einem Fahrweg, später durch eine Waldschneise ins freie Almgelände. Durch die Almböden in die weite Mulde, die dem Hirzer westlich vorgelagert ist. Durch diese Mulde zuerst sanft, dann steiler, in eine Einsattelung zwischen Hirzer und Grafensspitze. Über den S-Rücken, bei günstigen Verhältnissen zum Teil mit Skiern, zum Gipfel. Es ist auch möglich (häufiger begangen, doch skiläuferisch etwas weniger schön) von den Almböden nach links ausholend den Nordostrücken zu erreichen und über einen Vorgipfel zum Hirzer aufzusteigen (auch hier das letzte Stück zu Fuß).

Grafensspitze, 2619 m 22

K: Hm 1250, Ekm 4, Z 3,5. Skt lab, Klt 0, Lg 1. Abf W-Hänge. Dezember bis April.

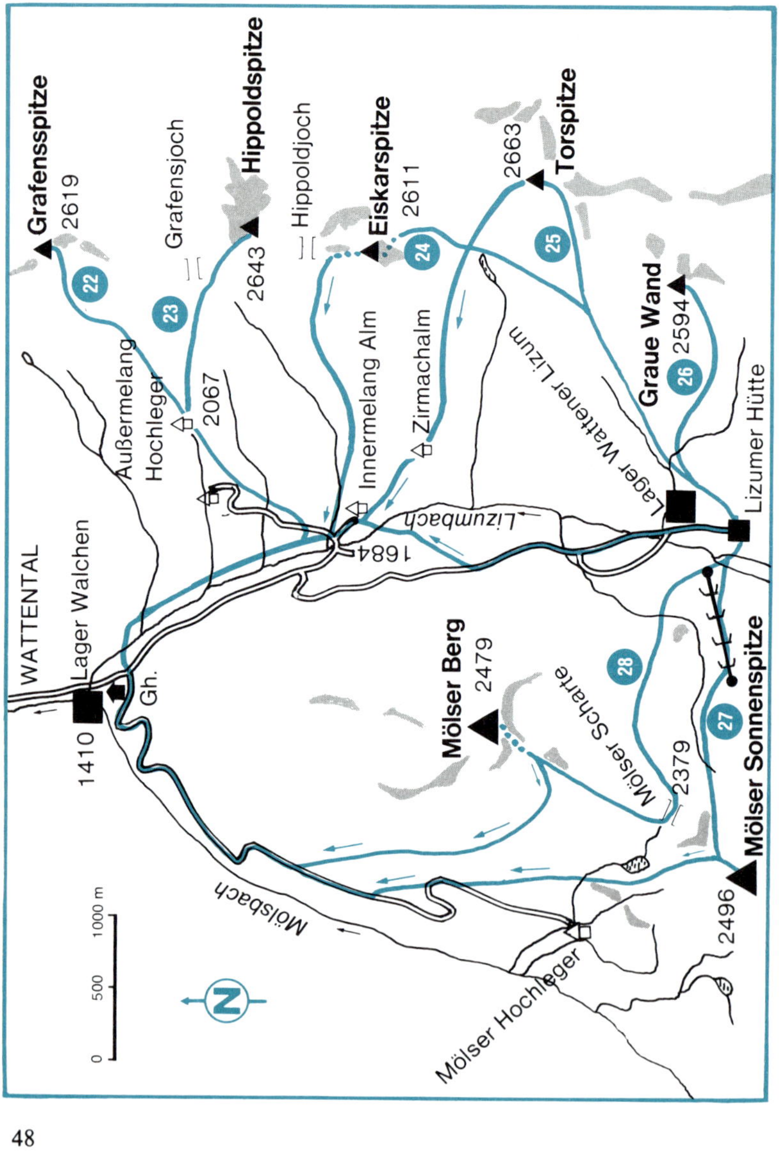
Grafensspitze
2619
Grafensjoch
Hippoldspitze
2643
Hippoldjoch
Eiskarspitze
2611
Torspitze
2663
Graue Wand
2594
Lizumer Hütte
Lager Wattener Lizum
Lizumbach
Zirmachalm
Innermelang Alm
Außermelang Hochleger
2067
1684
WATTENTAL
Lager Walchen
Gh.
1410
Mölser Berg
2479
Mölser Scharte
2379
Mölser Sonnenspitze
2496
Mölsbach
Mölser Hochleger
22
23
24
25
26
27
28
0
500
1000 m
N

Von Wattens durch das Wattental bis zum Lager Walchen (1410 m), 12 km von Wattens. Großer Parkplatz. Wie beim Anstieg zur Lizumer Hütte im Talboden (also nicht auf der Fahrstraße in die Lizum) taleinwärts. Bei den weiten Böden der Innermelang Alm nach links hinauf zu einem Fahrweg, den man bis zum Hochleger (2067 m) verfolgt. Richtung NO über einen Rücken, dann durch schöne Mulden zum Gipfel, den man zuletzt etwas von rechts her mit Skiern erreicht.

Hippold, 2643 m

23

K: Hm 1250, Ekm 4, Z 3,5. Skt lab, Klt 0, Lg 1. Abf N, W.

Wie beim Anstieg zur Grafensspitze zum Außermelang Hochleger (2067 m). Hier Richtung Ost auf das Grafensjoch zu. Schon vorher nach rechts und über den NW-Rücken, bei guter Schneelage mit Skiern auf den Gipfel.

Anmerkung: Selbstverständlich kann man den Mölser Berg (2479 m) und die Mölser Sonnenspitze (2496 m), die mit Anstieg von der Lizumer Hütte und mit Abfahrt zum Lager Walchen beschrieben wurden, auch vom Parkplatz beim Lager Walchen aus in etwa 3 Stunden ersteigen. Anstieg wie als Abfahrt beschrieben.

AUSGANGSPUNKT: LIZUMER HÜTTE (2050 m)

K: Hm 650, Ekm 5, Z 2. Skt lab, Klt 0, Lg 0. Abf NO, N. Dezember bis April. ÖK 149 (Lanersbach).

Die Lizumer Hütte gehört der Sektion Hall des ÖAV. Laut Aufschrift auf der Hütte liegt sie 2050 m hoch, nach dem AV-Hüttenverzeichnis ist sie mit 2019 m ein gutes Stück niedriger. Die gemütliche Hütte wird von Herrn Reinhart Fröhlich um Weihnachten und von Mitte Februar bis Ende April bewirtschaftet.

Hüttenanschrift: A-6112 Wattens, Tel. 05224-2111. In den wenigen Wochen, in denen die Hütte nicht bewirtschaftet ist, steht ein Winterraum mit 20 Lagern zur Verfügung.

Die Hütte ist in zwei Gehstunden über eine Fahrstraße erreichbar. Ein Taxi-Unternehmen (Troppmair, Tel. 05224-2691) nimmt einem jedoch auf Wunsch (und gegen Bezahlung) die Mühe des Aufstiegs ab. Die Abfahrt auf dieser Fahrstraße ist nicht nur verboten, sondern auch nicht sehr reizvoll. Wesentlich schöner ist es, nach einem verhältnismäßig kurzen Anstieg auf die Mölser Scharte (2379 m) durch das Mölstal oder — nach etwas längerem Anstieg — von der Torspitze (2663 m) oder (kaum bekannt) von der Eiskarspitze (2611 m) zum großen Parkplatz beim Lager Walchen abzufahren.

Das Skitourenparadies in der Wattener Lizum hat einen Schönheitsfehler: die gelegentlichen Schießübungen des Österreichischen Bundesheeres. Diese Übungen finden jedoch nie an Wochenenden statt und sind auch an Wochentagen räumlich begrenzt. Keinesfalls muß man befürchten, daß das gesamte Tourengebiet gesperrt wird (Österreich ist schließlich ein Gastland). Wenn man, etwa bei sehr schlechten Wetterverhältnissen, unmittelbar von der Wattener Lizum abfahren möchte, empfiehlt es sich, auf der Fahrstraße bis zu den neuen Kasernen und noch etwa 1 km weiter abzufahren bzw. zu wandern, teilweise eben, leichter Gegenanstieg. Hier zweigt nach rechts eine Abfahrt in den Talboden ab (deutliche Hinweisschilder), die durch lichten Wald zur Innermelang Alm (1684 m) und auf einem Weg, zuletzt über eine Wiese, zum Lager Walchen zurückführt.

24 Eiskarspitze, 2611 m

K: Hm 600, Ekm 3, Z 2. Skt 0 (Variante 1ab), Klt 0, Lg 0 (Variante 1), Abfahrt W-Hänge. Dezember—April. ÖK 149 (Lanersbach).

Von der Hütte in der Grundrichtung NO ansteigen, durch recht »unruhiges« Gelände, mehrere Bachtäler querend, in eine große Mulde unterhalb der Torspitze. Ab etwa 2300 m hält man sich noch stärker links, überquert den Rücken, der von der Torspitze nach W zieht, und gelangt ohne Höhengewinn in die nächste Mulde (»In der Lacken«). Über den mittelsteilen SW-Hang zum Rücken, der von der Eiskarspitze nach S zieht, und zuletzt zu Fuß über einige unschwierige Felsen auf den Gipfel. Wegen der langen Querung ist dieser Gipfel als selbständige Tour mit Rückkehr zu Hütte nicht sehr lohnend. Er ermöglicht aber eine schöne Abfahrt ins Tal, auf der man bis zum Talgrund mit großer Wahrscheinlichkeit allein unterwegs ist. Dazu trägt man die Skier über den Gipfel und fährt dann — sehr steil — über einen WNW-Hang zur Baumgrenze. Hier hält man sich etwas links, ziemlich genau Richtung W, und fährt durch lichten, gut befahrbaren Wald links (südlich) von einem Bachbett bis in den Talgrund ab. Auf einem Weg weiter zum Lager Walchen.

→

Die Gruppe befindet sich beim Anstieg zur 29 *Torwand im Tourenbereich der Wattener Lizum.*

Torspitze, 2663 m

25

K: Hm 650, Ekm 2,5, Z 2. Skt 0, Klt 0, Lg 0 (bei richtiger Wahl der Spur). Abf SW, W-Hänge. Dezember—April. ÖK 149 (Lanersbach).

Während die Eiskarspitze als Skigipfel kaum bekannt ist, zählt die Torspitze zu den beliebtesten Zielen der Lizumer Hütte. Wie beschrieben in die weite Mulde, nun aber die Grundrichtung beibehalten, auf die Torspitze zu, die man zuletzt in einem leichten Linksbogen über ihre SSW-Flanke ohne Schwierigkeiten erreicht.

Graue Wand, 2594 m

26

K: Hm 550, Ekm 2, Z 1,5. Skt 0, Klt 0, Lg 0 (bei richtiger Wahl der Spur). Abf SW, W-Hänge. ÖK 149 (Lanersbach).

Auf dem Anstieg zur Torspitze, bis man sich in einem Bacheinschnitt genau oberhalb der neuen Kasernen befindet. Hier zweigt man nach rechts ab und steigt in wechselnder Steilheit, zuerst in einem leichten Rechts-, dann Linksbogen zum Gipfel auf.

Mölser Sonnenspitze, 2496 m

27

K: Hm 500, Ekm 3, Z 1,5. Skt 1a, Klt 0, Lg 1. Abf O. Variante: Abf NW, N. Dezember—April.

Von der Lizumer Hütte Richtung W, an der Bergstation eines Schlepplifts (Benützung nur durch das Militär) vorbei, zu einer Einsattelung nördlich der Mölser Sonnenspitze (»Unbenannte Scharte«). Über den N-Rücken zum Gipfel. Die Abfahrt erfolgt am besten von der Unbenannten Scharte ins Mölstal und zum Lager Walchen (1410 m). Man fährt dazu Richtung NW in schöne Mulden ein, hält sich in einer Höhe von 2250 m deutlich rechts (Felsabbrüche!), quert ein Tälchen (Abfluß des Mölssees) und fährt über hindernislose NW-Hänge zu einem Fahrweg ab. Auf diesem Weg, Kehren abschneidend, hinaus zum Lager Walchen. Rückkehr zur Hütte mit dem Taxi oder zu Fuß in zwei Stunden.

←

Die Kalkwand vom Anstieg zur (31) *Geierspitze. Die tiefe Einsattelung ist das Junsjoch, ein Übergang vom Wattental ins Tuxer Tal.*

28 Mölser Berg, 2479 m

K: Hm 500, Ekm 4, Z 1,5. Skt 0, Klt 0, Lg 0 (bei vernünftiger Spurwahl). Abf 0. Variante: Abf NW, N. Dezember—April.

Von der Lizumer Hütte rechts von einem Skilift in sanftem Anstieg Richtung W zur Mölser Scharte (2379 m). Weiter über den zunächst gut begehbaren S-Rücken des Mölser Berges, bis dieser Rücken schmäler und felsiger wird. Skidepot. Über unschwierige Blöcke zum höchsten Punkt. Auch hier erfolgt die Abfahrt am besten durch das Mölstal. Am besten gehen wir vom Skidepot noch ein kurzes Stück in Richtung Mölser Scharte. Durch schöne Mulden, zuletzt durch lichten, gut befahrbaren Wald, zu einem Fahrweg. Über diesen Weg, Kehren abschneidend, zum Lager Walchen. Mit Taxi oder zu Fuß (zwei Stunden) zurück zur Hütte.

29 Torwand, 2771 m

K: Hm 750, Ekm 2, Z 2. Skt 1a (Variante 2a), Klt 0, Lg 1. Abf NW, W. ÖK 149 (Lanersbach).

Die Torwand verlängert sich in Richtung NW in einem Rücken, der zuletzt Richtung W biegt und einen wenig ausgeprägten Vorgipfel (P. 2368) aufist. Von der Hütte Richtung O, nach dem erwähnten Vorgipfel rechts zum Rücken hinauf und über eine mittelsteile NW-Flanke, zuletzt wenige Meter zu Fuß, auf den Gipfel. Bei günstigen Schneeverhältnissen kann man vom Gipfel unmittelbar Richtung N in eine schöne Mulde einfahren.

30 Pluderlinge, 2778 m

K: Hm 750, Ekm 3,5, Z 2,5. Skt 1a (Variante 2a), Klt 0, Lg 1. Abf N. Jänner—April. ÖK 149 (Lanersbach).

In einer meist gut ausgetretenen Spur — sie führt zum beliebtesten Gipfel im Bereich der Hütte, zum Geier — im Talboden, später rechts in der Flanke ansteigend, in wunderschönem Skigelände, zu einer Wegtafel (etwa 2640 m). Die Anwärter auf den Geier halten sich nun rechts. Wir steigen geradeaus in eine Einsenkung zwischen Geier und Pluderlinge. Über den Westrücken zu P. 2778 und fast eben weiter zu P. 2755. Bei sicheren Schneeverhältnissen ist eine Steilabfahrt unmittelbar Richtung N in den Talschluß möglich. Einer schluchtartigen Verengung zwischen 2300 und 2200 m kann man unschwer links (sanfter) oder rechts (steiler) ausweichen.

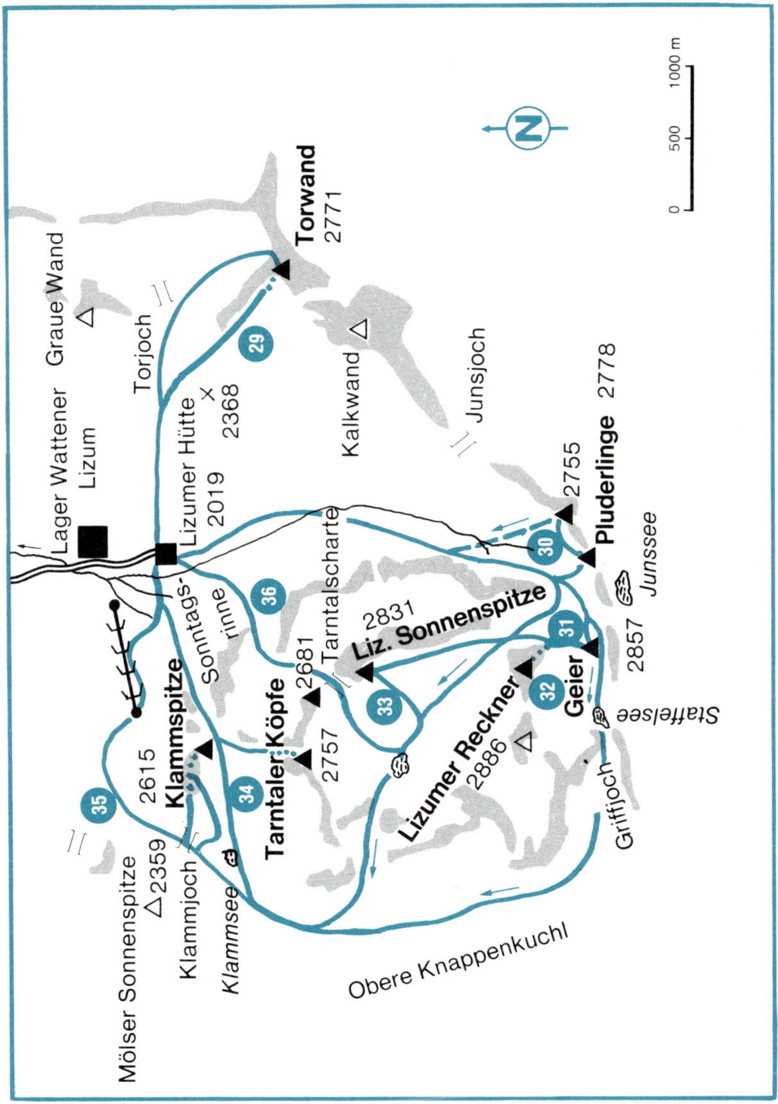

Lager Walttener
Lizum
Graue Wand
Torjoch
Torwand
2771
Lizumer Hütte
2019
2368
Kalkwand
Junsjoch
2755
Pluderlinge
2778
Junssee
Tarntalscharte
Sonntags-
rinne
2831
Liz. Sonnenspitze
2857
2681
Geier
Staffelsee
Tarntaler Köpfe
2757
Lizumer Reckner
2886
Klammspitze
2615
Griffjoch
Mölser Sonnenspitze
2359
Klammjoch
Klammsee
Obere Knappenkuchl
29
30
31
32
33
34
35
36
0
500
1000 m
N

31 Geier, 2857 m

K: Hm 850, Ekm 3,5, Z 2,5. Skt 1a, Klt 0, Lg 1. Abf N. Jänner—Mai. ÖK 149 (Lanersbach). Variante über das Klammjoch: Hm 1100, Ekm (im Anstieg) 5, Z (einschließlich Gegenanstieg) 3,25. Skt 1a, Klt 0, Lg 1. Abf W, NW, NO.

Wie beschrieben zur Wegtafel (etwa 2640 m). Nun etwas rechts haltend über mittelsteile Hänge Richtung SW ohne Schwierigkeiten auf den Gipfel. Der Geier ist ein sehr beliebtes Tourenziel, nicht nur wegen der großartigen Abfahrt, sondern auch wegen der umfassenden Aussicht, vor allem in die Stubaier und Zillertaler Alpen.

Die Abfahrt auf dem Anstiegswege ist meist sehr verspurt. Wer bereit ist, eine halbe Stunde Gegenanstieg in kauf zu nehmen, dem empfehle ich eine prachtvolle Variante. Vom Gipfel etwa 20 Hm Richtung O, bis man nach rechts einbiegen und über einen sehr schönen Westhang zum Staffelsee abfahren kann. Nahezu ohne Gegensteigung zum Griffjoch — bei Hartschnee allerdings etwas heikle Querung, nach stärkeren Schneefällen lawinengefährdet. Nun folgen prachtvolle Hänge, wobei man beginnt, sich etwas rechts zu halten. Die herrliche Abfahrt endet in einer weiten Mulde (»Obere Knappenkuchl«, etwa 2120 m). Über sanfte Kuppen geht es Richtung Nord zum Klammsee und zum nur wenige Meter darüber liegenden Klammjoch (2359 m). Dieser Gegenanstieg erfordert etwa 40 Minuten. Die Abfahrt führt in einem weiten Bogen um die Klammspitzen herum, an der Bergstation eines dem Militär vorbehaltenen Schlepplifts vorbei, zur Hütte zurück.

32 Lizumer Reckner, 2886 m

K: Hm 900, Ekm 3,5, Z 3. Skt 1a, Klt 1, Lg 1. Abf. N. Februar—Mai. Variante über Tarntal: Skt 2a, Lg 2.

Höchster Gipfel der Tuxer Alpen. Der wuchtige Felsklotz wird aus der Einsattelung zwischen Geier und Reckner über den Südgrat (Seilversicherungen) erstiegen. Abfahrtsvariante: Von der erwähnten Einsattelung in den eigentümlich-urweltlichen Kessel des Oberen und Unteren Tarntales und steile Abfahrt zur Oberen Knappenkuchl. Über das Klammjoch (für die Sonntagsrinne ist es bei Firnbedingungen meist schon zu spät, sonst kommt auch diese Möglichkeit in Betracht) zurück zur Hütte.

33 Lizumer Sonnenspitze, 2831 m

K: Hm 850, Ekm 5, Z 3. Skt 1a, Klt 0, Lg 1. Abf SW, N. Variante: Skt 2a, Lg 2, Abf SO, NW, NO. Jänner—Mai.

Wie auf dem Anstieg zum Geier bis zur Wegtafel. Noch ein kurzes Stück auf dem Geier-Anstieg weiter, dann nach rechts abbiegen. Es empfiehlt sich nicht, durch Hügel und Mulden Richtung N zu gehen, um möglichst keine Höhe zu verlieren — man verliert sie auf Raten dennoch. Günstiger ist es, bis zum ersten kleinen See im Oberen Tarntal abzufahren, dann anzufellen und — bei günstigen Bedingungen mit Skiern — bis zum Gipfel aufzusteigen. Für die Abfahrt fährt man vom kleinen See ins Untere Tarntal ab und hat dann zwei Möglichkeiten: entweder wie beschrieben in die Obere Knappenkuchl und über das Klammjoch zurück zur Hütte, oder zur Tarntalscharte aufsteigen und über herrliche NO-Hänge zurück zur Hütte.

Tarntaler Köpfe, 2757 m 34

K: Hm 750, Ekm 2, Z 2,5. Skt 2a, Klt 2, Lg 2. Abf 0. Februar—April.

Die Tarntaler Köpfe bestehen aus vier Gipfeln, von denen der höchste, der »Große Tarntaler Kopf«, bestiegen wird.

Von der Lizumer Hütte führt, von der Hütte vollständig einzusehen, eine steile Rinne (»Sonntagsrinne«) zu einer Einsattelung zwischen den Klammspitzen (rechts, nördlich) und den Tarntaler Köpfen (links, südlich). Damit ist der Anstiegsweg vorgezeichnet. Zunächst durch sanfte Mulden, dann in zunehmender Steilheit in die Scharte. Rechts vom N-Grat so weit wie möglich mit Skiern, dann in mäßig schwieriger Kletterei auf den Gipfel.

Klammspitze, 2515 m 35

K: Hm 500, Ekm 3, Z 2. Skt 0, Klt 0, Lg 0 (bei vernünftiger Spurwahl). Abf NO, O. Variante: Skt 2a, Lg 2, SO-Hang. Dezember—April.

Von der Hütte Richtung W, an der Bergstation des Schlepplifts vorbei, später nach SW abbiegend, zum Klammjoch (2359 m). Über den W-Rükken, das letzte Stück zu Fuß, unschwierig auf den Gipfel. Skiläuferisch schöner ist es, vom Joch in die SW-Flanke zu queren, in der man (steil!) bis knapp unter den Gipfel aufsteigen kann.

Südlicher Tarntaler Kopf, 2681 m 36

K: Hm 700, Ekm 2, Z 2,5. Skt 2a, Klt 1, Lg 2. Abf NO. Februar—April.

Als Gipfel ist dieser niedrigste der vier Tarntaler Köpfe unbedeutend. Der Zustieg erfolgt jedoch über die Tarntalscharte, die eine der großartigsten Abfahrten im Bereich der Lizumer Hütte vermittelt. Von der Hütte Richtung SW über herrliche Hänge in zunehmender Steilheit zur Tarntalscharte (2613 m). Skidepot. Durch eine enge Rinne unschwierig zum Gipfel.

*

TOURENBEREICH VOLDERS, TULFES — VOLDERER TAL

Volders (557 m) liegt an der Inntal-Bundesstraße. Von der Autobahn ist es über die Abfahrt Wattens (13 km von Innsbruck-Ost) erreichbar. Für Tulfes (922 m) empfiehlt sich die Benützung der Autobahn-Abfahrt Hall in Tirol (6 km von Innsbruck-Ost).

Von Tulfes aus geht man die früher wohl berühmteste Skitour in Tirol an: den Glungezer (2677 m). Der ursprünglich sehr lange Anstieg (mehr als 1700 Hm von Tulfes, mehr als 2100 Hm aus dem Inntal) wird durch Aufstiegshilfen auf schwache zwei Stunden verkürzt. Gipfelsammler können mit einem geringen Umweg, der zudem eine andere Abfahrt ermöglicht, die Sonnenspitze (2639 m) »mitnehmen«. Bei Einheimischen sehr beliebt ist der Largoz (2214 m) von Volders aus. Hierbei kann man sich den Anstieg durch die Benützung eines Taxis (Geländewagen) verkürzen und auch eine großartige Abfahrtsvariante wählen. Am Ende der für den allgemeinen Verkehr zugelassenen Straße ins Voldertal, bei Volderwildbad (1104 m) beginnen Anstiege auf den Roßkopf (2382 m), den Hahneburger (2596 m) und den Malgrübler (2749 m). Für diese Anstiege, noch mehr aber für die weiter innen im Tal liegenden auf die Sonnenspitze (2620 m), die Grafmartspitze (2720 m), die Grünbergspitze (2790 m) und das Rosenjoch (2796 m), empfiehlt sich eine Nächtigung auf der Naturfreundehütte (1376 m).

Dem Kunstfreund bietet Volders eine Pfarrkirche aus der Spätgotik, die vom bedeutenden österreichischen Architekten Clemens Holzmeister vergrößert und umgestaltet wurde. Noch interessanter ist die Borromäus-Kirche, ein eigenwilliger Zentralbau mit einem Kuppelraum in der Mitte, um den sich drei Halbkuppelräume und ein Turm mit gleichem Grundriß gruppieren. Erbaut wurde die Kirche mit ihrer seltsamen Symbolik von einem Arzt, einem phantasievollen Dilettanten. Oberhalb von Volders liegt das Schloß Friedberg mit einem eindrucksvollen Bergfried. Die Stadt Hall liegt am linken Innufer, also im Karwendel und nicht in den Tuxer Alpen.

Ein Besuch der malerischen Stadt mit ihren gut erhaltenen alten Häusern und der mittelalterlichen Stadtbefestigung ist jedoch überaus lohnend. Im einzelnen wäre vor allem auf das Rathaus zu verweisen, auf die Stadtpfarrkirche und die östlich davon gelegene Kapelle (St. Magdalena), sowie auf die Burg Hasegg (Münzstätte im Bergfried, »Münzerturm«).

Karten: Im Maßstab 1:25.000 liegt nur die ÖK 148 (Brenner) und 149 (Lanersbach) vor. Am günstigsten ist die AV-Karte 31/5 (Innsbruck—Umgebung, mit Skirouten) zu verwenden. Als Übersichtskarten eignen sich Freytag & Berndt WK 241 (Innsbruck, Stubai-Sellrain, Brenner) oder Kompaß Nr. 36 (Innsbruck, Brenner).

Auskünfte und Zimmernachweis:
Fremdenverkehrsverband A-6111 Volders, Tel. 05 2 24-27 71.
Fremdenverkehrsverband A-6060 Tulfes, Tel. 05 2 23-83 24.

Largoz, 2214 m

37

K: Hm 900, Ekm 3, Z 2,5. Skt 1ab, Klt 0, Lg 1. Abf N (1650 Hm!). Dezember—März.

Von Volders auf einer Fahrstraße zur Krepperhütte (1351 m). Die Hütte ist vor Jahren abgebrannt und wird gegenwärtig nicht bewirtschaftet. Wer mit dem eigenen PKW auffahren möchte, braucht bei entsprechender Schneelage Ketten. Da der schöne Teil der Abfahrt erst bei der Krepperhütte beginnt (freie Wiesen bis ins Inntal), empfiehlt es sich, die von Taxi Troppmair (Tel. 05 2 24-26 91) angebotene Fahrmöglichkeit zu benützen. Bei günstigem Tourenwetter kann man an Samstagen und Sonntagen damit rechnen, daß ein Pendelverkehr vom Gasthof Post in Volders zur Krepperhütte eingerichtet wird. Von der Krepperhütte (meist gut gespurt) durch den Wald, wobei man mehrmals auf eine Forststraße stößt, und zur Largozalm (1963 m). Richtung SO durch Mulden und über kurze Steilstufen zum Gipfel. Die Abfahrt auf dem Anstiegswege ist schön (mit Ausnahme einiger waldiger Abschnitte), aber meist stark verspurt. Viel schöner und selten befahren wird die Abfahrt rein nordseitig, links am Glotzenkreuz (2092 m) vorbei, im oberen Teil über herrliches freies Gelände, dann durch Waldschneisen, zur Jagdhütte Schönrastboden (1569 m). Hier beginnt eine Querung nach links, auf einem Forstweg, bis man wieder schöne Wiesen findet, die zum Vögelsberg oberhalb von Wattens hinabführen. Da man das Auto in Volders geparkt hat, hält man sich in einer Höhe von etwa 800 m stark links und kehrt, zuletzt am Schloß Aschach vorbei, zum Ausgangspunkt zurück.

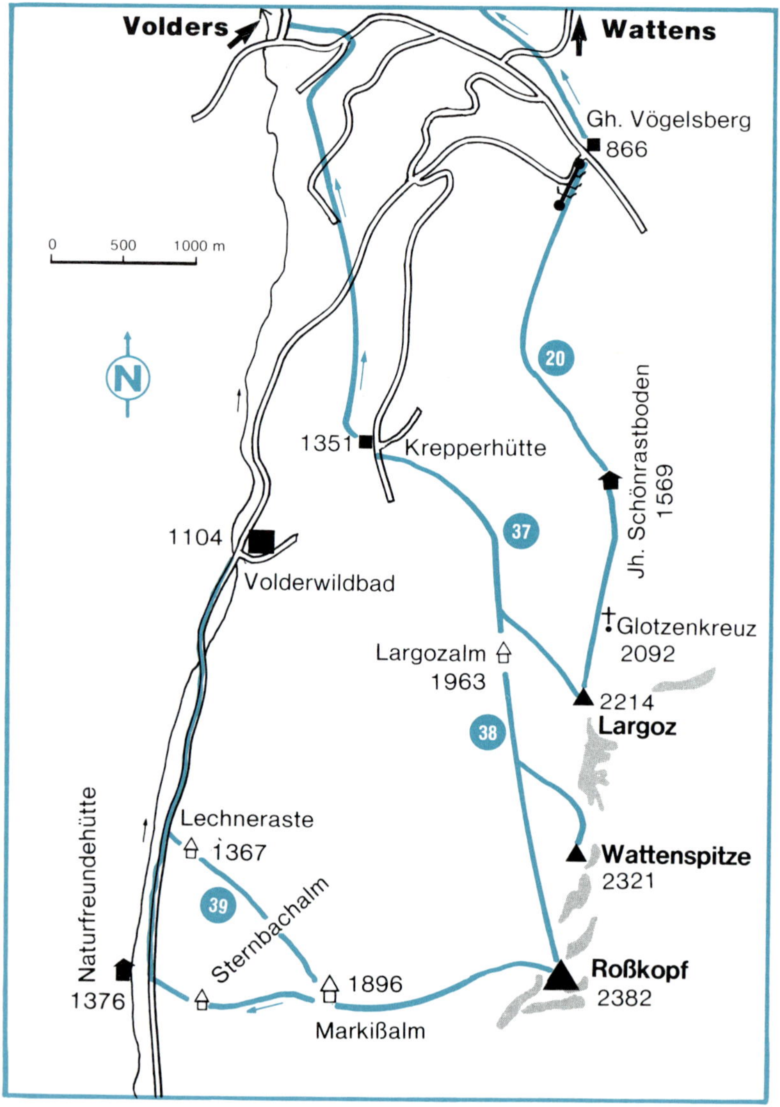
Volders
Wattens
Gh. Vögelsberg
866
0
500
1000 m
N
20
Jh. Schönrastboden
1569
1351
Krepperhütte
37
1104
Volderwildbad
Glotzenkreuz
2092
Largozalm
1963
2214
Largoz
38
Naturfreundehütte
Lechneraste
1367
Wattenspitze
2321
39
Sternbachalm
1896
Roßkopf
2382
1376
Markißalm

Wattenspitze, 2321 m 38

K: Hm 1050, Ekm 4, Z 3. Skt 1a, Klt 0, Lg 1. Abf NW (1760 Hm!). Dezember—April.

Der Anstieg ist lang, man benützt daher am besten die erwähnte Taxi-Fahrmöglichkeit zur Krepperhütte (1351 m). Wie beim Anstieg zum Largoz zur Largozalm (1963 m). Hier hält man sich aber weiter rechts und steigt zuerst Richtung S, dann SO zum N-Kamm auf, über den man den Gipfel erreicht. Abfahrt bis zur Krepperhütte auf dem Anstiegswege, dann (auf Grund der vielen Spuren leicht zu finden) über Wiesen, mehrfach eine Fahrstraße kreuzend, nach Volders zurück.

Roßkopf, 2382 m 39

K: Hm 1400, Ekm 5, Z 4. Skt 1ab, Klt 0, Lg 1. Abf W. Dezember—April.

Von Volders bis zum Ende der für den allgemeinen Verkehr zugelassenen Straße bei Volderwildbad (1104 m). Auf einer Fahrstraße zwei Kilometer taleinwärts. Hier zweigt man nach links ab (Lechneraste, 1367 m, oberhalb der Straße) und steigt durch eine Schneise zur Markißalm (1896 m) auf. Richtung O über Almböden auf den Gipfel zu. Den felsigen Gipfelaufbau umgeht man, indem man links ausholt und über die NW-Flanke aufsteigt. Bei der Abfahrt folgt man bis zur Markißalm dem Aufstiegsweg, fährt aber dann geradewegs zum Talboden ab, den man bei der Naturfreundehütte (1376 m) erreicht. Diese Möglichkeit kann natürlich auch für den Aufstieg gewählt werden. Auch von der Largozalm (siehe 38) kann man, unterhalb der Wattenspitze querend, den Roßkopf erreichen.

Glungezer, 2677 m 40

K: Hm 700, Ekm 2, Z 2. Skt 1a, Klt 0, Lg 0 (bei vernünftiger Spurwahl und, wenn erforderlich, Verzicht auf Abfahrtsvarianten). Abf N. Dezember bis April.

Von Tulfes mit einem Sessellift und einem Schlepplift bis in eine Höhe von etwa 2030 m. Die Abfahrt in die »Kalte Kuchel« und die Benützung eines weiteren Schleppliftes bedeutet keine Zeitersparnis. Von der Bergstation auf einem Skiweg zu der Trasse dieses Lifts. Diese Trasse und die anschließende Piste (leichter Höhenverlust) queren. Der weitere Anstieg ist in der Regel gut gespurt. Meist besteht neben der Skispur sogar noch eine

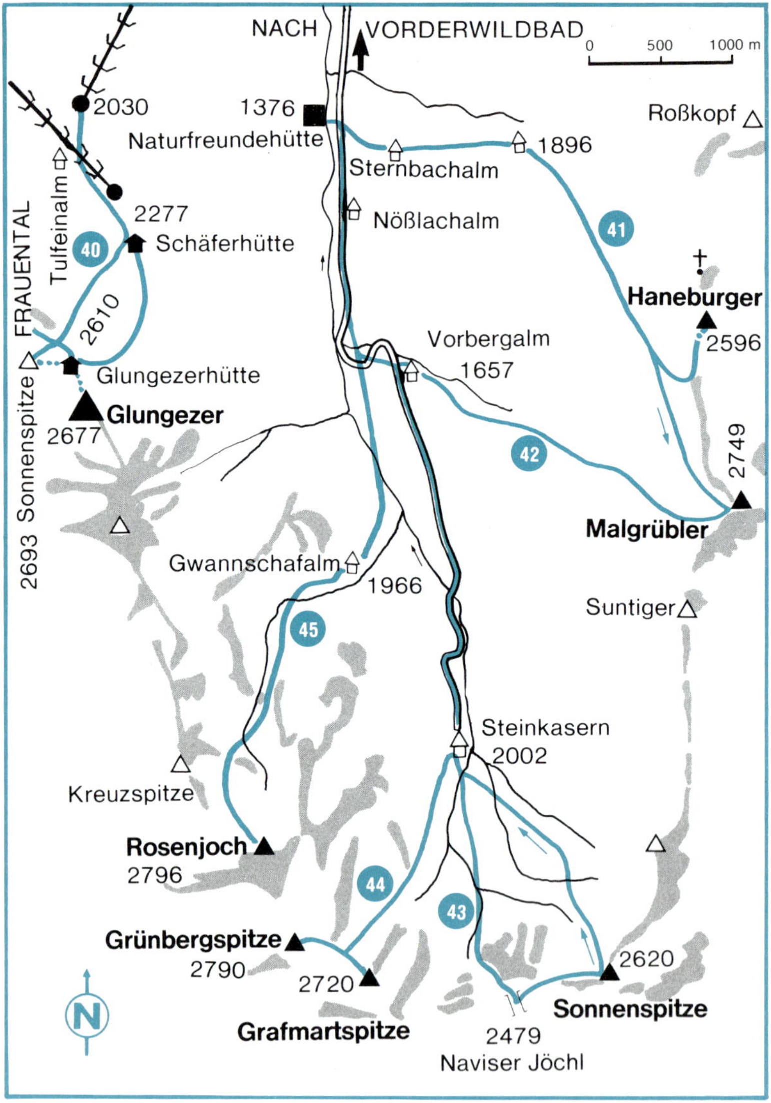
NACH VORDERWILDBAD
0 500 1000 m
2030
1376
Naturfreundehütte
Roßkopf
Sternbachalm
1896
Tulfeinalm
Nößlachalm
2277
Schäferhütte
40
41
FRAUENTAL
2610
Haneburger
2596
Vorbergalm
1657
Glungezerhütte
Glungezer
2677
2693 Sonnenspitze
42
2749
Malgrübler
Gwannschafalm
1966
Suntiger
45
Steinkasern
2002
Kreuzspitze
Rosenjoch
2796
44
43
Grünbergspitze
2790
2720
2620
Sonnenspitze
Grafmartspitze
2479
Naviser Jöchl
N

Tel: 0043/05223-8018

Trampelspur, insbesondere später im Jahr. Die letzte Hangquerung vor der Hütte wird meist vom Hüttenwirt ein wenig präpariert, um den Aufstieg zu erleichtern. Die Glungezerhütte (2610 m) der Sektion Hall des ÖAV wird ganzjährig von Herrn Rudolf Oberdanner (Postfach 50, A-6060 Hall, Tel. ~~05223-2221~~) bewirtschaftet — mit einer kurzen Bewirtschaftungspause im Spätherbst, die für Tourengeher nicht von Belang ist. In diesem Falle steht ein Winterraum mit acht Lagern stets offen. Von der Hütte erreicht man über einen kurzen Steilhang (meist zu Fuß) den Gipfel. Die Abfahrt ist in der Regel zu einer rauhen Piste eingefahren. Es gibt jedoch zahlreiche Varianten, z. B. den schönen NO-Hang zur Schäferhütte (2277 m), den man von der Glungezerhütte nach einer kurzen Querung nach rechts erreicht, oder die Abfahrt durch das »Frauental« in die »Kalte Kuchl«. Zwischen Frauental und Normalabfahrt liegen zudem weitere Mulden, die bei entsprechender Vorsicht (kleine Felsabbrüche) benützt werden können, wenn man noch unverspurten Schnee ergattern möchte.

Von der Hütte läßt sich (zu Fuß über einen unschwierigen Verbindungsgrat) die Sonnenspitze (2639 m) in zehn Minuten erreichen, der westliche Nachbar des Glungezer. Nach einem schönen Gipfelhang fährt man von hier am besten in das Frauental ein und in die »Kalte Kuchel« ab. Im weiteren Verlauf ist es nicht sonderlich empfehlenswert, die Piste zu verlassen (Wald). Da das Auto in der Regel bei der Talstation des Liftes geparkt wird, verkürzt sich heute die »längste Abfahrt der O-Alpen« auf immer noch ansehnliche 1700 Hm. Wer die volle Länge der Abfahrt ausnützen möchte, verläßt die Piste am besten bei dem Gasthof Windegg (etwa 1180 m) und fährt weiterhin Richtung N (also nicht der Piste Richtung W folgend) über den Kleinvolderberg ins Inntal ab, das man vor Volders bei der in der Beschreibung des Tourenbereiches erwähnten Borromäus-Kirche erreicht. Sehr schöne Wiesen, bei guter Schneelage empfehlenswert.

AUSGANGSPUNKT: NATURFREUNDEHÜTTE (1376 m)

Die Naturfreundehütte im Voldertal ist ganzjährig bewirtschaftet, zur Tourensaison jedoch häufig nur am Wochenende und um Weihnachten und Ostern. Eine Anfrage beim Fremdenverkehrsverband Volders ist zweckmäßig. Die Hütte erreicht man von Volderwildbad auf einer Fahrstraße (Fahrverbot) nach 3 km bzw. einer Stunde. Wer die nachfolgend beschriebenen Anstiege vom Parkplatz aus angeht, muß diese Stunde natürlich zulegen. Wegen der Länge dieser Anstiege empfiehlt sich daher eine Nächtigung.

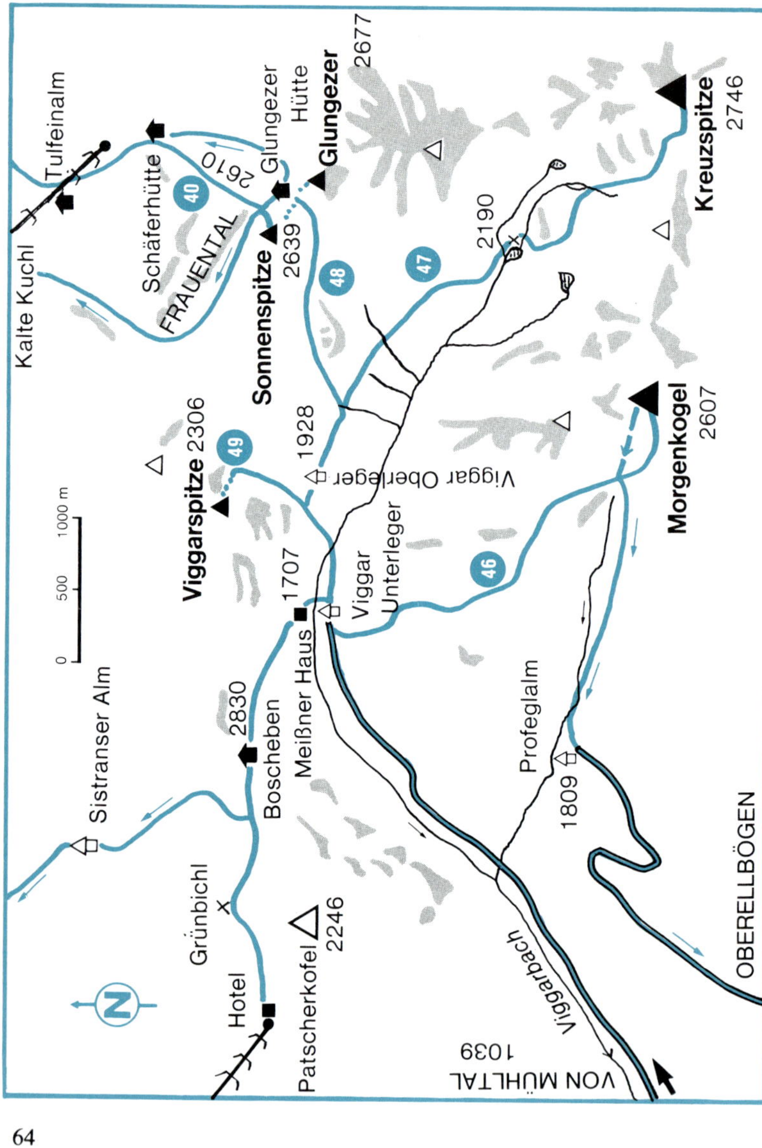

Kalte Kuchl
Tulfeinalm
Schäferhütte
FRAUENTAL
2610
Glungezer
Hütte
Glungezer
2677
Sonnenspitze
2639
Kreuzspitze
2746
2190
Viggarspitze 2306
1928
Viggar Oberleger
Morgenkogel
2607
1707
Viggar
Unterleger
0
500
1000 m
Sistranser Alm
Boscheben
2830
Meißner Haus
Profeglalm
1809
OBERELLBÖGEN
Grünbichl
Patscherkofel
2246
Hotel
Viggarbach
1039
VON MÜHLTAL
40
47
48
49
46

Haneburger, 2596 m

41

K: Hm 1250, Ekm 4, Z 3,5. Skt 1a, Klt 0, Lg 1. Abf NW. Dezember—April.

Von der Hütte Richtung O zur Markißalm (1896 m, in der Kompaß-Karte »Sternbach Hochleger«). Hier biegen wir nach rechts ab und steigen Richtung SO auf. Wegen des felsigen Gipfelaufbaues erreicht man den Gipfel nicht unmittelbar, sondern rechts ausholend von S, zuletzt zu Fuß über unschwierige Felsen.

Malgrübler, 2749 m

42

K: Hm 1400, Ekm 5, Z 4. Skt 1a, Klt 0, Lg 1. Abf W, NW. Dezember — April.

Von der Naturfreundehütte auf dem Fahrweg zur Nößlachalm und weiter taleinwärts. Bei einer Doppelkehre verläßt man die Fahrstraße, die noch weiter zum Talschluß führt, und steigt Richtung SW zur Malgrübler Alm und über einen breiten Rücken zu einer weiten Mulde auf, die dem Malgrübler westlich vorgelagert ist. Durch diese Mulde und über die W-Flanke auf den Gipfel. Auch vom Anstieg zum Haneburger kann man den Malgrübler erreichen (siehe Skizze).

Sonnenspitze, 2620 m

43

K: Hm 1250, Ekm 8, Z 4. Skt 1a, Klt 0, Lg 1. Abf N. Dezember—April.

Lohnender von S aus dem Navistal. Aus dem Voldertal langer Anmarsch auf einem Fahrweg, bis zum Talschluß nicht weniger als 5 km (»Steinkasern«, 2002 m). Auf dieser Strecke nur zweimal ein steileres Stück, bei dem es sich lohnt, die Kehren der Fahrstraße abzukürzen. Das Gefälle reicht aber immerhin zu flotter Fahrt aus. Vom Talschluß Richtung S zum Melkboden (2205 m) aufsteigen. Weiter in dieser Richtung, zuletzt ziemlich steil Richtung SO zum Naviser Jöchl (2479 m). Über den W-Rükken auf den Gipfel. Bei günstigen Verhältnissen kann man unmittelbar vom Gipfel, durch eine links und rechts von Felsen begrenzte Mulde, zum Melkboden und weiter in den Talgrund abfahren.

Grünbergspitze, 2790 m; Grafmartspitze, 2720 m

44

K: Hm 1450, Ekm 7, Z 4,5. Skt 1a, Klt 0, Lg 1. Abf NO. Dezember—April.

Von der Naturfreundehütte durch das Voldertal bis zur Steinkasernalm (2002 m). Auf der rechten Talseite (im Anstiegssinne) sanft aufwärts, dann steiler Richtung SW in eine Einsattelung zwischen Grafmartspitze und Grünbergspitze. Über den O-Rücken unschwierig auf den Gipfel. Gipfelsammler können in zehn Minuten von der Einsattelung aus auch die Grafmartspitze (2720 m) ersteigen.

45 Rosenjoch, 2796 m

K: Hm 1450, Ekm 6, Z 4,5. Skt 2ab, Klt 0, Lg 2. Abf NO. Februar—April.

Auf dem Fahrweg eine halbe Stunde taleinwärts. Am Beginn einer Doppelkehre verläßt man die Straße nach rechts, bleibt also im Talboden. In flachem Anstieg taleinwärts bis zu einer Jagdhütte (1578 m, Wegtafel). Hier verläßt man das Tal und steigt Richtung SW steil zur Gwannschafalm (1966 m) auf. Weiter in das ebene Untere Gamskar, durch eine schöne Mulde ins Obere Gamskar. Hier hält man sich am besten etwas rechts, um einen Durchschlupf durch die Felsen zu finden und kann nun über einen ziemlich steilen N-Hang zum Gipfel aufsteigen.

*

TOURENBEREICH INNSBRUCK—IGLS

Innsbruck und Igls sind keine unmittelbaren Ausgangspunkte für Skitouren in den Zillertaler bzw. in den Tuxer Alpen. Man könnte zwar tourenmäßig auf den Patscherkofel steigen, doch erscheint das nicht sinnvoll, wenn es ganz in der Nähe von »echten Skitouren« nur so wimmelt. Auch als Ausgangspunkt für Skitouren ist der Patscherkofel wenig geeignet. Der früher bei Tourengehern sehr beliebte Anstieg zum Glungezer wird kaum mehr begangen. Der Glungezer läßt sich von Tulfes leichter und »abfahrtsreicher« erreichen. Die Seilbahn auf den Patscherkofel kann allerdings den Anstieg zur Meißnerhütte im Viggartal verkürzen.

Viggartal und Arztal sind von Innsbruck oder Igls aus rasch erreichbar. Von Igls fährt man über Patsch nach Mühltal (1039 m), etwa 6 km von Igls. Hier beginnt der Anstieg (Fahrstraße) zur Meißnerhütte (1707 m). Die Meißnerhütte ist der Ausgangspunkt für den weithin bekannten Morgenkogel (2607 m), der in keinem Auswahlführer fehlt. Auch der Glungezer (2677 m), die Viggarspitze (2306 m) und die Kreuzspitze (2746 m) werden von hier aus bestiegen. Alle diese Gipfel können bereits früh im Tourenjahr angegangen werden.

Als Tourengebiet ist das Arztal noch ergiebiger. Man erreicht es von Igls über Patsch, Mühltal und Ellbögen. Die Fahrstraße kann man bis 400 m vor dem Gehöft Hinterlarcher (1407 m) benützen (großer Parkplatz mit prachtvoller Aussicht). Von Igls etwa 10 km. Zwar gibt es auch im Arztal eine Hütte, die aber für die Allgemeinheit nicht zugänglich ist (»Eisenbahnerhütte«, genauer: »Berghaus Arztal des ESV Innsbruck Sektion Ski«, 1800 m). Dadurch beginnt jeder Anstieg mit einer Wanderung auf einer Fahrstraße, deren Gefälle aber für eine zügige Abfahrt ohne Schieben ausreicht. Auf der Schattseite werden das Pfoner Jöchl (2334 m), das Kreuzjöchl (2640 m), das Seeköpfl (2717 m), die Grünbergspitze (2790 m) bestiegen. Teilweise sonnseitig erfolgt die Abfahrt vom Rosenjoch (2796 m) und von der Kreuzspitze (2746 m). Vollständig südseitig ist der Anstieg auf den Morgenkogel (2607 m). Auch die Touren im Arztal eignen sich bereits für den Hochwinter. Außer bei einheimischen Tourengehern ist das Arztal viel weniger bekannt als das Viggartal.

Die Sehenswürdigkeiten der Hauptstadt Tirols können in diesem Rahmen auch nicht in Ansätzen erwähnt werden. Ein Schlechtwettertag kann vielleicht dazu genützt werden, mehr als nur das Goldene Dachl zu besichtigen. Hervorzuheben sind die Altstadt, Dom und Hofkirche, Basilika und Stiftskirche. (Literatur: Stadtführer *»Innsbruck Rundgang durch die Stadt«*, Steiger-Verlag.)

Auskünfte und Zimmernachweis:
Fremdenverkehrsverband Innsbruck-Igls und Umgebung, A-6020 Innsbruck, Burggraben 3, Tel. 05 2 22-25 7 15.
Fremdenverkehrsverband A-6082 Patsch, Tel. 05 2 22-77 3 32.
Fremdenverkehrsverband A-6082 Ellbögen, Tel. 05 2 22-77 07 93.

AUSGANGSPUNKT: VIGGARTAL, MEISSNERHAUS (1707 m)

Von Igls über Patsch nach Mühltal (1039 m), einem Ortsteil von Ellbögen. Beschränkte Parkmöglichkeit. Nach der Brücke beginnt der Fahrweg (Fahrverbot), der uns in zwei Stunden zum Meißnerhaus der Sektion Ebersberg-Gafing des DAV führt. Die Hütte wird nahezu ganzjährig von Herrn Dietmar Körber (A-6082 Ellbögen 141, Tel. 0 663/59 4 08) bewirtschaftet. Ein kürzerer, bisweilen aber lawinengefährdeter Zugang ist von der Bergstation der Patscherkofelseilbahn möglich. Die Lawinengalerie, die diesen Zugang früher gesichert hat, ist längst verfallen, da sie für den Zustieg zum Glungezer kaum mehr benützt wurde. Den steilen Gipfelhang Richtung O queren zum Grünbichl. Durch ein Tälchen kurz hinab und leicht ansteigend zum Ißanger und rechts hinauf auf den Sattel (»Boscheben«, 2030 m). Richtung SO über eine ausgeschlagene Waldabfahrt ins Viggartal und zum Meißnerhaus. Bei der Rückkehr kann man von Boscheben mit einem kurzen Gegenanstieg über die Sistranser Alm nach Sistrans abfahren, muß also nicht zur Bergstation zurückkehren. Autobusverbindung nach Igls.

46 Morgenkogel, 2607 m

K: Vom Meißnerhaus Hm 950, Ekm 3, Z 2,5. Skt 0, Klt 0, Lg 0 (bei richtiger Spurwahl). Abf N (Variante NW). Dezember—April.

Vom Meißnerhaus hinunter in den Talboden, auf einer Brücke über den Viggarbach. Durch eine Waldschneise Richtung S in freies Gelände der Ochsenalm. Zuletzt über die W-Flanke, bei unsicheren Verhältnissen über den W-Grat, auf den Gipfel. Wer nach Mühltal abfahren will, muß nicht

→

Auch dieses Bild stammt aus dem Tourenbereich Wattener Lizum. Es wurde beim Anstieg zum 28 Mölser Berg aufgenommen, von dem die Gruppe über schöne Westhänge zum Lager Walchen abfahren wird. Zu sehen sind (von rechts) Klammjoch, 35 Klammspitze, 34 Tarntaler Köpfe und (das schöne Dreieck) 33 Lizumer Sonnenspitze.

zum Meißnerhaus zurückkehren. Schöner ist die Abfahrt Richtung NNW zur Profeglalm (1809 m). Weiter auf einer Forststraße, die aber angenehmer ist als die Fahrstraße durch das Viggartal zur Hütte.

Kreuzspitze, 2746 m

47

K: Hm 1050, Ekm 6, Z 3,5. Skt 1a, Klt 0, Lg 1. Abf NW. Dezember—April.

Von der Hütte hinunter zum Viggarbach, über die Brücke und weiter taleinwärts. Der weitere Verlauf des Tales ist von Lawinen bedroht. Deshalb überquert man nach einer guten Viertelstunde neuerlich den Bach und steigt zum Viggar Oberleger (1928 m) auf. Hier quert man oberhalb des Bachbettes zum Talschluß. Weiter zu einem großen Felsblock, dem »Geschriebenen Stein« (2190 m). In wechselnder Steilheit zu einer Einsattelung westlich des Gipfels und über den W-Grat zum höchsten Punkt.

Glungezer, 2677 m

48

K: Hm 1000, Ekm 3, Z 3. Skt 1a, Klt 0, Lg 1. Abf SW, W. Dezember — April.

Wie beim Anstieg zur Kreuzspitze zum Viggar Oberleger. Über einen ziemlich steilen SW-Hang zum Vorderen Schönbichl (2397 m) und in einer Mulde weiter, bis man — neuerlich steil — zur Glungezerhütte (2610 m) der Sektion Hall des ÖAV aufsteigen kann. Hier trifft man auf die Heerscharen der Glungezerbezwinger, die es sich durch die Benützung der Aufstiegshilfen von Tulfes her gemütlicher gemacht haben. Zu Fuß über einen Trampelpfad zum Gipfelkreuz. Gipfelsammler können — gleichfalls zu Fuß — von der Glungezerhütte über einen kurzen Grat auch die Sonnenspitze (2639 m) besteigen.

Viggarspitze, 2306 m

49

K: Hm 650, Ekm 2, Z 2. Skt 2a, Klt 0, Lg 1. Abf S, SW. Februar—April.

←

Die Skiläuferin kommt von der 33 Lizumer Sonnenspitze und steht nun in der Tarntaler Scharte, von der aus eine ausgesprochen steile Abfahrt zur Lizumer Hütte führt. Man sieht über das Torjoch zum 288 Rastkogel.

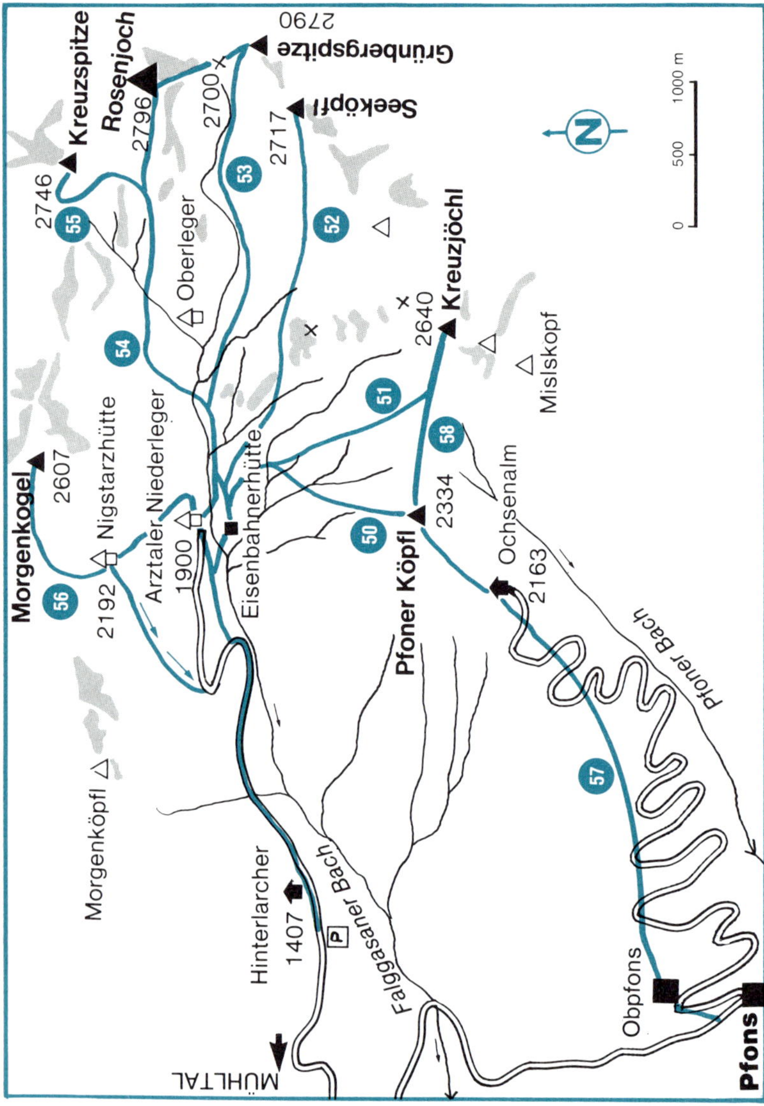

Kreuzspitze
Rosenjoch
2796
2746
Grünbergspitze
2790
2700
Seeköpfl
2717
Oberleger
Kreuzjöchl
2640
Mislskopf
Morgenkogel
2607
Nigstarzhütte
2192
Arztaler Niederleger
1900
Eisenbahnerhütte
Pfoner Köpfl
2334
Ochsenalm
2163
Pfoner Bach
Morgenköpfl
Hinterlarcher
1407
Falggasaner Bach
MÜHLTAL
Obpfons
Pfons
N
0
500
1000 m
50
51
52
53
54
55
56
57
58

Wie beim Anstieg zur Kreuzspitze zum Viggar Oberleger (1928 m). Richtung N auf den Rücken, der von der Viggarspitze zur Sonnenspitze bzw. zum Glungezer zieht. Vom Rücken über einen Vorgipfel zum Gipfelkreuz, die letzten Meter zu Fuß.

AUSGANGSPUNKT: ELLBÖGEN—ARZTAL

Von Igls über Patsch und Mühltal nach Ellbögen. »Ellbögen« ist eher eine Gegend als ein Dorf: Die einzelnen Ortsteile sind weit verstreut. Kurz nach Mühltal wählen wir die »Oberstraße«, die nach links abzweigt und uns über Dörfl (1229 m) nach Oberellbögen und bis zum Gehöft Hinterlarcher (1407 m, Parkplatz 400 m vor dem Hof) führt.

Pfoner Köpfel, 2334 m 50

K: Hm 950, Ekm 5, Z 3. Skt 0, Klt 0, Lg 0 (bei vernünftiger Spurwahl). Abf N, NW, ab Arztaler Niederleger an SW-Hängen. Dezember – März.

Auf einer Forststraße geht es hoch über dem Talboden, zuerst eben, bald aber kräftig ansteigend, ins Arztal. In etwa 1700 m Höhe wendet sich die Straße deutlich nach links. Wir behalten unsere Anstiegsrichtung bei. Weitere Kennzeichen dieser wichtigen Abzweigung sind ein Marterl und die Talstation einer kleinen Materialseilbahn. Weiter zur »Eisenbahnerhütte« (privat, nur für Mitglieder zugänglich), über einen Rücken in sanftes Almgelände und durch eine weite O-Mulde in mittlerer Steilheit geradewegs zum Gipfel.

Kreuzjöchl, 2640 m 51

K: Hm 1250, Ekm 5, Z 4. Skt 1a, Klt 0, Lg 1. Abf W, N, SW-Hänge. Jänner bis April.

Vom Hinterlarcher durch das Arztal zur Eisenbahnerhütte und wie beim Anstieg zum Pfoner Köpfel bis in eine Höhe von 2100 m. Hier jedoch geradeaus über die »Hohen Mähder« zur Einsenkung zwischen Pfoner Köpfel und Kreuzjöchl. Über den W-Rücken, das letzte Stück ziemlich steil, auf den Gipfel. Natürlich kann man auch zum Pfoner Köpfel auf- und über den Verbindungskamm zum Kreuzjöchl weitersteigen.

52 Seeköpfl, 2717 m

K: Hm 1350, Ekm 6, Z 4,5. Skt 2a (kurze Steilstücke), Klt 0, Lg 1. Abf NW, dann SW-Hänge. Februar—April.

Vom Hinterlarcher zur Eisenbahnerhütte. Richtung SO, einem Felsköpfel bei P. 2397 nach links ausweichend, zum Seeblesboden. Der Weiterweg zum Gipfel ist im letzten Teil steil, aber unschwierig.

53 Grünbergspitze, 2790 m

K: Hm 1400, Ekm 7, Z 4,5. Skt 2a (kurze Steilstücke), Klt 0, Lg 1. Abf W, SW. Jänner—April.

Vom Hinterlarcher zur Eisenbahnerhütte oder zum Arztaler Niederleger und auf der rechten Talseite (im Anstiegssinne) in der Grundrichtung Ost, bis man den Gipfel — etwas von rechts her — erreicht. Von der Grünbergspitze kann man mit einem geringen Höhenverlust zum etwas höheren Rosenjoch weitersteigen und in Verbindung mit dem nachfolgend beschriebenen Anstieg, den man dann natürlich für die Abfahrt benützt, eine Überschreitung durchführen.

54 Rosenjoch, 2796 m

K: Hm 1400, Ekm 7, Z 4,5. Skt 2a (kurze Steilstufen), Klt 0, Lg 1. Abf W, SW. Jänner—April.

Vom Hinterlarcher zur Eisenbahnerhütte oder zum Arztaler Niederleger. Auf der rechten Talseite (im Anstiegssinne) bis zu einigen Felsen. Hier wechselt man die Talseite und steigt Richtung Nord bis in eine Höhe von 2300 m an. Man wendet sich scharf rechts (»Penzenböden«) und erreicht Richtung Ost unmittelbar das Rosenjoch.

55 Kreuzspitze, 2746 m

K: Hm 1450, Ekm 7,5, Z 4,5. Skt 2a (kurze Steilstücke), Klt 0, Lg 1. Abf W, SW. Februar—April.

Wie beim Anstieg zum Rosenjoch bis in eine Höhe von 2600 m. Hier wendet man sich nach links und quert eine Mulde unterhalb des felsigen Gipfelaufbaus der Kreuzspitze, bis man an einer geeigneten Stelle den

W-Grat übersteigen kann. Den Gipfel erreicht man ziemlich steil über die NW-Flanke, also von der dem Arztal abgekehrten Seite.

Morgenkogel, 2607 m

56

K: Hm 1200, Ekm 5, Z 3,5. Skt 1a, Klt 0, Lg 1. Abf W, S, SW. Dezember bis März.

Auch dieser Paradegipfel des Viggartales läßt sich vom Arztal aus ersteigen. Vom Hinterlarcher auf dem Fahrweg zur Arztaler Niederleger Alm. Ein kurzes Stück einwärts, dann Richtung NW über die weiten S-Hänge zur Nigstarzhütte (2192 m, auch »Kellerhütte«) und weiter hinauf bis zu dem Rücken, der vom Morgenkogel nach W zieht. Man erreicht ihn in etwa 2400 m Höhe. Über diesen Rücken, zuletzt etwas in die W-Flanke ausweichend, auf den Gipfel. Bei der Abfahrt ist es möglich, von der Nigstarzhütte unmittelbar bis zum Fahrweg abzufahren.

TOURENBEREICH MATREI UND STEINACH AM BRENNER — NAVISER UND PADASTERTAL

Matrei liegt 22 km, Steinach 26 km von Innsbruck an der Brennerstraße. Benützer der Autobahn fahren bei der Mautstelle Matrei-Steinach ab (nächste Abfahrt nach der Hauptmautstelle Schönberg). Die Tourenmöglichkeiten sind ungemein vielfältig. In einer aussichtsreichen Kammwanderung kann man über den Bärenkopf (1837 m) und den Schröflkogel (2153 m) bis zum Bendelstein (2436 m) steigen. Ebenfalls ganz in der Nähe von Matrei, in Pfons (1043 m) beginnt der Anstieg zum Obpfonser Köpfl (2334 m), den man bis zum Kreuzjöchl (2640 m) ausdehnen kann.

Von der teilweise schmalen, aber gut ausgebauten Bergstraße nach Navis (1340 m) zweigen die beliebten sonnseitigen Anstiege auf das Mislsjoch (2998 m) und den Mislskopf (2623 m) ab. Über den Rauhen Kamm (2654 m) können Gipfelsammler gleichfalls bis zum Kreuzjöchl (2640 m) weitersteigen. Weniger gemütlich geht es bei den schattseitigen Touren aus dem Navistal zu. Bendelstein (2436 m), Sunntiger (2400 m) und Schafseitenspitze (2602 m) sind ausgesprochen anspruchsvolle und lawinengefährdete Touren, die sich nur gute Skibergsteiger bei günstigen Bedingungen vornehmen sollten. Schöne S-Abfahrten bieten auch, weiter taleinwärts, Grünbergspitze (2790 m), Grafmartspitze (2720 m) und Sonnenspitze (2620 m). Auf der gegenüberliegenden Talseite finden wir die selten bestiegene Hohe

Warte (2398 m) und das Naviser Kreuzjöchl (2536 m), einen der beliebtesten Skigipfel der Tuxer Alpen. Der Anstieg zum Kreuzjöchl, aber auch zum Reckner (2896 m), wird durch eine Nächtigung auf der Naviser Hütte (1787 m) der Akademischen Sektion Innsbruck des ÖAV erleichtert. Natürlich ist von hier aus auch ein Übergang in die Wattener Lizum möglich.

Einsame Skitouren finden sich im Padastertal. Sumpfkopf (2343 m), Reisenschuh (2471 m) und Schafseitenspitze (2602 m) können von hier aus bestiegen werden. Der früher unangenehme Zustieg zur Vorderen Padasteralm wird längst durch eine bequeme Forststraße erleichtert.

Matrei am Brenner hat trotz eines Brandes und trotz Bombenschäden in unserem Jahrhundert noch mittelalterliches Gepräge. Ein Rundgang und der Besuch der Pfarrkirche (spätgotische Fresken, qualitätvolle Ausgestaltung in Barock und Rokoko) lohnen. Selbstverständlich ist auch die Europabrücke sehenswert, über die man die Autobahnabfahrt Matrei-Steinach erreicht. Wer ein wenig mehr Zeit aufwenden kann, sollte die Burg Aufenstein besuchen, von der die Schloßkapelle (»Alte Schloßkapelle«) erhalten ist, in der wunderschöne Fresken aus dem 14. Jhdt. freigelegt wurden. In Steinach am Brenner ist vor allem die Ursula-Kirche in Mauern sehenswert, die im wesentlichen aus der Romanik stammt.

Karten: ÖK 148 (Brenner) und 149 (Lanersbach), AV-Karte 31/5 (Innsbruck-Umgebung, leider nur 1:50.000).
Übersichtskarten: Freytag & Berndt WK 241 (Innsbruck, Stubai, Sellrain, Brenner) oder Kompaß Nr. 36 (Innsbruck, Brenner).

Auskünfte und Zimmernachweis:
Fremdenverkehrsverband A-6143 Matrei am Brenner, Tel. 05273-6278
Fremdenverkehrsverband A-6150 Steinach am Brenner, Tel. 05272-6270
Fremdenverkehrsverband A-6143 Navis, Tel. 05278-201

57 Pfoner (Oberpfonser) Köpfl, 2334 m

K: Hm 1300, Ekm 5, Z 3,5. Skt 0, Klt 0, Lg 0. Abf SW, W. Dezember bis März.

Am nördlichen Ortsende von Matrei zweigt die Straße nach Pfons (1043 m) ab, das man nach 1,5 km erreicht. Über schöne Wiesen zu den obersten Höfen von Obpfons. Am Beginn des Waldes stößt man auf eine Forststraße. Entweder über die Forststraße, oder unmittelbarer durch den lichten Wald zu freien Almwiesen, zur Ochsenalm (2163 m) und über den häufig abgeblasenen Rücken zum Gipfel. In der AV-Karte kotiert, aber nicht bezeichnet.

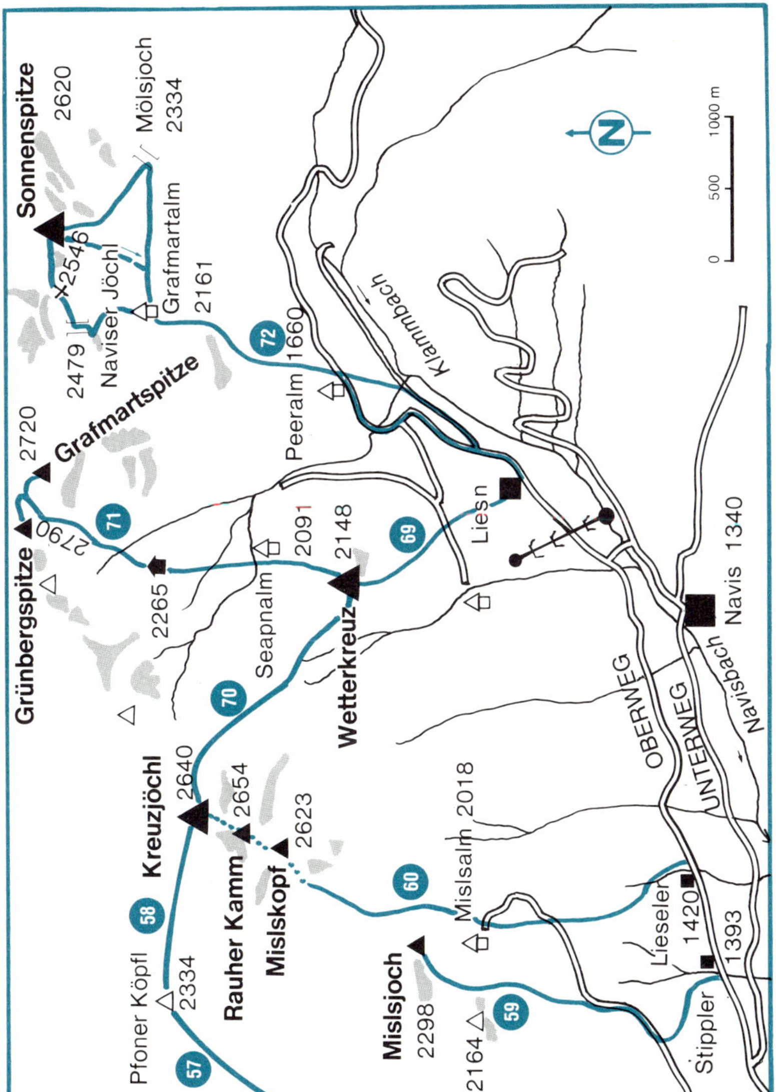
Sonnenspitze
2620
Mölsjoch
2334
Grafmartalm
2161
2546
Naviser Jöchl
2479
Grafmartspitze
2720
72
Peeralm 1660
Klammbach
Grünbergspitze
2790
71
2265
Seapalm
2091
2148
69
Liesn
Wetterkreuz
70
Navis 1340
OBERWEG
UNTERWEG
Navisbach
Kreuzjöchl
2640
Rauher Kamm
2654
Mislskopf
2623
58
60
Mislsalm 2018
Lieseler
1420
1393
Stippler
Mislsjoch
2298
2164
59
Pfoner Köpfl
2334
57
N
0
500
1000 m

58 Kreuzjöchl, 2640 m

K: Hm 1600, Ekm 6,5, Z 4,5. Skt 1a, Klt 0, Lg 1. Abf W, SW. Dezember bis März.

Vom Pfoner Köpfl kann man mit ein wenig Höhenverlust über den Verbindungsrücken zum eindrucksvolleren Kreuzjöchl weitersteigen.

59 Mislsjoch, 2298 m

K: Hm 900, Ekm 3, Z 2,5. Skt 0, Klt 0, Lg 0 (bei vernünftiger Spurwahl). Abf S. Dezember—März.

Von Matrei ins Navistal. Nach etwa 4 km verzweigt sich die Straße: die gut ausgebaute Fahrstraße nach Navis führt als »Unterweg« weiter, eine schmälere Straße zweigt nach links ab und leitet parallel, nur etwas höher im Hang, gleichfalls weiter ins Navistal hinein. Wir verfolgen diesen »Oberweg« noch etwa 1 km. Beim »Stippler« (1393 m; kurz nach einer Brücke, kleine Kapelle) beginnt unser Anstieg. Auf einem Weg durch ein kurzes Waldstück in die Almregion und in unterschiedlicher Steilheit ziemlich unmittelbar auf den Gipfel. Das Mislsjoch ist die letzte deutlichere Erhebung im Rücken, der vom wesentlich höheren Mislskopf in Richtung SW zieht.

60 Mislskopf, 2623 m

K: Hm 1200, Ekm 3,5, Z 3,5. Skt 1a (zwei kurze Steilstufen), Klt 0, Lg 1. Abf S. Dezember—März.

Ins Navistal und von der Abzweigung des »Oberwegs« noch etwa 2 km bis zum »Lieseler« (etwa 1420 m). Über Bergwiesen und durch Waldschneisen zur Mislsalm (2018 m). In derselben Grundrichtung (N), rechts an der steilen O-Flanke des Mislsjoches vorbei, auf den Kamm und über ihn unschwierig auf den Gipfel. Der Anstieg ist bei einheimischen Tourengehern vor allem beliebt, weil auf Grund der S-Lage bereits im Februar Firn erwartet werden kann. Gipfelsammler können zum unwesentlich höheren Rauhen Kamm (2654 m) und zum Kreuzjöchl (2640 m) weitersteigen. Vom Rauhen Kamm ist bei sicheren Verhältnissen eine unmittelbare Abfahrt zu den Mislsböden möglich.

Bärenkopf, 1837 m

61

K: Hm 700, Ekm 2, Z 2. Skt 1b, Klt 0, Lg 0. Abf NW (weitgehend Forststraße). Dezember—Februar.

Von Matrei oder von Steinach (etwas weiter) zum Ortsteil Tienzens (kleine Kirche, 1161 m). Auf einer Forststraße bis in eine Höhe von 1500 m. Richtung SO durch Wald, später über eine Lichtung, dann neuerlich durch Wald, auf den unbedeutenden Gipfel. Skiläuferisch nicht lohnend, aber eine Ausweichmöglichkeit bei hoher Lawinengefahr und/oder schlechter Sicht (Routenskizze Seite 86).

Schröflkogel, 2153 m

62

K: Hm 1050, Ekm 3,5, Z 3. Skt 0, Klt 0, Lg 0. Abf W. Dezember—März.

Dieser Gipfel läßt sich vom Bärenkopf über den verbindenden Rücken unschwierig erreichen. Es ist aber auch ein eigenständiger Anstieg möglich. Von Steinach zum Ortsteil Mauern. Nun auf einer Forststraße bis in eine Höhe von 2000 m und unschwierig weiter zum Gipfel.

Bendelstein, 2436 m

63

K: Hm 1350, Ekm 4,5, Z 4. Skt 1, Klt 0, Lg 1. Abf W. Jänner—März.

Vom Schröflkogel kann man in einer schönen Kammwanderung unschwierig zum Bendelstein weitersteigen. Der Kamm ist allerdings mitunter stark verblasen.

Sunntiger, 2400 m

64

K: Hm 1200, Ekm 3, Z 3,5. Skt 2ab, Klt 0, Lg 2. Abf NW, N. Februar bis April.

Auf der Straße nach Navis etwa 5 km weit ins Tal hinein. Auf der gegenüberliegenden Talseite sieht man eine steile Rinne, die den Anstiegsweg bildet. Auf einem Weg steigen wir in den Talgrund hinunter zum »Kohlerbauern« (1211 m). Über eine Brücke, dann durch die erwähnte Rinne, die anfangs sanft und breit, später teilweise steil und eng, zu einer weiten Mulde hinaufführt (»Bendelgrube«), aus der man über abwechslungsreiches Gelände unschwierig zum Gipfel gelangt. Die Rinne ist sehr lawinengefährdet (sollte nur bei sicheren Verhältnissen begangen/befahren werden).

65 Bendelstein, 2436 m

K: Hm 1250, Ekm 3, Z 3,5. Skt 2ab, Klt 0, Lg 2. Abf NO, N. Februar bis April.

Wie beim Anstieg zum Sunntiger in die große, fast ebene Mulde. Nun aber Richtung W, zwischen eigenartigen Türmchen hindurch, unschwierig auf den Gipfel.

Anmerkung: Sunntiger und Bendelstein können auch von Navis aus (8 km von Matrei) bestiegen werden. Parkplatz bei der Kirche. Durch den Friedhof (!), auf einem Weg, dann auf einer Forststraße Richtung SW bis zum Tal des Penzenbaches. Dieses schluchtartig eingeschnittene Tal ziemlich steil hinauf zu einer auffallend großen, fast ebenen Mulde. Über herrliche Hänge geradewegs weiter zum Sunntiger oder, nach rechts querend, auf dem Kamm in Richtung W unschwierig auf den Bendelstein. Der Sunntiger ist der schönere Skigipfel. Dieser Anstieg ist etwas sicherer als der unmittelbare vom Kohlerbauern, darf aber auch nicht unterschätzt werden.

66 Schafseitenspitze, 2602 m

K: Hm 1300, Ekm 3, Z 3,5. Skt 1ab, Klt 0, Lg 1. Abf N, O. Jänner—April.

Von Matrei durch das Navistal nach Navis (1340 m), 8 km. Auf einem Fahrweg ins Weirichtal, dann aber nach rechts abbiegen zur Urbelesalm (1651 m, auch »Urbesalm«; im Sommer Jausenstation). Noch ein Stück weiter im Tal Richtung S, dann nach rechts abzweigen zum Stippleralm Hochleger (1999 m). Nun wieder Richtung S in eine Mulde, aus der man nach rechts einen Rücken gewinnt, über den man die Schafseitenspitze erreicht.

67 Hohe Warte, 2398 m

K: Hm 1100, Ekm 5, Z 3,5. Skt 2a, Klt 0, Lg 1. Abf N, NW. Februar bis April.

Man parkt am besten vor der neuen Kirche. Auf der Fahrstraße, einige Kehren abschneidend, ins Weirichtal. Flach taleinwärts zu einer auffallenden großen Wiese. Nach rechts über einen schönen Hang Richtung Steixner Alm (1720 m). Auf einem Weg um den Bergrücken. Wenn man den schütteren Wald verläßt, sieht man links auf einer Kuppe die Möslalm (auch »Kupferbergalm«, 2040 m). Schon vorher etwas rechts haltend durch herrliche Mulden auf die Einsattelung zwischen P. 2422 und der Hohen Warte zu. Von hier nach links zur Hohen Warte, nach rechts zu P. 2422 (häufig mit der Hohen Warte verwechselt, stärker besucht). — Eine Überschreitung: Bis zur Möslalm, dann links von der Hohen Warte aufsteigen, nach rechts über den Rücken zum Gipfel. Abfahrt wie vorhin beschrieben.

Kreuzjöchl, 2536 m (über Kupferbergalm, auch »Möslalm«) 68

K: Hm 1200, Ekm 6, Z 4. Skt 1a, Klt 0, Lg 1. Abf S, W, NW. Jänner bis April.

Von Navis in das Weirichtal und weiter zur Kupferbergalm (2040 m). Ein Stück nach links queren, dann über den steilen W-Hang zum Rücken, der vom Kreuzjöchl nach S zieht. Über diesen Rücken (meist abgeblasen) zuerst flach, dann steiler, auf den Gipfel. Auf das Kreuzjöchl kommt man auch über Weirichalm (im Sommer Jausenstation, Ende des Fahrweges) und Weirichalm Oberleger (2096 m). Über schönes Skigelände auf den scharfen Grat, der vom Kreuzjöchl nach W zieht und über diesen mit Skiern auf den Gipfel. Natürlich läßt sich durch eine Kombination der beiden Anstiege eine hübsche Überschreitung durchführen.

AUSGANGSPUNKT LIESN (etwa 1500 m)

Von Matrei nach Navis. Im Ortskern nach links, weiter im Tal, über eine Brücke den Klammbach queren, und auf steiler Bergstraße bis zum Ende der für den allgemeinen Verkehr zugelassenen Straße (»Liesn«, Bauernhof, Kapelle, Parkplatz). Hierher kommt man auch (weniger günstig) über den »Oberweg«. Knappe 2 km von Navis, 10 km von Matrei am Brenner.

Wetterkreuz, 2148 m 69

K: Hm 650, Ekm 1,5, Z 1,5. Skt 1a, Klt 0, Lg 1. Abf S. Dezember—März.

Unmittelbar vom Bauernhaus steigt man über schöne Hänge und durch Waldschneisen, erst im letzten Teil etwas steiler, zum Wetterkreuz auf. Das Wetterkreuz ist kein Gipfel im eigentlichen Sinne, sondern gewissermaßen der Endpunkt eines ebenen Geländeteils. Die Abfahrt über die fast hindernislosen Hänge ist genußvoll und weist kein einziges Flachstück auf.

70 Kreuzjöchl, 2640 m

K: Hm 1150, Ekm 3, Z 3. Skt 2a, Klt 0, Lg 1. Abf SO, S. Dezember—April.

Von Liesn zum Wetterkreuz (2148 m). Weiter Richtung NW im Wechsel zwischen fast ebenen Mulden und kurzen steileren Stufen zu dem Rücken, der vom Kreuzjöchl nach O zieht, und über ihn auf den Gipfel.

71 Grünbergspitze, 2790 m

K: Hm 1350, Ekm 4,5 Z 4. Skt 1a, Klt 0, Lg 1. Abf S. Dezember—April.

Von Liesn zum Wetterkreuz (2148 m). Mit leichtem Höhenverlust zur Seapnalm (2091 m). Über einen Rücken zur Ochsnerhütte (2265 m) und weiter in abwechslungsreichem Gelände zu der Einsattelung zwischen Grünbergspitze und Grafmartspitze. Von hier unschwierig auf den Gipfel. Gipfelsammler können von der erwähnten Einsattelung auch die Grafmartspitze (2720 m) ersteigen.

72 Sonnenspitze, 2620 m

K: Hm 1150, Ekm 5, Z 3,5. Skt 2a, Klt 0, Lg 1. Abf S. Dezember—April.

Von Liesn auf einem Fahrweg zur Peeralm (etwa 1660 m, Jausenstation). Richtung N, einer Steilstufe bei 2000 m nach rechts ausweichend, zur Grafmartalm (2161 m). Weiter in der Grundrichtung N zum Naviser Jöchl (2479 m). Ein kurzer Steilaufschwung führt auf einen Vorgipfel (2546 m), dann geht es ohne Schwierigkeiten weiter zum Hauptgipfel.

Eine andere Anstiegsmöglichkeit: Von der Grafmartalm (2161 m) Richtung O zuerst flach, dann steil ansteigend auf das Mösljoch (2334 m) und über den SO-Rücken steil, aber unschwierig zum Gipfel.

Gute Skiläufer können bei sicheren Verhältnissen unmittelbar über die steile S-Flanke abfahren (Skt 3).

AUSGANGSPUNKT NAVISER HÜTTE (1782 m)

Die Hütte, ein schöner Neubau, gehört der Akademischen Sektion Innsbruck des ÖAV und wird von der Familie Mühlbacher ganzjährig bewirtschaftet (Tel. 05 2 78-209).

In Navis fährt man durch den Ort und im Tal weiter bis kurz vor den Schranken, der den »Schranzbergweg«, eine beliebte Rodelbahn, absperrt.

Parkplatz. Über diesen Weg (Abkürzungen möglich) erreicht man in 1,25 Stunden die Hütte. Die von diesem Ausgangspunkt beschriebenen Touren kann man selbstverständlich bei guter Kondition auch vom Tal aus unternehmen.

Kreuzjöchl, 2536 m

73

K: Hm 750, Ekm 3, Z 2,25. Skt 1ab, Klt 0, Lg 1. Abf NW (Variante N, im letzten Teil S-Hänge). Dezember—April.

Von der Naviser Hütte auf einem Almweg zur Stöcklalm (1882 m). Weiter über hindernislose Hänge, bis man in etwa 2000 m Höhe nach rechts zu einem Rücken (»Weiricheck«) hinaufsteigen kann. Der anfänglich breite Rücken wird allmählich schmäler, ist aber bis zum Gipfel gut begehbar.

Um bei der Abfahrt der Rodelbahn ab der Naviser Hütte zu entgehen, kann man dem Kamm ein Stück Richtung W folgen und über herrliches Skigelände zur Klammalm (1947 m) oder etwas westlicher zum Klammbach abfahren. Über eine Brücke auf die rechte Talseite. Auf einem Almweg mit etwas Gegensteigung, bis man über freie Hänge wieder zum Klammbach abfahren kann, den man wenig später neuerlich überquert und zum Parkplatz hinausfährt.

Geier, 2857 m

74

K: Hm 1100, Ekm 6, Z 3,5. Skt 1a, Klt 0, Lg 1. Abf W. Dezember—April.

Von der Naviser Hütte in der Grundrichtung O, jedoch mehrere ausgeprägte Mulden ausgehend, über Poltenalm und Bettlerstiegl in die Innere Knappenkuchl. Über zwei Steilstufen zum Griffjoch. In einer bei Hartschnee unangenehmen Querung zum Stafflsee. Über einen schönen W-Hang etwas nach rechts ausholend auf den Gipfel. Bei der Abfahrt kann man, wenn es sich um den letzten Tag eines Hüttenaufenthaltes handelt, von der Knappenkuchl weiter zur Klammalm (1947 m) und wie bei der Abfahrtsvariante vom Kreuzjöchl nach Navis abfahren.

Auch vom Kreuzjöchl ist ein Übergang zum Geier möglich.

Lizumer Reckner, 2886 m

75

K: Hm 1100, Ekm 6, Z 3,5. Skt 1a, Klt 1, Lg 1. Abf W. Februar—April.

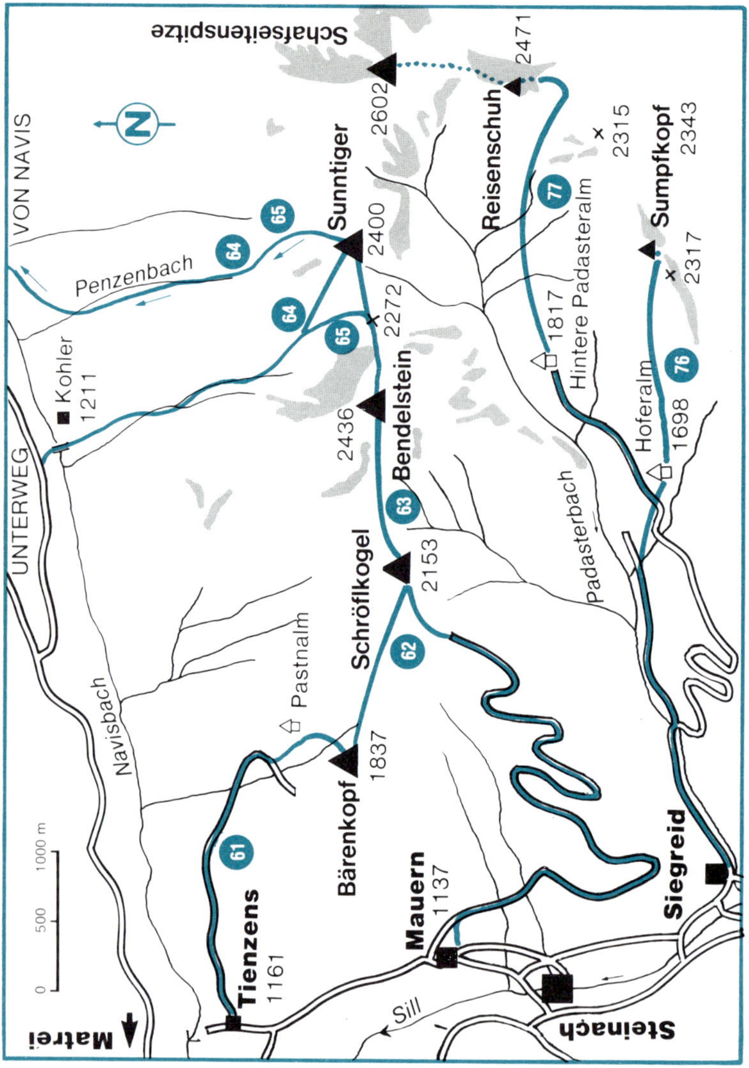

Matrei
Tienzens
1161
Mauern
1137
Steinach
Sill
Siegreid
0
500
1000 m
61
Bärenkopf
1837
Pastnalm
Navisbach
62
Schröflkogel
2153
63
Bendelstein
2436
2272
64
65
Sunntiger
2400
Kohler
1211
UNTERWEG
VON NAVIS
Penzenbach
2602
Schafseitenspitze
Reisenschuh
2471
77
1817
Hintere Padasteralm
2315
Sumpfkopf
2343
2317
76
Hoferalm
1698
Padasterbach

Wie beim Anstieg zum Geier bis zum Stafflsee. Hier hält man sich links und erreicht die Einsattelung zwischen dem Geier und dem Lizumer Reckner. Skidepot. Der Anstieg sieht schwieriger aus als er ist und wird durch Seilversicherungen erleichtert.

AUSGANGSPUNKT PADASTERTAL

In diesem einsamen Talkessel trifft man — wenn überhaupt — bestenfalls einmal einen einheimischen Tourengeher. Dabei ist das Tal seit der Errichtung eines Forstweges leicht erreichbar und bietet einige schöne Tourenmöglichkeiten. 1,1 km vom Ortszentrum von Steinach zweigt man nach links ab und erreicht — nach einer Bahnübersetzung rechts haltend — den Ortsteil Siegreid. Nun wieder links, einer Wegtafel »Padastertal — Geneiner Jöchl« folgend, zu einer Forststraße (Fahrverbot, Schranken, im Winter Rodelbahn). Nach einer Brücke Wegverzweigung — rechts breite Forststraße, links »Fußweg — steil«. Der »steile Fußweg« ist durchaus befahrbar und kann für Aufstieg und Abfahrt benützt werden. In einer Höhe von 1350 m nach rechts abzweigend über einen Rücken zur Hoferalm (1698 m). Bis hierher 1,5 Stunden. Die Hoferalm ist bei jedem Anstieg unser erstes Ziel.

Sumpfkopf, 2343 m 76

K: Von Siegreid Hm 1300, Ekm 5, Z 4. Skt 1ab, Klt 0, Lg 1. Abf NW, W. Dezember—April.

Von der Hoferalm durch lichten Wald in die Almregion und über die schöne NW-Flanke zu einem Vorgipfel (P. 2317, Kreuz) und kurz weiter zum Hauptgipfel.

Reisenschuh, 2471 m 77

K: Hm 1400, Ekm 6, Z 4,5. Skt 1ab, Klt 0, Lg 1. Abf W, NW. Dezember bis April.

Von der Hoferalm oberhalb des Bachbettes queren (Almweg), bis man nach einer Bachschlucht zur Hinteren Padasteralm (1817 m) aufsteigen kann. Noch ein Stück taleinwärts, dann in angenehmer Steilheit zu dem Rücken aufsteigen, der vom Reisenschuh nach S zieht, und über den man den Gipfel erreicht. Das letzte Stück über unschwierige Felsen zu Fuß.

Vom Reisenschuh läßt sich, allerdings nur zu Fuß, auch die Schafseitenspitze (2602 m) erreichen, die das Padastertal im W eindrucksvoll abschließt. Der Anstieg erfolgt mit geringem Höhenverlust über den S-Grat in einer halben Stunde.

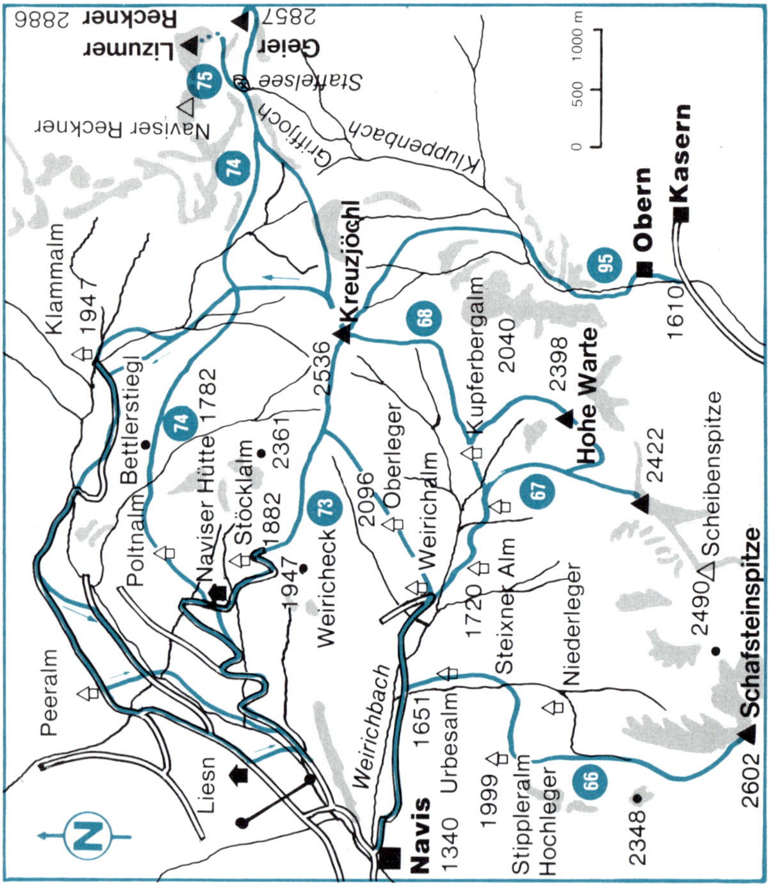

Abfahrt vom (73) Naviser Kreuzjöchl zur Klammalm. →

TOURENBEREICH ST. JODOK AM BRENNER — VALSER TAL, SCHMIRNTAL

St. Jodok am Brenner (1129 m) erreicht man über die Bundesstraße oder die Autobahn (Abzweigung Matrei-Steinach), 31 km von Innsbruck (Hinweisschild bei der Abzweigung beachten). Kurz nach St. Jodok verzweigt sich das Tal: der rechte Ast ist das Valser Tal und führt in 7 km nach Innervals (Gasthof »Touristenrast«, 1345 m); der linke Ast ist das etwas längere Schmirntal, in das man 10 km weit bis nach Kasern (1625 m) hineinfahren kann.

Die Tourenmöglichkeiten sind vielfältig und reichen von der leichten Familientour im Hochwinter (z. B. Vennspitze) bis zu höchst anspruchsvollen Anstiegen, die erst im Frühjahr unternommen werden können (z. B. Olperer). Im einzelnen werden aus dem Valser Tal bestiegen: der Padauner Kogel (2066 m) über eine ziemlich steile SO-Flanke, gemütlich der Padauner Berg (2228 m) und die Vennspitze (2390 m), wobei man sich den Anstieg durch die Auffahrt zum Wirtshaus Steckholzer erheblich verkürzen kann. Mühevoller und steiler geht es beim Roßgrubenkofel (2450 m) zu, ebenso beim Anstieg zur Saxalmwand (2630 m). Südseitig ist auf den steilen, felsdurchsetzten Hängen nicht viel zu holen. Erst im Talschluß bietet sich die Möglichkeit, zur Geraer Hütte (2326 m) aufzusteigen, von der man den Olperer (3476 m) besteigen kann, eine der eindrucksvollsten Berggestalten der Zillertaler Alpen.

Noch ergiebiger fällt das Tourenangebot im Schmirntal aus. Schattseitig sind Leiten (2079 m) und Ottenspitze (2179 m) als leichte Familientouren sehr beliebt. Länger und skitechnisch etwas anspruchsvoller sind Rippenspitze (2461 m), Gammerspitze (2587 m), leichter wiederum Rauher Kopf (2150 m) und Hoher Napf (2247 m). Eine kurze, aber skiläuferisch sehr schöne Unternehmung ist der Jochgrubenkopf (2453 m). Die Südhänge sind weniger skifreundlich. Hochgeneierjöchl (1981 m) und Sumpfkopf (2343 m) am Beginn des Tales sind hübsche kurze Anstiege, die jedoch schnell ausapern. Die Zugänge zu den herrlichen Mulden, durch die man die Scheibenspitze (2490 m) und das Kreuzjöchl (2536 m) erreicht, führen durch unangenehme Bachschluchten. Eine Sonderstellung nehmen Kleiner Kaserer (3093 m) und Großer Kaserer (3263 m) über die Höllscharte ein. Es sind überaus anspruchsvolle Unternehmungen, die nur guten Skibergsteigern vorbehalten bleiben sollten. Dasselbe gilt für den Olperer (3476 m) durch das Wildlahnertal und über die gleichnamige Scharte.

←

Das Bild zeigt die Hohe Warte im Schmirntal und wurde vom Anstieg zum (88) *Napf aufgenommen, zu dem die Spuren nach links aus dem Foto führen.*

Karten: ÖK 148 (Brenner) und 149 (Lanersbach), AV-Karte 31/5 (Innsbruck-Umgebung, 1:50.000). Für einen kleinen Teil der Anstiege kann die AV-Karte 35/1 (Zillertaler Alpen, Westliches Blatt) verwendet werden. Übersichtskarten: Freytag & Berndt WK 241 (Innsbruck, Stubai, Sellrain, Brenner) oder Kompaß Nr. 36 (Innsbruck-Brenner).

Auskünfte und Zimmernachweis: Fremdenverkehrsverband A-6154 St. Jodok-Schmirn, Tel. 05279-5204.

AUSGANGSPUNKT: VALSER TAL

78 Padauner Kogel, 2066 m

K: Hm 500, Ekm 1,5, Z 1,5. Skt 2a, Klt 0, Lg 1. Abf S, SO. Dezember bis März. Zu Fuß muß man bis zum Steckholzer eine zusätzliche Anstiegsstunde rechnen.

Von St. Jodok ins Valser Tal. Nach 3 km zweigt nach rechts ein Fahrweg ab, der zum Gasthaus Steckholzer auf dem Padauner Sattel (1591 m) führt. Die Straße darf befahren werden, erfordert aber häufig das Anlegen von Schneeketten. Ein Fußweg führt etwa 500 m vor der Abzweigung steil durch den Wald. Er ist weder für den Aufstieg noch für die Abfahrt zu empfehlen. Auch zu Fuß ist es günstiger, die Straße zu benützen. Vom Steckholzer quert man die flache Mulde und steigt dann über teilweise sehr steiles Gelände zu dem Rücken auf, der vom Padauner Kogel nach S zieht und den man vor dem letzten Gipfelaufschwung erreicht. Unschwierig weiter zum Gipfelkreuz.

79 Padauner Berg, 2228 m

K: Hm 650, Ekm 2,5, Z 2. Skt 1a, Klt 0, Lg 1. Abf N, NW. Dezember bis März.

Von St. Jodok ins Valser Tal und zum Gasthaus Steckholzer. Richtung SO über Wiesen, durch lichten Wald und eine breite Waldschneise ins freie Almgelände. In der Talmulde geht man bis in eine Höhe von 2100 m. Hier zweigt man nach rechts ab und steigt in einer Mulde Richtung S zu P. 2195 der ÖK und in wenigen Minuten weiter zum Gipfel auf.

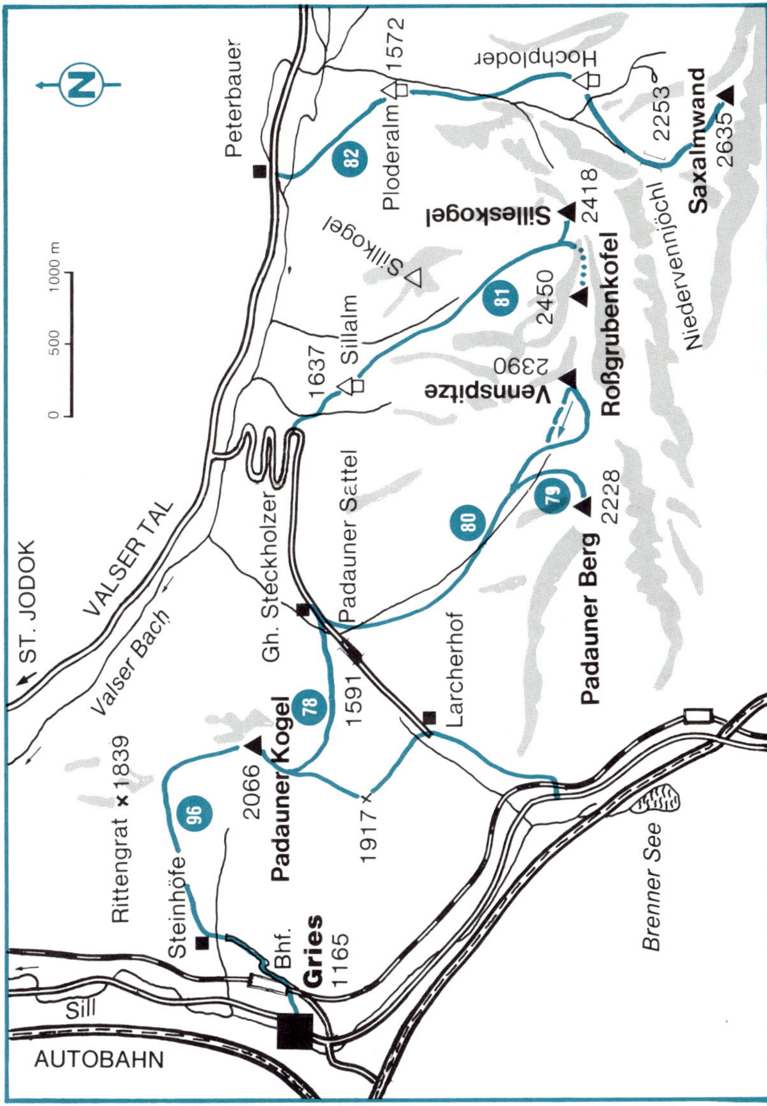

N
0
500
1000 m
ST. JODOK
VALSER TAL
Valser Bach
Rittengrat
1839
Steinhöfe
Bhf.
Gries
1165
Sill
AUTOBAHN
96
2066
Padauner Kogel
78
1917
1591
Gh. Steckholzer
Larcherhof
Padauner Sattel
Padauner Berg
80
79
2228
1637
Sillalm
Vennspitze
2390
Roßgrubenkofel
2450
81
Sillkogel
Silleskogel
2418
Peterbauer
82
Ploderalm
1572
Hochploder
2253
Niedervennjöchl
Saxalmwand
2635
Brenner See

80 Vennspitze, 2390 m

K: Hm 850, Ekm 3, Z 2,5. Skt 0, Klt 0, Lg 0 (bei vernünftiger Spurwahl). Abf NW. Dezember—April.

Einer der beliebtesten Gipfel der Innsbrucker Tourengeher. Von St. Jodok ins Valser Tal und zum Gasthof Steckholzer. Richtung SO rechts vom Padaunerbach gemütlich bis zu einer ersten steileren Stufe bei 2100 m. In einem Becken sanft ansteigen, dann rechts halten und in einer kurzen Steilstufe zum W-Rücken. Über den oft abgeblasenen Rücken auf den Gipfel, von dem man unmittelbar in die erwähnte Mulde abfahren kann.

81 Roßgrubenkofel, 2450 m

K: Hm 1050, Ekm 3, Z 3. Skt 2ab, Klt 0, Lg 2. Abf N. Februar—April.

Von St. Jodok ins Valser Tal und auf dem Fahrweg zum Gasthof Steckholzer bis zur letzten (fünften) ausgeprägten Kehre. Dem Verlauf eines Sommerweges nach steil durch den Wald, erst Richtung S ansteigend, dann Richtung SO querend, zur Sillalm (1637 m). Zwischen dem etwas felsigen Rücken, der vom Roßgrubenkofel herabzieht, und dem Sillkogel in wechselnder Steilheit in die Mulde der Sillalm. Weiter steil zu dem Rücken, der vom Roßgrubenkofel nach O zieht, und über diesen auf den Gipfel, das letzte Stück zu Fuß (abgewehter oder verwächteter Grat).

Etwas kürzer und mit Skiern ersteigbar ist der Silleskogel (2418 m).

82 Saxalmwand, 2630 m

K: Hm 1350, Ekm 4, Z 4. Skt 2ab, Klt 0, Lg 2. Abf N. Februar—April.

Von Schmirn 8 km weit ins Valser Tal, zum »Peterbauer« bei einer Straßenbrücke. Über den Bach und in Richtung SO zur Ploderalm (1572 m) aufsteigen. Nach links ausholend über eine Steilstufe zum »Hochploder«. Richtung SW durch eine ausgeprägte Mulde zum Niedervennjöchl (2253 m) und über einen Rücken steil zur Saxalmwand.

Olperer, 3476 m 83

K: Hm 2100, Ekm 7,5, Z 7. Skt 1a, Klt 2, Lg1. Abf W, SW. April—Juni. Ab der Alterer Alm ist der Anstieg auf der AV-Karte 31/1 (Zillertaler Alpen, Westliches Blatt) enthalten.

Von St. Jodok in das Valser Tal bis zur Touristenrast (1345 m). Vom Gasthaus auf einem Fahrweg (Fahrverbot) zur Alterer Alm (1602 m) und weiter bis zur Talstation einer Materialseilbahn. Hinweisschild »Geraer Hütte«. Wir folgen dem Verlauf des Sommerweges steil zur Ochsnerhütte und weiter zur Geraer Hütte (2326 m) der Sektion Landshut des DAV. Die Hütte wird ab Mitte Juni von Frau Elsa Kreidl (A-6154 St. Jodok) bewirtschaftet. Ein Winterraum mit 12 Lagern ist stets offen. Eine Nächtigung verkürzt den langen Anstieg zum Gipfel um etwa 3 Stunden. Von der Hütte nach links auf einen Rücken, den man bis zum Beginn des Wildlahnergrates verfolgt. Hier betritt man den Olpererferner und steigt (rechts, südlich vom Wildlahnergrat) zur Wildlahnerscharte (3220 m) auf. Skidepot. Über den N-Grat zum Gipfel. Die glatten Platten sind mäßig schwierig und weisen einige Sicherungsstifte auf. Sie können aber bei Vereisung heikel sein. Zuletzt über unschwierige Blöcke zum Gipfel. Bei der Abfahrt kann man sich bei einer Gedenktafel oder auch schon vorher rechts halten und unmittelbar zur Ochsnerhütte abfahren. Dieser Weg ist natürlich auch zu wählen, wenn man ohne Nächtigung in der Geraer Hütte den Olperer besteigen möchte.

AUSGANGSPUNKT: SCHMIRNTAL

Leiten, 2079 m 84

K: Hm 650, Ekm 2,5, Z 2. Skt 1ab, Klt 0, Lg 0 (bei richtiger Spurwahl). Abfahrt NW. Dezember—März.

Von St. Jodok zur Abzweigung Schmirntal. Nach zwei Kehren etwa 1 km den Hang entlang, dann neuerlich eine Doppelkehre. Wenig später zweigt nach rechts ein Fahrweg zu einem Bauernhof ab. Wir steigen durch lichten Wald und schöne Schneisen auf, zuletzt über freies Gelände in der Grundrichtung SO.

Ottenspitze, 2179 m (auch »Ultenspitze«) 85

K: Hm 750, Ekm 3, Z 2,5. Skt 1ab, Klt 0, Lg 0 (bei richtiger Spurwahl). Abfahrt NW. Dezember—März.

Wie beim Anstieg zur Leiten bis zur Waldgrenze. Hier hält man sich etwas weiter links und kann unschwierig zu der um 100 m höheren Ottenspitze aufsteigen. Es ist auch möglich, über den mitunter etwas verwächteten Grat zur Rippenspitze oder zur Gammerspitze weiterzugehen. — Eine andere Abfahrtsmöglichkeit führt über eine Alm (2020 m) und dann durch eine schmale Waldschneise (siehe Skizze!).

86 Gammerspitze, 2537 m

K: Hm 1150, Ekm 3, Z 3,5. Skt 2ab, Klt 0, Lg 2. Abf NNW. Februar bis April.

Von St. Jodok in das Schmirntal bis zum Gasthof Jennewein (etwa 6 km). Parken. Von der Straße zum Bach hinunter und über eine Brücke. Der Weiterweg führt schnurgerade durch eine Lawinenrinne Richtung SSO zum Gipfel. Die Abfahrt ist bei guten und sicheren Schneeverhältnissen sehr genußvoll.

87 Rippenspitze, 2461 m

K: Hm 1100, Ekm 2,5, Z 3. Skt 2ab, Klt 0, Lg 1. Abf NNW. Jänner bis April.

Auf dem Anstieg zur Gammerspitze bis in eine Höhe von etwa 1900 m. Hier hält man sich nach rechts auf einen Rücken zu, der vom Rippenspitz nach N zieht und links von Felsen begrenzt wird. Steil auf diesen Rücken und etwas sanfter weiter zum Gipfel.

88 Hoher Napf, 2247 m

K: Hm 850, Ekm 3, Z 2,5. Skt 1ab, Klt 0, Lg 1. Abf NW. Dezember bis April.

Von St. Jodok ins Schmirntal und bis zur Kirche von Schmirn (1405 m), etwa 1 km nach dem Gasthof Jennewein, dem Ausgangspunkt für die Gammerspitze. Ein kurzes Stück taleinwärts, dann über eine Brücke (Wegtafeln »Zur Siedlung«, »Kalte Herberge«) und auf einem Fahrweg bis zu den letzten Häusern. Auf einem Fahrweg (Fahrverbot, dient im Winter als Rodelbahn) zu einer kleinen Kapelle auf einer Lichtung. Durch lichten

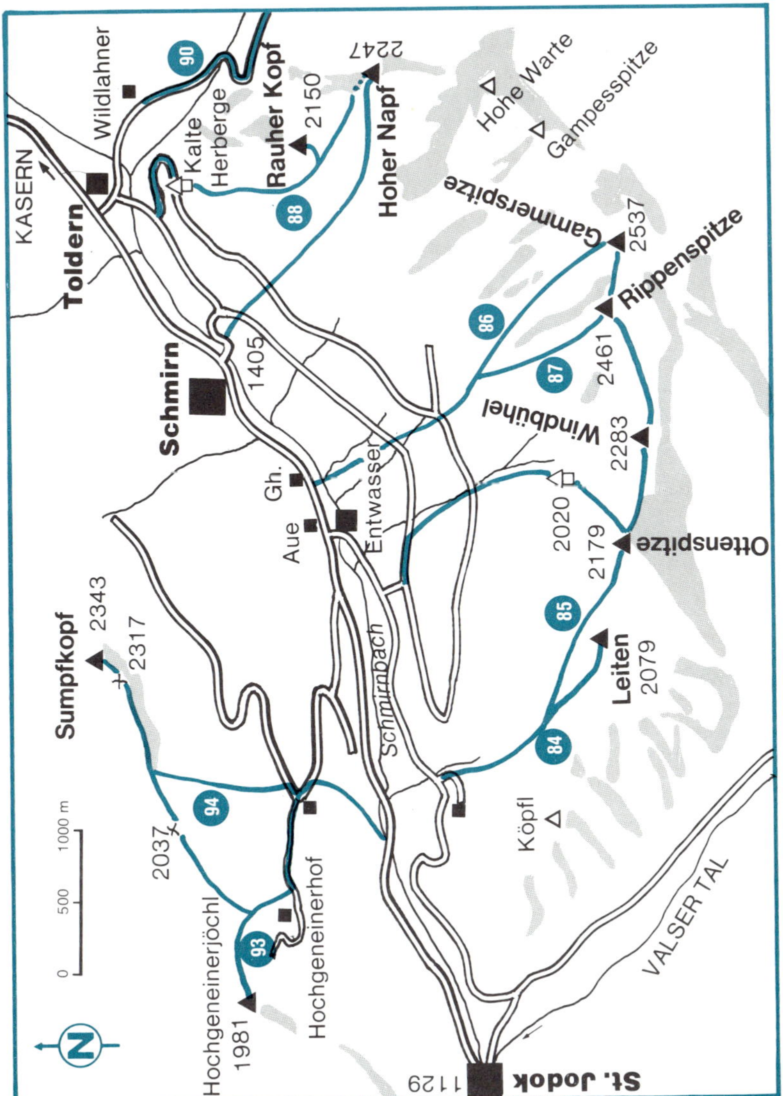
KASERN
Toldern
Wildlahner
Kalte Herberge
Rauher Kopf
2150
2247
Hoher Napf
Hohe Warte
Gampesspitze
Gammerspitze
2537
Rippenspitze
2461
Windbühel
2283
2020
Ottenspitze
2179
Schmirn
1405
Gh.
Aue
Entwasser
Leiten
2079
Schmirnbach
Köpfl
Sumpfkopf
2343
2317
2037
Hochgeneinerjöchl
1981
Hochgeneinerhof
St. Jodok
1129
VALSER TAL
0
500
1000 m
N
84
85
86
87
88
90
93
94

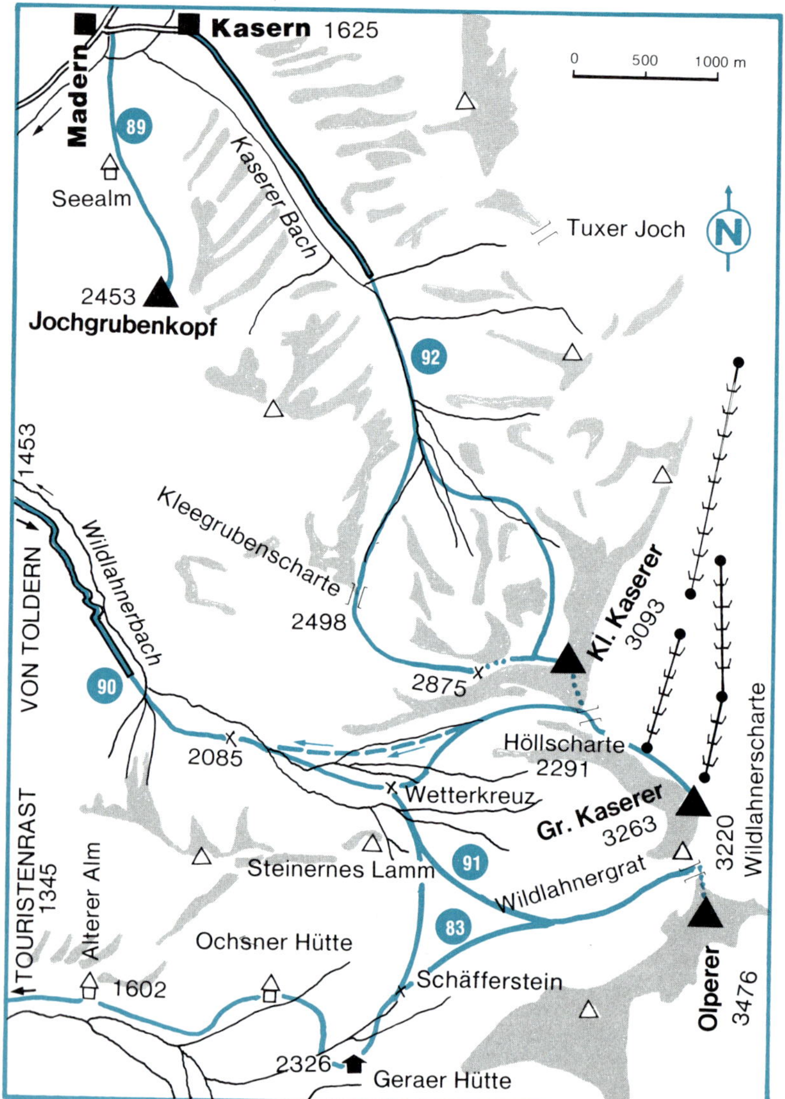
Kasern 1625
Madern
0 500 1000 m
89
Seealm
Kaserer Bach
Tuxer Joch
N
2453
Jochgrubenkopf
92
1453
VON TOLDERN
Wildlahnerbach
Kleegrubenscharte
2498
Kl. Kaserer
3093
2875
90
2085
Höllscharte
2291
Wetterkreuz
Gr. Kaserer
3263
Wildlahnerscharte
3220
TOURISTENRAST
1345
Alterer Alm
Steinernes Lamm
91
Wildlahnergrat
83
Ochsner Hütte
1602
Schäfferstein
Olperer
3476
2326
Geraer Hütte

Wald Richtung Süd in baumfreies Gelände und in eine Mulde rechts vom Rauhen Kopf. Diesen Vorgipfel kann man unschwierig »mitnehmen«. Am Rauhen Kopf vorbei in eine auffallend ebene Mulde, über einen ziemlich steilen Hang zu einem schmalen Firnrücken, der auf den Gipfel führt (die letzten Meter zu Fuß). — Anstieg und Abfahrt sind auch möglich, wenn man nach der Abzweigung »Siedlung« gleich nach der Brücke über Wiesen, dann durch Waldschneisen, aufsteigt.

Jochgrubenkopf, 2453 m 89

K: Hm 850, Ekm 2, Z 2. Skt 2ab, Klt 0, Lg 1. Abf N. Dezember—April.

Von St. Jodok durch das Schmirntal bis zum Weiler Madern in Innerschmirn (1453 m), 7 km. Beschränkte Parkmöglichkeit.

Wendeplatz des Busses freihalten! Richtung S über eine Wiese zum Kaserer-Bach. Über den Bach und steil durch den lichten Wald zur See-Alm. Nunmehr im freien Gelände in wechselnder Steilheit auf den steilen und schneebrettgefährdeten Gipfelhang zu, den man entweder nach links (meist günstiger) oder nach rechts ausholend überwindet.

Kleiner Kaserer, 3090 m 90

K: Hm 1650, Ekm 6, Z 5. Skt 2ab, Klt 2, Lg 2. Abf W, NW. April—Juni.

Von St. Jodok nach Innerschmirn bis kurz vor Madern (1453 m). Hier zweigt das Wildlahner Tal nach rechts ab (Hinweisschild »Steinernes Lamm — Geraer Hütte«). Die Straße ist noch ein gutes Stück befahrbar (2 km), wobei allerdings zwei Gatter zu öffnen und zu schließen sind. (Spät im Jahr könnte man weit hinauffahren, doch Fahrverbot, Schranken.) Auf der rechten Hangseite (im Aufstiegssinne) auf einem Forstweg, teilweise schöne Lichtungen, bis zum Taschluß. Über zwei Steilstufen weiter zum »Wetterkreuz« (knapp über 2400 m). Nun entweder nach links und neben den Felsen des W-Grates des Kleinen Kaserers in einer steilen Mulde zur Höllscharte, oder nach rechts ausholend (etwas weniger steil). Für die Abfahrt wird man natürlich auf jeden Fall die steilere Variante wählen. In der Höllscharte (2291 m) errichten wir das Skidepot und erreichen in halbstündiger leichter Kletterei über den S-Grat den Kleinen Kaserer. Noch leichter kann man von der Höllscharte über einen Firnrücken den Großen Kaserer (3263 m) erreichen. Man gerät dabei allerdings in den Skizirkus von Hintertux (Bergstationen von zwei Schlepp-liften).

91 Olperer, 3476 m

K: Hm 2050, Ekm 7, Z 6,5. Skt 2ab, Klt 2, Lg 2. Abf W, NW. April—Juni.

Wie beim Anstieg zum Kaserer zum »Wetterkreuz« (etwas über 2400 m). Nun Richtung SW zum Olpererferner aufsteigen. Rechts (südlich) neben dem Wildlahnergrat zur Wildlahnerscharte (3220 m). Ganz nahe die Bergstation eines Schlepplifts aus dem Skigebiet von Hintertux. Hier oder etwas später Skidepot. Über den mäßig schwierigen N-Grat, der durch Stifte und Klammern versichert ist, zuletzt über unschwierige Blöcke, auf den eindrucksvollen Gipfel. Bei Vereisung kann der Grat sehr heikel sein (glatte Platten).

Wer sich den Anstieg als Tagestour nicht zumutet, kann vom Wetterkreuz noch ein kurzes Stück ansteigen, dann Richtung S queren und zuletzt in kurzer Abfahrt die Geraer Hütte (2326 m) erreichen. Bewirtschaftet ab Mitte Juni, sonst stets offener Winterraum.

92 Kleiner Kaserer, 3090 m (aus dem Kaserer Winkel)

K: Hm 1500, Ekm 5, Z 4,5. Skt 3, Klt 1, eventuell auch 1e, Lg 2. Abf N, NW. Mai — Juni.

Dieser Anstieg ist noch anspruchsvoller als jener durch das Wildlahner Tal und gehört zu den schwierigsten dieses Buches. Von St. Jodok durch das Schmirntal bis zum Wirtshaus Kasern (1625 m). Parkplatz. Weiter bis zum Talschluß. Hier sieht man eine tief eingeschnittene Schlucht, durch die der Abfluß vom Kasererferner erfolgt. Rechts neben dieser Schlucht bis in eine Höhe von 2100 m. Unterhalb eines sperrenden Felsriegels nach links queren, bis nahe zur Schlucht, oberhalb der Felsen wieder nach rechts zu einem Rücken, der in die große Mulde führt, in die der kleine Gletscher eingelagert ist. Die Fortsetzung des Anstieges über den Kaserferner ist dann nur mehr sehr steil (knappe 40 Grad), aber unschwierig. Im obersten Teil, etwa in einer Höhe von 2900 m, ist es günstiger, etwas nach rechts zu queren und den Gipfel über den letzten Teil des W-Grates zu erreichen. Der unmittelbare Anstieg zum Gipfel erreicht 45 Grad Steilheit.

Ist die Steilstufe oberhalb von 2100 m schlecht gangbar, gibt es eine Ausweichmöglichkeit, die allerdings auch anspruchsvoll ist. Nach rechts durch die »Tote Grube« in die »Kleegrube« queren und Richtung S zur Kleegrubenscharte (2498 m) aufsteigen. In der W-Flanke steil, aber unschwierig zu P. 2875 der AV-Karte aufsteigen. Über den W-Grat zuerst (kurz) in leichter Kletterei, dann unschwierig über Firn zum Gipfel. Natürlich kann man auch bereits aus dem Talschluß in die Kleegrube aufsteigen.

Hochgeneinerjöchl, 1981 m 93

K: Hm 900, Ekm 2,5, Z 2,5. Skt 1ab, Klt 0, Lg 1. Abf S, SW. Dezember bis März.

Von St. Jodok über die Brücke und zum Bahnhof. Von hier führt ein Waldweg steil zum Hochgeneinerhof (1639 m). Dieser Weg ist für die Abfahrt nicht geeignet. Zum Hochgeneinerhof auch mit PKW auf schmaler Bergstraße (Hinweisschild bei der Abzweigung »Jausenstation Edelrauthe«). Über einen schönen S-Hang auf den Kamm und nach links in wenigen Minuten zum Hochgeneinerjöchl, der letzten Erhebung im Kamm, der von der Schafseitenspitze herabzieht. Bei der Abfahrt ist es günstig, vom Hochgeneinerhof neben einer Fahrstraße Richtung Ost zum Gehöft »Kaserlen« und dann erst über weniger steile und freie Hänge in den Talboden abzufahren.

Sumpfkopf, 2343 m 94

K: Hm 1200, Ekm 5, Z 3,5. Skt 1ab, Klt 0, Lg 1. Abf W — S. Dezember bis März.

Wie beim Anstieg zum Hochgeneinerjöchl auf den Kamm. Über den breiten Rücken, der erst im letzten Teil steiler wird, ohne Schwierigkeiten auf den Gipfel. Bei der Abfahrt kann man bereits am Ende des Steilstückes (vorher Felsen) in einer Höhe von 2100 m, in die S-Hänge einfahren.

Kreuzjöchl, 2536 m 95

K: Hm 950, Ekm 4, Z 3. Skt 2ab, Klt 0, Lg 2. Abf SO, S. Februar—April.

Von St. Jodok durch das Schmirntal nach Kasern (1610 m). Vom Parkplatz (Wendeplatz des Busses nicht verparken!) Richtung N in die Schlucht des Kluppenbaches. Mühsam und heikel durch die Schlucht, dann etwas links haltend über einen Rücken in eine steile Mulde und ziemlich unmittelbar zum Gipfel.

*

TOURENBEREICH GRIES AM BRENNER

Gries am Brenner (1165 m), der letzte Ort im Nordtiroler Wipptal vor der Brennergrenze, 33 km von Innsbruck entfernt. Gries verfügt über keine Autobahnabfahrt — die Autobahn führt auf einer Hangbrücke hoch über dem Dorf vorbei. Wer auf der Autobahn anreist, muß sie daher bereits bei der Abfahrt Matrei/Steinach verlassen.

Von Gries zweigt das Obernbergtal in die Stubaier Alpen ab, ein überaus reichhaltiges Tourengebiet (vgl. »Skitouren in den Stubaier Alpen« im selben Verlag). In den Zillertaler Alpen sind die Tourenmöglichkeiten bescheidener. Unmittelbar vom Ort besteigt man den Padauner Kogel (2066 m), eine insbesondere bei Einheimischen recht beliebte Früh- und Hochwintertour. Auch Padauner Berg (2228 m) und Vennspitze (2390 m) lassen sich von Gries aus besteigen, doch ist der Zugang aus dem Valser Tal günstiger. Lang und anspruchsvoll sind die Anstiege aus dem Venntal und dem obersten Griesbergtal, welche man vom Gries aus erreicht: Saxalmwand (2630 m), Kraxentrager (2999 m), Wildseespitze (2733 m) und Wolfendorn (2776 m).

Kunstfreunde sollten nach der Tour erwägen, die Kapelle zum heiligen Jakob aus dem 15. Jh. (mit zahlreichen qualitätsvollen Ergänzungen aus späterer Zeit) zu besuchen, die interessanter als die Pfarrkirche ist.

Karten: ÖK 148 (Brenner), für die südlichsten Ziele zusätzlich: ÖK 175 (Sterzing). AV-Karte 31/3 (Brennergebiet 1:50.000, mit Skirouten, vergriffen). Übersichtskarten: Freytag & Berndt WK 241 (Innsbruck, Stubai, Sellrain, Brenner) oder Kompaß Nr. 36 (Innsbruck-Brenner) bzw. (für die südlichsten Anstiege) Nr. 44 (Sterzing).

Auskünfte und Zimmernachweis:
Fremdenverkehrsverein A-6156 Gries am Brenner, Tel. 0 52 74/254

96 Padauner Kogel, 2066 m

K: Hm 900, Ekm 3, Z 2,5. Skt 0, Klt 0, Lg 1. Abf N, W. Dezember bis März.

Von der Kirche in Gries am Brenner zum Bahnhof (Hinweisschilder). Man überquert die Gleise und folgt einem Weg zu den Steinhöfen. Über Wiesen und durch lichten Wald zu dem Rücken, der vom Padauner Kogel nach N zieht. Dabei ist neuerdings auf eine Aufforstung zu achten, die den üblichen Anstieg verändert und zu einer Umgehung zwingt. Den Rücken erreicht man beim Rittengrat (1839 m) oder auch etwas südlicher. Weiter bis dicht unter den Gipfel. Skidepot. Über einige unschwierige Blöcke in wenigen Minuten zum Gipfelkreuz. Wenn die untersten Teile der Route nicht befahrbar sind, kann man mit dem Auto ein gutes Stück hinauffahren. Die Parkmöglichkeiten sind jedoch eingeschränkt.

Wenn zwei Autos zur Verfügung stehen, kann man eine Überschreitung vornehmen. Man stellt ein Auto in Gries ab und fährt mit dem zweiten etwa 2 km in Richtung Brenner. Hier beginnt der Anstieg. Eine steile Schlucht umgeht man auf einem Fußweg rechts und kommt oberhalb der Steilstufe zum Larcherhof. Nun ziemlich steil Richtung NW zu dem Rücken, der vom Padauner Kogel nach S zieht, und den man etwa bei P. 1917 der ÖK erreicht. Über diesen Rücken auf den Gipfel. Für die Abfahrt ist dieser Weg weniger geeignet.

Anmerkung: Mit dem Larcherhof hat man bereits annähernd die Höhe des Padauner Sattels (1591 m) erreicht, von dem man zum Padauner Berg (2195 m) und zur Vennspitze (2390 m) aufsteigen kann. Empfehlenswerter ist der Anstieg bzw. die Auffahrt aus dem Valser Tal.

Saxalmwand, 2635 m 97

K: Hm 1300, Ekm 5, Z 4. Skt 2ab, Klt 0, Lg 1. Abf W. Februar—April.

Von Gries 4 km in Richtung Brenner. Gleich nach dem Bahnhof Brennersee (oberhalb der Straße) links abzweigen, durch eine Bahnunterführung zu einer Weggabelung. Wir halten uns links (Wegtafel »Kraxentrager«). Der Fahrweg ins Venntal, der hier beginnt, ist eine Privatstraße, deren Benützung nur für Anrainer gestattet ist. Wir folgen diesem Fahrweg bis zu den Almen von Venn (1457 m). Weiter sehr flach bis kurz vor dem Talschluß. Hier zweigen wir nach links ab und steigen in Richtung ONO über eine Steilstufe in eine weite Mulde auf, durch die wir das Niedervennjöchl (2253 m) erreichen. Vom Jöchl geht es etwas steil, aber unschwierig zum Gipfel.

Die Saxalmwand läßt sich auch über die andere Talseite erreichen. Ebenfalls etwa 500 m vor dem Talschluß, aber nun nach rechts abzweigen. Über eine Steilstufe zuerst Richtung SO, oberhalb der Waldgrenze stärker links haltend (Richtung O) zur Ochsenhütte (1965 m). Zur Almhütte muß man nicht mehr queren, sondern kann bereits 200 m vorher in wechselnder Steilheit zum Sumpfschartl (2666 m) aufsteigen. Vom Schartl über den Verbindungsgrat, einen Vorgipfel (P. 2538 der ÖK) übersteigend, auf die Saxalmwand. Der Anstieg ist ebenso anspruchsvoll wie jener über das Niedervennjöchl.

98 Kraxentrager, 2999 m

K: Hm 1700, Ekm 7, Z 6. Skt 2ab, Klt 1, Lg 2. Abf NW. Februar—Mai.

Wie beim (zweiten) Anstieg zur Saxalmwand bis kurz vor die Ochsenhütte (1965 m). Nun dem Verlauf des Sommerweges folgend Richtung SO über die »Ochsenalm«, eine weite Mulde, zu dem Gratrücken, auf dem die Landshuter Hütte (2693 m) steht. Die Hütte gehört der Sektion Landshut des DAV und ist ein Kuriosum, weil sie von der Staatsgrenze in einen österreichischen und einen italienischen Teil zerschnitten wird. Die Hütte wird erst ab Ende Juni von Südtirol aus bewirtschaftet (Herr Helmut Holzer, I-39040 St. Jakob Nr. 78). Ein Winterraum mit zehn Lagern ist stets offen. Nach einer kleinen Klettereinlage (Ski mittragen) kann man die Skier noch einmal anschnallen und über eine steile Flanke zum Gipfel aufsteigen.

99 Wildseespitze, 2733 m

K: Hm 1400, Ekm 5, Z 4. Skt 2ab, Klt 0, Lg 2. Abf W, NW. Februar bis Mai.

Von Gries bis knapp vor die Brennergrenze (etwa 5 km, Gasthaus Kerschbaumer). Auf einem Forstweg in das Griesbergtal und zur Griesbergalm (1953 m). Über schönes Skigelände Richtung OSO zum kleinen Wildsee (2450 m). Der Gipfel schirmt sich links und rechts mit Felsen ab. Man versucht, entweder zum NW-Grat oder (meist günstiger) zum SW-Grat aufzusteigen und über ihn den Gipfel zu erreichen — beide Möglichkeiten sehr steil!

100 Wolfendorn, 2776 m

K: Hm 1450, Ekm 5, Z 4. Skt 1ab, Klt 0, Lg 1. Abf N, NW. Februar bis Mai.

Wie beim Anstieg zur Wildseespitze vom Gasthof Kerschbaumer unter der Autobahn hindurch und auf dem Forstweg über eine Steilstufe in das Griesbergtal und zur Griesbergalm (1953 m). Hier wenden wir uns scharf nach rechts und steigen ziemlich genau Richtung S aus der flachen Mulde in die steilen, teilweise felsdurchsetzten Hänge auf, die zum Gipfel führen. Man hält auf eine Einsattelung etwas rechts vom Gipfel zu, überschreitet den Rücken und steigt über die SW-Flanke steil, eventuell ohne Ski, zum höchsten Punkt auf.

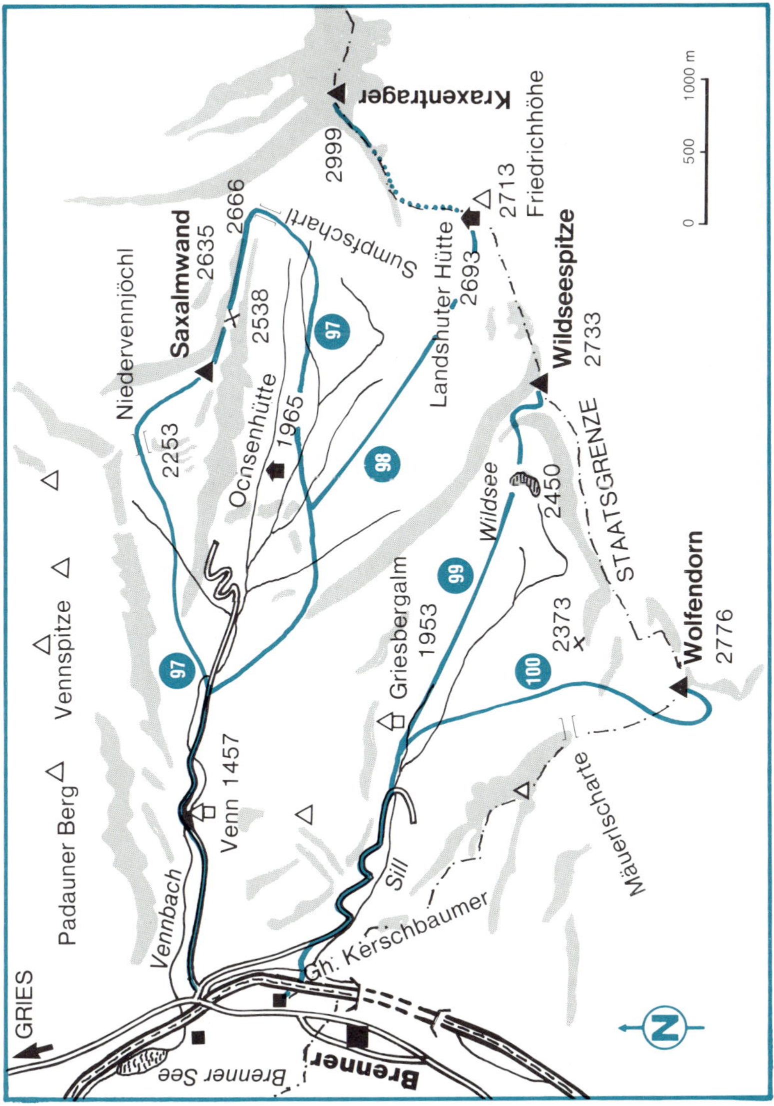
GRIES
Padauner Berg
Vennspitze
Vennbach
Venn 1457
Niedervennjöchl
Saxalmwand
2635
2253
2666
2538
Ocnsenhütte
1965
Sumpfschartl
97
98
99
100
Landshuter Hütte
2693
2999
Kraxentrager
2713
Friedrichhöhe
Wildseespitze
2733
STAATSGRENZE
Wildsee
2450
Griesbergalm
1953
2373
Wolfendorn
2776
Mäuerlscharte
Sill
Gh. Kerschbaumer
Brenner
Brenner See
0
500
1000 m
N

TOURENBEREICH BRENNER BIS BRIXEN (SÜDTIROLER WIPPTAL/EISACKTAL)

Auf der Autobahn sind es 36 km von der Staatsgrenze am Brenner bis nach Brixen. Für den Tourenläufer ist jedoch nur die obere Hälfte des Eisacktales von Interesse. Nach Sterzing sind die Bergflanken steil und bewaldet, wenig skifreundlich. Lediglich bei Mauls kann man durch Sengestal und Maulser Tal weiter in das Innere des Gebirges vordringen. Am bekanntesten ist hier der lange und anspruchsvolle Anstieg auf die Wilde Kreuzspitze (3134 m). Kurz nach dem Brenner ergeben sich dagegen eine ganze Reihe von Tourenmöglichkeiten unterschiedlicher Länge und Schwierigkeit. Vom »Brenner Wolf«, einem urtümlichen Tiroler Gasthof, steigt man auf den Wolfendorn (2776 m) und auf die Flatschspitze (2567 m). Die Flatschspitze ist jedoch auch billiger zu haben: in einer schwachen Anstiegsstunde nach der Benützung von Aufstiegshilfen des Skigebietes Zirog (Sessellift, Schlepplift; die Anlagen waren allerdings 1986/87 nicht in Betrieb). Ähnlich verkürzen kann man sich — durch die Liftanlagen am Hühnerspiel bei Gossensaß — den Anstieg zur Rollspitze (2800 m) oder zur Daxspitze (2645 m). Die lange Abfahrt nach Pontigl an der Brennerstraße ist aber recht anspruchsvoll. Eine leichte und kurze Skitour bietet der Anstieg auf den Saun (2068 m) bei Sterzing.

Wer an moderner Kunst Gefallen findet, sollte in diesem Tourenbereich die neue Pfarrkirche »Maria am Wege« am Brenner besuchen, einen Bau aus den Sechzigerjahren mit teils neuer, teils aus der alten Pfarrkirche übernommener Einrichtung. In Gossensaß lohnt ein Besuch der Pfarrkirche und der Friedhofskapelle St. Barbara. Sterzing ist ein ungemein reizvolles Städtchen mit einem malerischen Stadtkern und vielen Kunstschätzen — schönen Bürgerhäusern und zahlreichen alten Kirchen. Wer nicht auf der Autobahn, sondern auf der Staatsstraße von Sterzing nach Brixen fährt, kann kurz nach Sterzing in Trens die Pfarr- und Wallfahrtskirche bewundern. Sehenswert ist insbesondere die Gnadenkapelle mit dem Gnadenaltar. In Franzensfeste beeindrucken die mächtigen Verteidigungsanlagen, die dem Ort den Namen gegeben haben. Sie wurden bereits in der ersten Hälfte des vergangenen Jahrhunderts erbaut und dienen heute noch militärischen Zwecken. Brixen müßte dem Kunstfreund einen längeren Aufenthalt wert sein. Wer nach einer Skitour noch ein wenig Zeit findet, sollte wenigstens den Dom und den Kreuzgang besuchen, mit seinen Fresken eines der bedeutendsten Kunstdenkmäler Europas.

→

Auf dem Anstieg zum 123 Schrammacher, Ende Juni. Im Hintergrund sind Hochfeiler, etwas verdeckt, und 120 Hochferner zu sehen.

Karten: Im Maßstab 1:25.000 stehen uns für diesen Tourenbereich nur italienische Militärkarten zur Verfügung, und zwar die Blätter IK 4A/IV NW (Brennerbad) und 4A/IV SW (Freienfeld). Für den Gipfelaufbau der Wilden Kreuzspitze wäre zusätzlich das Blatt 4A/IV SO (Vals) erforderlich. Den deutschsprachigen Benützer werden die durchwegs italienischen (genauer: *italianisierten!*) Bezeichnungen etwas verwirren. Zudem ist zu beachten, daß Höhenschichten in den italienischen Karten (auch in der ÖK, soweit italienisches Staatsgebiet dargestellt wird) mit je 25 m Abstand eingezeichnet sind. Das Gelände wirkt dadurch weniger steil, Vorsicht! Die ÖK 175 (Sterzing), wegen der deutschsprachigen Bezeichnungen häufig vorgezogen, umfaßt das gesamte Tourengebiet (für die Wilde Kreuzspitze ist hier allerdings auch das Blatt 176 Mühlbach erforderlich). Der größte Teil der Anstiege ist auf der AV-Karte 31/3 (Brennergebiet, mit Skitouren, 1:50.000) enthalten, doch ist diese Karte seit vielen Jahren vergriffen. Übersichtskarten: Freytag & Berndt WK S4 (Sterzing, Jaufenpaß, Brixen) und Kompaß Nr. 44 (Sterzing).

Auskünfte und Zimmernachweis:
Fremdenverkehrsverband I-39040 Gossensaß, Tel. 0472-62372
Fremdenverkehrsverband I-39040 Sterzing, Tel. 0472-65325
Fremdenverkehrsverband I-39042 Brixen, Tel. 0472-22401

Wolfendorn, 2776 m

101

K: Hm 1400, Ekm 3, Z 3. Skt 1ab, Klt 0, Lg 1. Abf SW, W. Jänner—April.

Man benützt nicht den Grenzübergang bei der Autobahn, sondern den der Bundesstraße. Etwa 2 km nach der Grenze zweigt eine schmale Straße nach links ab, die unter der Eisenbahn und der Autobahn durchführt und uns zum etwas oberhalb gelegenen Gasthof »Wolf« bringt. Parkmöglichkeit. Auf einer Forststraße kann man bequem zur Luegeralm (1597 m) aufsteigen. Weiter durch lichten Wald und über freie Hänge, zuletzt etwas links haltend über den SW-Rücken auf den Gipfel.

←

Der Talboden von Mühlen und Sand in Taufers vom Gipfel des 143 Windeggs (in manchen Karten anders bezeichnet). Im Mittelgrund Moosnock und Durreck (Rieserfernergruppe).

102 Flatschspitze, 2567 m

K: Hm 1200, Ekm 3, Z 3,5. Skt 2ab, Klt 0, Lg 1. Abf NW, W. Jänner bis März.

Wie beim Anstieg zum Wolfendorn zur Luegeralm (1597 m) und weiter bis in eine Höhe von 2200 m. Hier hält man sich rechts und kommt in eine weite Ebene (etwa 2280 m). Rechts zieht ein felsiger Kamm bis zur Flatschspitze. Man erreicht diesen Kamm durch eine sehr steile Rinne und überquert ihn. Nach dieser steilen Einlage geht es in wenigen Minuten in sanftem Anstieg zum Gipfel.

103 Flatschspitze, 2567 m (über Zirogalm)

K: Hm 400, Ekm 1,5, Z 1. Skt 0, Klt 0, Lg 0. Abf SW (unterer Teil W, Piste). Dezember—März.

Auf der Staatstraße erreicht man 4 km nach der Grenze Brennerbad (1308 m). Kurz danach zweigt man nach links ab, fährt durch eine Unterführung zum Parkplatz des Zirog-Sessellifts. Mit diesem Sessellift zur Zirogalm (1762 m), kurze Abfahrt zu einem Schlepplift und mit diesem bis in eine Höhe von etwa 2180 m. Von der Bergstation führt ein meist abgeblasener Rücken zum Gipfel. Entweder zu Fuß über diesen Rücken oder mit Fellen nach rechts ausholend durch eine schöne Mulde und anschließend über den SW- Rücken auf den Gipfel. Die Abfahrt ist meist zu einer rauhen Piste eingefahren. Wer es tourenmäßig haben möchte, fährt — allerdings wesentlich anspruchsvoller! — wie beschrieben zum Brenner, Gh Wolf ab und kehrt mit einem bereitgestellten PKW zum Ausgangspunkt zurück.

Anmerkung: Die Liftanlagen waren in der Saison 1986/87 nicht in Betrieb. Mit der Wiederaufnahme des Betriebes wird gerechnet. Ohne Liftbenützung sind für 1200 Höhenmeter 3,5 Anstiegsstunden zu rechnen.

104 Rollspitze, 2800 m

K: Hm 1500, Ekm 4, Z 4,5. Skt 2ab, Klt 1, Lg 2. Abf W. Februar bis April.

Auf der Staatsstraße fährt man von der Brennergrenze 7 km talabwärts. Der Anstieg beginnt vor einer scharfen Doppelkurve. Man geht unter der Autobahn hindurch und steigt Richtung SO zur Daxalm (1683 m) auf. Man hält sich nun in der Mitte der weiten Mulde und steigt in wechselnder Steilheit bis zu den Felsen unterhalb des Gipfels auf. Skidepot. Durch

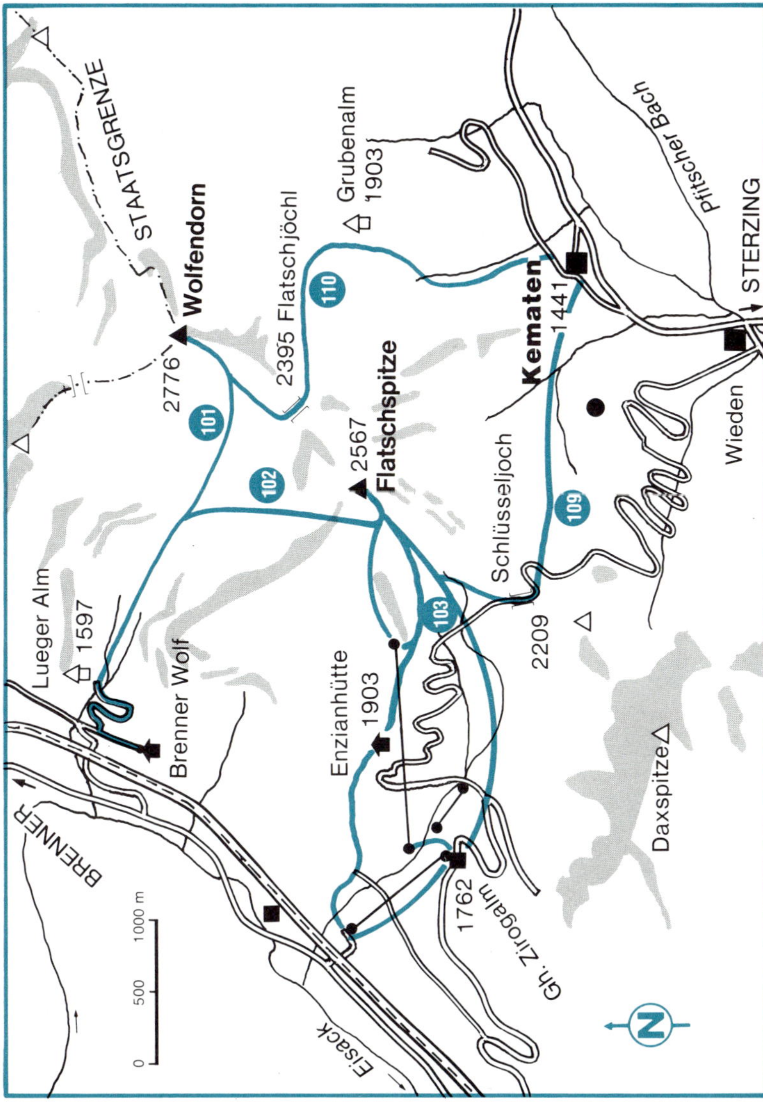
STAATSGRENZE
Wolfendorn
2776
101
2395 Flatschjöchl
110
Grubenalm
1903
Pfitscher Bach
STERZING
Kematen
1441
2567
Flatschspitze
102
Schlüsseljoch
2209
109
Wieden
Lueger Alm
1597
Brenner Wolf
Enzianhütte
1903
103
1762
Gh. Zirogalm
Daxspitze
BRENNER
Eisack
0
500
1000 m
N

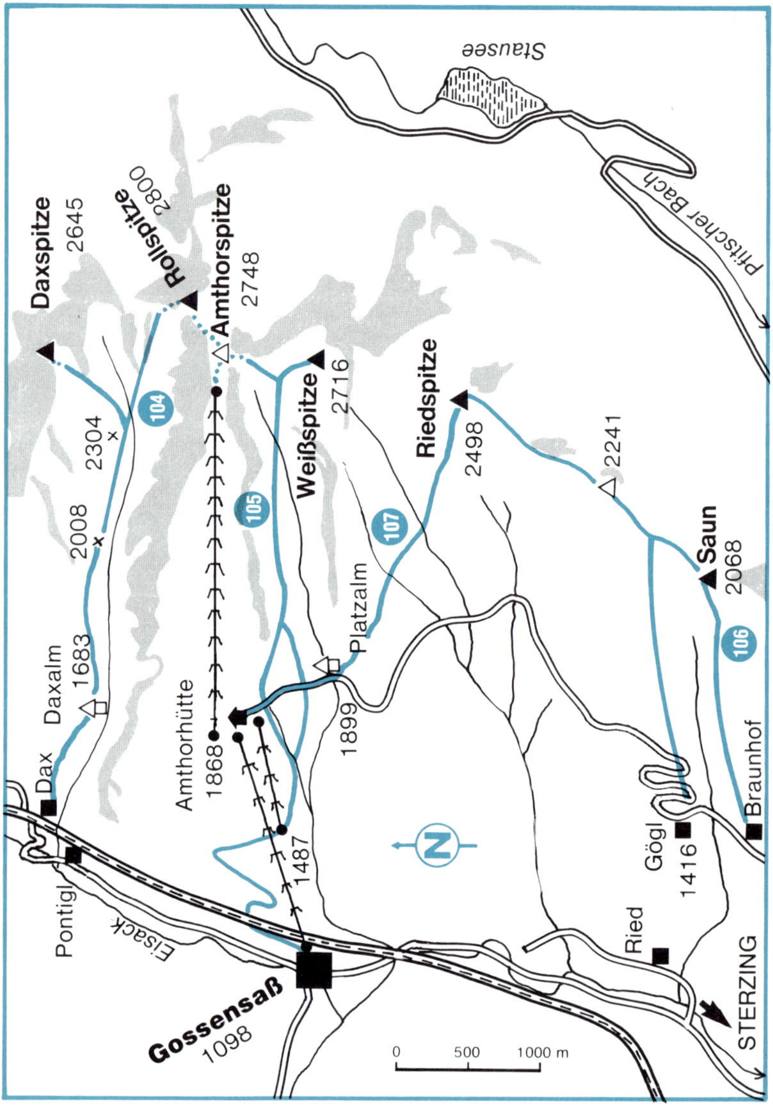

Stausee
Pflitscher Bach
Daxspitze
2645
Rollspitze
2800
Amthorspitze
2748
Weißspitze
2716
Riedspitze
2498
2241
Saun
2068
104
105
106
107
2304
2008
Dax
Daxalm
1683
Amthorhütte
1868
1487
1899
Platzalm
Braunhof
Gögl
1416
Ried
Pontigl
Eisack
Gossensaß
1098
STERZING
N
0
500
1000 m

eine steile Rinne, zuletzt in unschwieriger, aber heikler Kletterei auf den Gipfel. Bequemer, aber alpinistisch noch anspruchsvoller ist die Begehung des ausgesetzten und verwächteten Grates von der Amthorspitze (2749 m), die man mit Aufstiegshilfen von Gossensaß aus erreicht. Nahe der Bergstation militärische Einrichtungen der Nato. Abstieg zu einem kleinen Sattel, dann kurz über den Grat zum Gipfelkreuz (Klt 1). Brüchige Felsen, oft verwächtet. — Auch die Daxspitze kann erstiegen werden. Nach P. 2304 nach links abzweigen. Mit Skiern bis wenige Meter unter den Gipfel, ebenfalls sehr steil (siehe Skizze!).

Weißspitze, 2716 m

105

K: Hm 200, Ekm 0,5, Z 0,5. Skt 1a, Klt 0, Lg 1. Abf W. Dezember bis März. IK 4A/IV NW (Brennerbad) oder ÖK 175 (Sterzing).

Ausgangspunkt ist Gossensaß, 10 km von der Brennergrenze entfernt, bzw. die Bergstation auf dem Hühnerspiel (2706 m). Hier auffallende Einrichtungen der Nato zur Luftüberwachung. Ein kurzes Stück zu Fuß Richtung Hühnerspiel (2748 m), unterhalb des Gipfels vorbei, über eine Brücke, dann steile Abfahrt bis etwa 2500 m. Über die W-Flanke in einer halben Stunde auf den Gipfel. Abf über 1600 Hm nach Gossensaß, im unteren Teil Piste (Zusteigstelle für den Sessellift bei 1487 m, wenn die Abfahrt im untersten Teil aper ist).

Saun, 2068 m

106

K: Hm 750, Ekm 3, Z 2,5. Skt 0, Klt 0, Lg 0. Abf W. Dezember—März.

Vom Brennerpaß auf der Staatstraße oder auf der Autobahn nach Sterzing (15 km). Ein kurzes Stück in Richtung Pfitscher Tal bis zum Weiler Wiesen (1 km). Hier führt eine gut ausgebaute Bergstraße zum Gehöft Schmuders (1250 m) und weiter zum Gasthaus Braunhof (1346 m). Hier oder kurz danach Parkmöglichkeit. Durch lichten Wald steigt man Richtung O an, erreicht freies Almgelände und ohne alle Schwierigkeiten den unbedeutenden, aber wegen seiner vorgeschobenen Lage sehr aussichtsreichen Gipfel.

Riedspitze, 2498 m

107

K: Hm 1050, Ekm 4, Z 3. Skt 1a, Klt 0, Lg 1. Abf S, W. Dezember bis März.

Wie oben zum Gasthaus Braunhof, aber nun weiter auf der gut ausgebauten Fahrstraße bis zum Gehöft Gögl (1416 m). Von hier steigt man links von der Bachschlucht über einen Rücken zu dem Kamm auf, der vom Saun zur Riedspitze und weiter zum Hühnerspiel zieht. Über diesen Kamm unschwierig zum Gipfel. Ist dieser Rücken verblasen, kann man bei der Abfahrt in die W-Flanke ausweichen. Auch ein Übergang vom Saun zur Riedspitze und ein Anstieg von der Mittelstation der Hühnerspielbahnen über die Platzalm (1899 m) sind möglich (siehe Skizze!).

108 Wilde Kreuzspitze, 3132 m

K: Hm 1750, Ekm 8, Z 5. Skt 1ab, Klt 0, Lg 2. Abf S—W. Februar bis April!

Etwa 2 km nach Freienfeld bzw. 7 km nach Sterzing zweigt nach links eine schmale Straße ab, die über Vallgenäun nach Niederflans führt. Wir verfolgen sie weiter in das Sengestal hinein bis zu einer alten Säge (1390 m, Parkmöglichkeit). Spät im Jahr kann man eventuell noch weiter ins Tal hineinfahren, doch ist der Fahrweg teilweise sehr steil und in schlechtem Zustand (1986). Weiter geht es nun Richtung N, vorbei an der Unteren zur Oberen Sengesalm (1570 m), im linken Bachbett weiter bis etwa 2000 m. Nun Richtung Süd über einen Rücken, dann quert man wieder in den Talboden des Sengesbaches hinein, um den Simelekofel herum zu P. 2284. Jetzt nach rechts (O) zum Sengesjöchl (2616 m). Oberhalb des Wilder Sees quert man zur mächtigen S-Flanke der Wilden Kreuzspitze und erreicht über sie unschwierig den Gipfel.

*

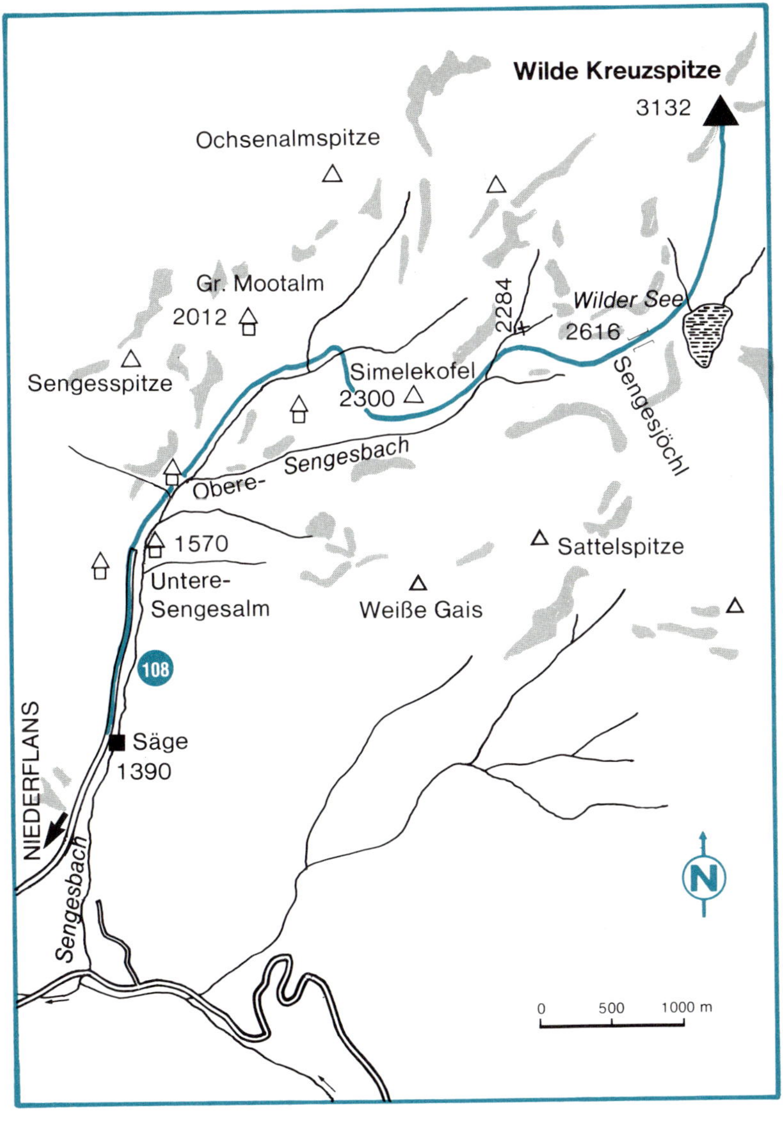
Wilde Kreuzspitze
3132
Ochsenalmspitze
Gr. Mootalm
2012
2284
Wilder See
2616
Sengesspitze
Simelekofel
2300
Sengesjöchl
Obere-
Sengesbach
1570
Sattelspitze
Untere-
Sengesalm
Weiße Gais
108
Säge
1390
NIEDERFLANS
Sengesbach
N
0
500
1000 m

TOURENBEREICH STERZING — PFITSCHERTAL

Von Innsbruck kommt man durch das Wipptal über den Brenner nach Sterzing. »Wipptal« heißt das Tal sowohl nördlich (Silltal) als auch südlich (Eisacktal) des Brenners. Auf der Autobahn sind es 35 km bis zum Brenner, weitere 17 bis nach Sterzing. Sterzing ist ein reizvolles mittelalterliches Städtchen und die Zeit nach einer Skitour reicht nicht aus, den malerischen Stadtkern zu besichtigen. Da muß wohl ein Schlechtwettertag herhalten. Neben den schönen Bürgerhäusern und den zahlreichen Kirchen ist ein Besuch des Multscher-Museums zu erwägen, das dem großen Künstler der Spätgotik gewidmet ist.

In Sterzing zweigt das Pfitschertal ab, das in 32 km über Wiesen und St. Jakob bis zum Pfitscherjoch Haus (2271 m) führt. Die meisten Anstiege aus dem Pfitschertal sind lang und anspruchsvoll. Eine Ausnahme bildet lediglich die Flatschspitze (2567 m) über das Schlüsseljoch. Schon der Wolfendorn (2776 m) über das Flatschjöchl ist nicht ganz einfach zu besteigen. Ausgesprochen alpin und kräfteraubend sind aber Wilde Kreuzspitze (3134 m), Grabspitze (3058 m), Felbespitze (2851 m) und Rotes Beil (2896 m). Dasselbe gilt natürlich für den Hochfeiler (3510 m) und den Hochferner (3473 m). Wenig anstrengend sind dagegen Hohe Wandspitze (3289 m), Schrammacher (3410 m) und Rotbachlspitze (2895 m), sobald die Straße bis zum Pfitscher Joch offen ist. Ist das nicht der Fall, verlängern sich die Anstiegszeiten um etwa 2,5 Stunden.

Karten: Für einen Teil des Hauptkammes kann die AV-Karte 35/1 (Zillertaler Alpen, Westliches Blatt) verwendet werden. Ferner stehen im Maßstab 1:25.000 Blätter der italienischen Militärkarte zur Verfügung, und zwar: 4A/IV NW (Brennerbad), 4A/IV NO (Pfitscherjoch), 4A/IV SW (Freienfeld) und 4A/IV SO (Vals). Gut verwendbar sind auch die ÖK 175 (Sterzing) und 176 (Mühlbach).

Übersichtskarten: Freytag & Berndt WK S4 (Sterzing, Jaufenpaß, Brixen) und Kompaß Nr. 44 (Sterzing), zu einem kleinen Teil auch Nr. 82 (Tauferer-Ahrntal).

Auskünfte und Zimmernachweis:
Fremdenverkehrsverband I-39040 Sterzing, Tel. 0472-65325
Fremdenverkehrsverband I-39040 Wiesen-Pfitsch, Tel. 0472-65730

Flatschspitze, 2567 m (109)

K: Hm 1150, Ekm 4, Z 3,5. Skt 0, Klt 0, Lg 1. Abf SW, O. Dezember bis März.

Ausgangspunkt ist Kematen im Pfitschertal (1441 m). Über Wiesen in die Almregion und hindernislos über mittelsteiles Gelände zum Schlüsseljoch (2209 m). Weiter entweder über den (meist teilweise abgeblasenen) Kamm oder (besser) links davon durch eine breite Mulde auf den Gipfel. Bei günstigen Verhältnissen kann man den Anstieg zur Rundtour ausweiten und (teilweise zu Fuß) über den NO-Grat, einen felsigen Vorgipfel rechts (südlich) umgehend zum Flatschjöchl (2395 m) absteigen bzw. abfahren. Von hier weiter wie beim Anstieg zum Wolfendorn beschrieben nach Kematen.

Wolfendorn, 2776 m (110)

K: Hm 1350, Ekm 5, Z 4. Skt 1ab, Klt 0, Lg 1. Abf SW, SO. Jänner bis März.

Von Kematen im Pfitschertal über freie Wiesen, dann durch eine Waldschneise bzw. durch lichten Wald auf die freien Almböden. Oberhalb der Waldgrenze (Almhütten auf einer Art Plateau) nach rechts ausholen und in einem weiten Bogen zum Flatschjöchl (2395 m) aufsteigen. Man quert in die SW-Flanke und erreicht über sie unschwierig das mächtige Gipfelkreuz.

Wilde Kreuzspitze, 3132 m (111)

K: Hm 1800, Ekm 6, Z 5,5. Skt 1ab, Klt 0, Lg 1. Abf NW. Februar bis April.

Ausgangspunkt für diesen langen Anstieg ist Burgum (1373 m) im Pfitschertal, 11 km von Sterzing. Von diesem kleinen Weiler geht es dem Burgumer Bach entlang durch verhältnismäßig lichten Wald zur Burgumer Alm (1997 m). Nunmehr, im freien Almgelände, verlassen wir den Talboden und steigen Richtung W gemütlich, erst im letzten Teil etwas steiler, zur Sterzinger Hütte (2344 m) auf. Die kleine Hütte wurde von der Sektion Sterzing des AVS erneuert und wird seit 1981 im Sommer bewirtschaftet. Wir halten uns etwas rechts und steigen über den NW-Hang zum Gipfelgrat auf, über den wir (bei günstigen Verhältnissen mit Skiern) zum höchsten Punkt gelangen.

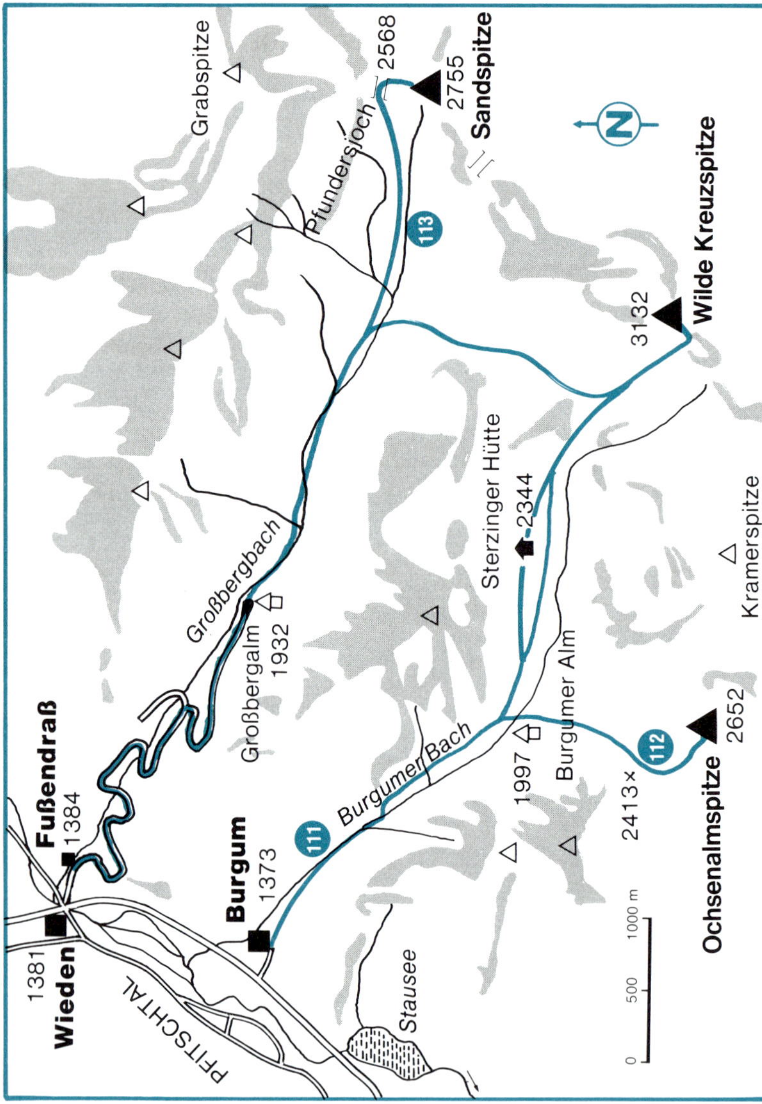

Grabspitze
2568
Sandspitze
2755
Pfundersjoch
113
Wilde Kreuzspitze
3132
Sterzinger Hütte
2344
Kramerspitze
Großbergbach
Großbergalm
1932
Fußendraß
1384
Burgum
1373
111
Burgumer Bach
1997
Burgumer Alm
112
2652
2413×
Ochsenalmspitze
Wieden
1381
PFITSCHTAL
Stausee
0
500
1000 m
N

Anmerkung: Auch durch das Großbergtal kann man zur Wilden Kreuzspitze aufsteigen. Ausgangspunkt ist Fußendraß (1384 m), 15 km von Sterzing. Man erspart sich durch eine Forststraße bis zur Großbergalm (1932 m) den etwas mühsamen Aufstieg durch den Wald. Der Anstieg ist aber flacher und skiläuferisch weniger reizvoll. Er führt bis zum Talschluß, dann über eine N-Flanke zu einer Einsattelung, über die man zum letzten Teil des Anstieges von Burgum stößt.

Ochsenalmspitze, 2652 m

112

K: Hm 1350, Ekm 4, Z 4. Skt 1ab, Klt 0, Lg 1. Abf N, NW. März—Mai.

Von Burgum auf dem Anstieg zur Wilden Kreuzspitze bis zur Burgumer Alm. Hier überquert man den Bach und steigt über die schöne breite N-Flanke der Ochsenalmspitze bis in eine Höhe von 2400 m auf. Hier hält man sich etwas rechts auf einen Rücken zu, über den man in einem leichten Bogen den Gipfel erreicht.

Sandspitze, 2755 m

113

K: Hm 1400, Ekm 7, Z 4. Skt 1a, Klt 0, Lg 1. Abf W, NW. Februar bis Mai.

Ausgangspunkt ist der Weiler Fußendraß, den man vom Ortsteil Wieden (1381 m) im Pfitschertal erreicht, 13 km von Sterzing. Auf einer Forststraße, deren Kehren man bei der Abfahrt recht gut abkürzen kann, kommt man bequem durch den Waldgürtel zur Großbergalm (1932 m). Der Weiterweg ist recht klar vorgezeichnet. Man geht, teilweise ziemlich flach, bis zum Talschluß, weiterhin in Richtung W zum Pfundersjoch (2568 m), einer früher sehr wichtigen Verbindung zwischen Pfitscher- und Pfunderer Tal. Nun steiler, aber ohne Schwierigkeiten über den N-Rücken auf den Gipfel.

Kraxentrager, 2999 m

114

K: Hm 1650, Ekm 6, Z 5. Skt 1ab, Klt 0, Lg 1. Abf S. März—Mai.

Von Platz steigt man zur Pirstlingalm (auch »Pürstlingalm«, 1957 m) auf, hält sich dann rechts durch eine schöne Mulde Richtung Nord. Nun nach links haltend zum Kamm, wobei die Landshuter Hütte noch weiter links bleibt; über den Kamm, teils zu Fuß, teils mit den Skiern, zum Gipfel.

115 Grabspitze, 3059 m

K: Hm 1650, Ekm 4,5. Z 4,5, Skt 2ab, Klt 0, Lg 2. Abf NW, April und Mai.

Ausgangspunkt ist der Weiler Platz, 17 km von Sterzing. Die Straße nähert sich hier nach einigen Kilometern erstmals wieder dem Pfitschbach. Ein weiteres Kennzeichen ist eine Bushaltestelle. Hier zweigt man von der Staatsstraße ab und überquert den Pfitschbach. Kurz darauf, bei einigen Bauernhäusern (»Überwasser«), ist der Fahrweg zu Ende. Auf dem Fußweg (mit 1A markiert), teilweise recht steil, durch den Wald, weiter über sanfte Hänge Richtung SW, durch ein enges Steilstück in ein schönes Kar, und ohne Orientierungsschwierigkeiten, beim Schlußhang jedoch noch einmal sehr steil, auf den Gipfel.

116 Felbespitze, 2849 m

K: Hm 1400, Ekm 4, Z 4. Skt 2ab, Klt 0, Lg 2. Abf NW. April und Mai.

Ausgangspunkt ist St. Jakob in Pfitsch (1446 m), 20 km von Sterzing. In St. Jakob überquert man den Pfitschbach und steigt (spät im Jahr) auf Wegspuren auf einem Rücken rechts vom Padaunbach durch den Wald. (Teilweise Aufforstungen nach der Verwüstung durch eine gigantische Staublawine im März 1975.) Steil zwischen auffallenden Felsen (rechts P. 2244) hindurch, später wieder flacher bis zum Westfuß des Gipfelaufbaues und auf den Grat, zuletzt zu Fuß auf den Gipfel. Bei sicheren Verhältnissen ist eine Abfahrt über die steile Westflanke möglich, weiter unten kann man unmittelbar durch das Bachtal zurück zum Ausgangspunkt abfahren.

117 Rotes Beil, 2949 m

K: Hm 1500, Ekm 5, Z 5. Skt 2ab, Klt 1, Lg 2. Abf NW. April und Mai.

Ausgangspunkt ist St. Jakob in Pfitsch, 20 km von Sterzing. Man überquert den Pfitschbach nach St. Jakob, beim Weiler Sand. Auf einem Weg, später auf Wegspuren, quert man über den »Moasterkofel« (1688 m) in das Tal des Meißlbaches. Zuletzt geht es über einen sehr steilen Hang zu einer Einsattelung rechts vom Gipfel (2814 der IK), Skidepot. Über den kurzen SSW-Grat unschwierig, aber etwas ausgesetzt, zum höchsten Punkt.

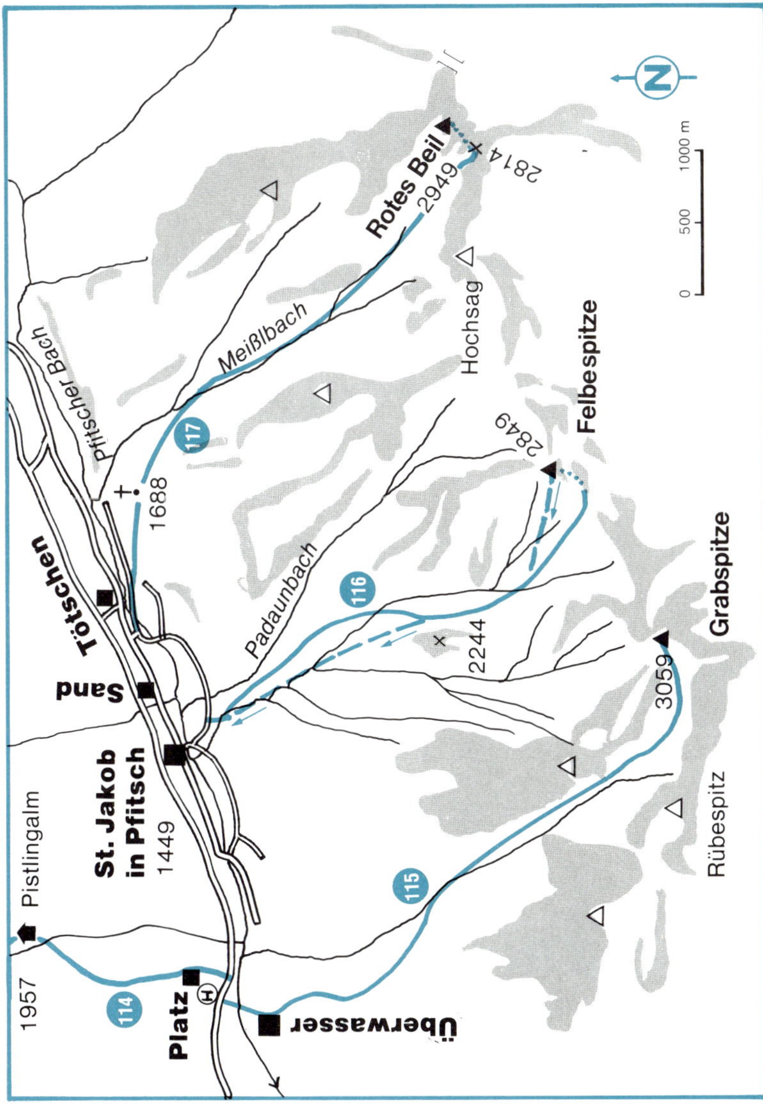

Rotes Beil
2949
2814
Hochsag
Felbespitze
2849
Meißlbach
Pfitscher Bach
117
1688
Tötschen
Padaunbach
116
2244
Grabspitze
3059
Sand
St. Jakob
in Pfitsch
1449
Pistlingalm
1957
115
Rübespitz
114
Platz
Überwasser
0
500
1000 m
N

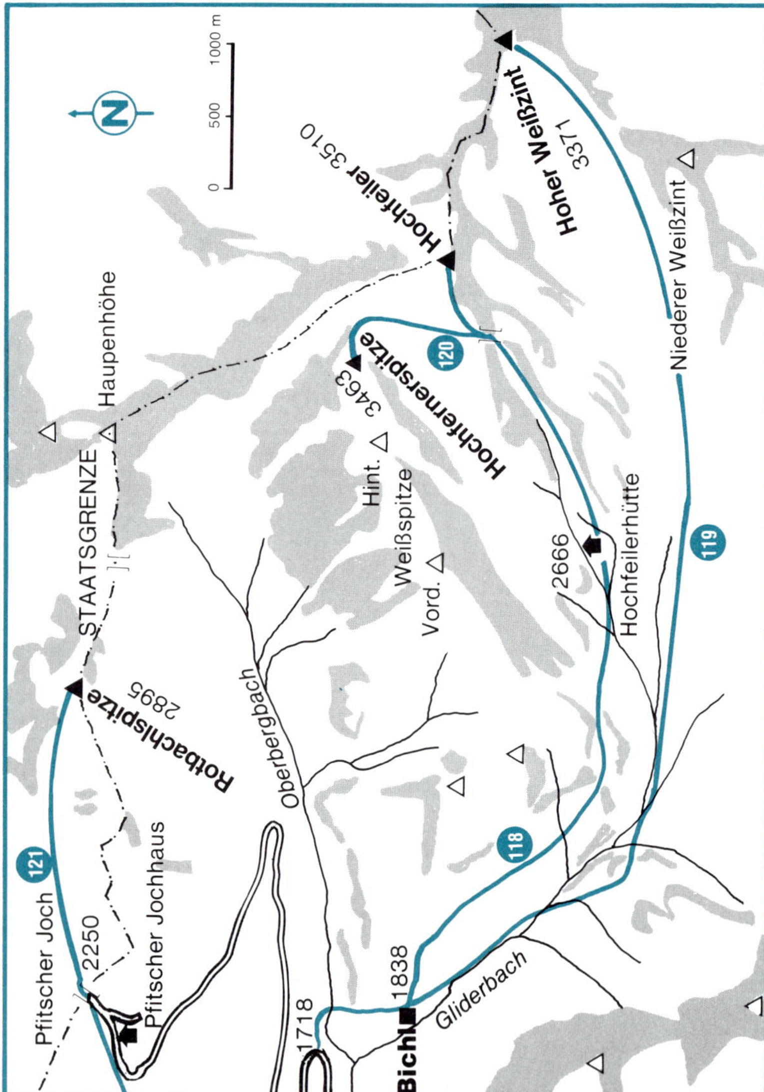
N
0
500
1000 m
Hoher Weißzint
3371
Hochfeiler
3510
Niederer Weißzint
Hochfernerspitze
3463
120
Haupenhöhe
STAATSGRENZE
Hint.
Weißspitze
Vord.
2666
Hochfeilerhütte
119
Rotbachlspitze
2895
Oberbergbach
118
121
Pfitscher Joch
2250
Pfitscher Jochhaus
1718
1838
Bichl
Gliderbach

Hochfeiler, 3510 m

118

K: Hm 1800, Ekm 7, Z 6. Skt 2ab, Klt 0 (eventuell 1e), Lg 2. Abf SW, W. April—Juni.

Durch das Pfitschertal bis zum Ende der Staatsstraße in Stein und weiter auf der Militärstraße zum Pfitscherjoch bis zur berühmten »dritten Kehre« (1718 m). An schönen Wochenenden und Feiertagen im Mai und Juni wird der Parkraum knapp. Dem Verlauf des Sommerweges (Nr. 1) nach zur Hochfeilerhütte der Sektion Sterzing des AVS (2666 m), welche statt der 1967 durch eine Lawine oder durch Sprengung zerstörten Wiener Hütte errichtet und im Spätsommer 1986 eingeweiht wurde (Bewirtschaftung Ende Juni bis Anfang Oktober, 90 Lager). Durch eine schwach ausgeprägte Mulde zum SW-Grat und über diesen unschwierig zum Gipfel mit seinem eisernen trigonometrischen Zeichen. Nur der allerletzte Teil des Anstieges, eine schmale Firnschneide, ist steil und bei Vereisung heikel. Der gesamte Anstieg ist meist gut gespurt. Vom Gipfel nicht nur prachtvolle Fernsicht, sondern auch eindrucksvoller Abblick in die Nordwand, die übrigens auch schon mit Skiern befahren wurde.

Hoher Weißzint, 3371 m

119

K: Hm 1750, Ekm 9, Z 6. Skt 2ab, Klt 1 bzw. 1e, Lg 2. Abf W. Mai und Juni.

Wie beim Anstieg zum Hochfeiler zur dritten Kehre der Pfitscherjoch-Straße. Schon nach kurzer Zeit, bei den Almhütten von Bichl (1838 m) verläßt man den Weg und zweigt in den Talboden ein. Mit geringem Höhengewinn geht es bis zum Talschluß (1907). Eine schluchtartige Verengung zwingt uns hier, nach rechts auszuweichen, um sie zu umgehen. Bei Hartschnee können Steigeisen nützlich sein. Man kommt etwas zu hoch an und muß kurz in den Talboden abfahren. Die schwierigste Stelle des Anstieges ist damit überwunden. Wir steigen zum Gliderferner auf, der zunächst sehr flach, dann rechts von einem Gletscherbruch etwas steiler, in ein weites Firnbecken führt. Der Gipfel ist, zuletzt in steilem aber unschwierigem Anstieg, bei günstigen Verhältnissen mit Skiern zu erreichen. Großes Gipfelkreuz.

Hochfernerspitze, 3463 m

120

K: Hm 1750, Ekm 9,5, Z 6. Skt 2ab, Klt 1 (1e), Lg 2. Abf. W. Mai.

Wie beim Anstieg zum Hochfeiler bis zum Beginn des SW-Grates. In einer Höhe von 3260 m quert man zum Weißkarferner und steigt hier Richtung N zu einem flachen Firnbecken auf. Aus diesem Firnbecken gewinnt man über einen kurzen Steilhang den Firnrücken, der vom Gipfel nach O zieht, und über diese schmale Schneide den höchsten Punkt. Der Weißkarferner ist für die Abfahrt nicht zu empfehlen, obwohl er im oberen Teil dazu verlockt. Er weist Spalten auf und bricht im untersten Teil schroff ab.

121 Rotbachlspitze, 2895 m

K: Hm 650, Ekm 3,5, Z 2. Skt 2a, Klt 0, Lg 1. Abf W. April—Mai.

Von Sterzing auf der Staatsstraße durch das Pfitschertal bis nach Stein und weiter auf der Militärstraße zum Pfitscherjoch bis zur Staatsgrenze (2250 m). Ist die Straße noch nicht oder nur teilweise befahrbar, kann man natürlich auch zu Fuß aufsteigen, wobei man sich am besten links (westlich) von der Straße hält. Richtung O durch sanftes Gelände querend aufsteigen, dann über die steile W-Flanke zum Gipfel, den man etwas von links her erreicht. Der gesamte Anstieg befindet sich bereits auf österreichischem Staatsgebiet. Großartiger Nahblick auf die wilden Eisbrüche von Griesferner und Hochferner.

122 Hohe Wand, 3286 m

K: Hm 1000, Ekm 5, Z 3. Skt 2a (Variante 3), Klt 0, Lg 1. Abf O—S. April und Mai.

Von Sterzing auf der Staatsstraße nach Stein und auf der Militärstraße weiter bis zum Pfitscherjoch (2250 m), 33 km. Ist die Straße nicht oder nur teilweise befahrbar, verlängert sich der Anstieg natürlich. Vom Grenzzeichen Richtung W über einen Rücken, später nach rechts in eine Mulde

→

Das Weißenbachtal ist ein wenig bekanntes Tourenparadies mit langen und anspruchsvollen Anstiegen auf Gipfel des Zillertaler Hauptkammes, aber auch kurzen und leichten Genußtouren, wie dem 173 Speikboden, von dem bereits das Gipfelkreuz zu sehen ist. Im Hintergrund die Rieserfernergruppe.

und weiter zum Stampflkees. Einen wunderschönen Hang gewinnt man, wenn man vom Joch nicht auf dem Rücken aufsteigt, sondern mit leichtem Höhenverlust auf der österreichischen Seite hineinquert und dann erst zum Stampflkees aufsteigt. Diesen flachen Gletscher verfolgt man in Richtung N fast bis zum felsigen Aufbau der Sagwandspitze. Hier quert man nun scharf nach links und erreicht nach einem kurzen Steilstück den sanften Firnrücken, der zum Gipfel führt. Ausgezeichnete Skiläufer können für die Abfahrt vom Gipfel die steile O-Flanke wählen (Skt 3, etwas über 40 Grad an den steilsten Stellen).

Schrammacher, 3411 m 123

K: Hm 1200, Ekm 5, Z 4. Skt 1a, Klt 1, Lg 1. Abf S—O. April und Mai.

Von Sterzing durch das Pfitschertal nach Stein und auf der Militärstraße zum Pfitscherjoch und zur Staatsgrenze (2250 m), 33 km. Wie beim Anstieg zur Hohen Wand auf das Stampflkees. Man hält sich aber auf dem Gletscher weiter rechts und steigt zur Oberschrammachscharte (3105 m) auf. Skidepot. Über die nur wenig schwierigen Blöcke des S-Grates zum Gipfel.

*

←

Abfahrt von der 136 Eisbruggspitze unmittelbar zur Mairalm über etwas ruppigen Lawinenschnee. Diese Abfahrtsvariante ist steil und wegen der hohen Lawinengefährdung erst spät im Jahr befahrbar.

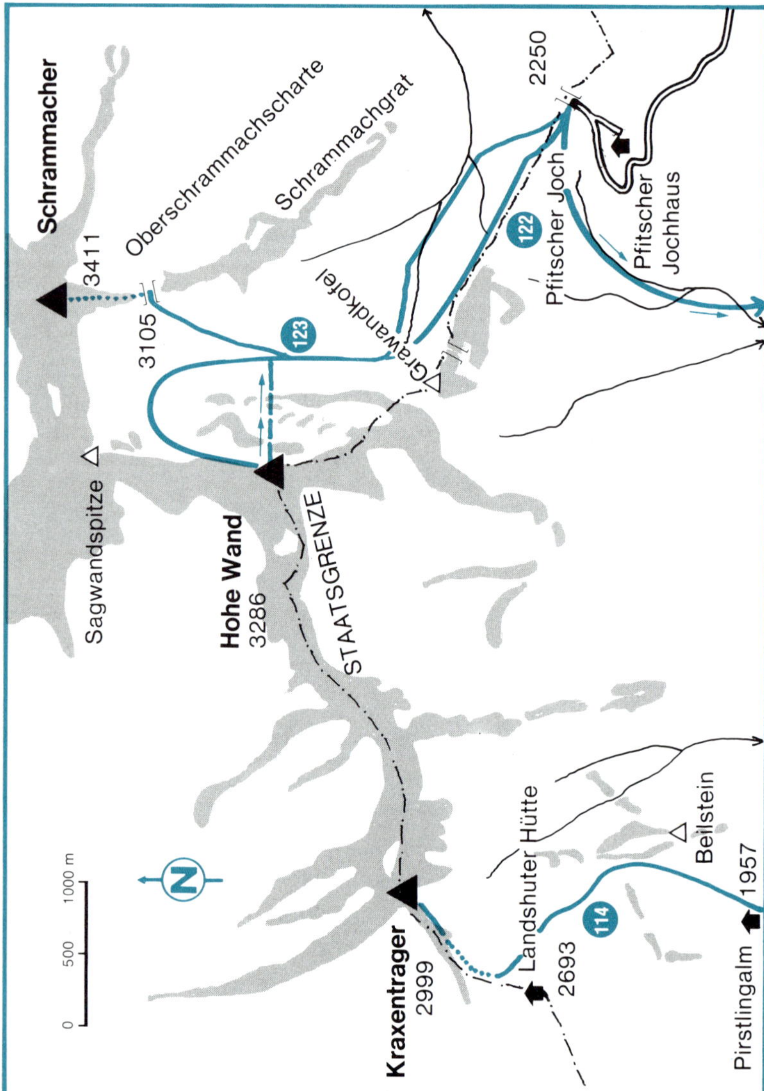

Schrammacher
3411
Oberschrammachscharte
Schrammachgrat
3105
Sagwandspitze
Hohe Wand
3286
STAATSGRENZE
123
Grawandkofel
122
2250
Pfitscher Joch
Pfitscher
Jochhaus
Kraxentrager
2999
Landshuter Hütte
2693
114
Beilstein
1957
Pirstlingalm
N
0
500
1000 m

TOURENBEREICH MÜHLBACH — VALSER TAL

Mühlbach im Pustertal erreicht man, wenn man aus dem Eisacktal (Südtiroler Wipptal) drei Kilometer nach Franzensfeste von der Straße oder bei der Abfahrt Brixen von der Autobahn ins Pustertal abzweigt. Nach Mühlbach sind es dann nur mehr fünf Kilometer. Die alte Straße nach Vals, die vor der Straßenbrücke in Mühlbach abzweigte und steil und eng ins Tal führte, wurde durch eine schön ausgebaute Bergstraße ersetzt (Hinweisschilder Vals/Meransen). Nach Vals sind es von Mühlbach fünf Kilometer, nach Meransen 3,5 km.

Von Vals (1354 m) aus besteigt man die Südliche Plattspitze (2678 m), wobei man sich den Anstieg durch die Benützung eines Sessellifts verkürzen kann, und den Gaisjochspitz (2641 m). Beide Gipfel bieten sonnseitige Abfahrten, die nicht allzu schwierig sind. Ein Stück weiter taleinwärts beginnt der Anstieg zum Tschiffernaun (2698 m). Spät im Jahr kann man mit dem PKW bis knapp vor die Fane Alm (1739 m) fahren, den Ausgangspunkt für anspruchsvolle Skitouren, die ohnehin erst zu diesem Zeitpunkt unternommen werden können: Wilde Kreuzspitze (3132 m), Domenarspitze (2718 m) und Wurmaulspitze (3022 m).

Meransen (1414 m) hat sich als kleines Skizentrum mit seinen Liftanlagen recht gut durchgesetzt. Der Gitschberg, für den Skilauf wie geschaffen, ist kein Ziel für den Tourengeher mehr. Geblieben ist der Fallmetzer (2568 m), der durch das Altfaßtal oder mit Benützung der Aufstiegshilfen von Meransen nach einem stark verkürzten Anstieg erreicht werden kann.

In Mühlbach lohnt die mehrmals umgebaute Pfarrkirche einen Besuch vor allem wegen der Fresken, die im Langhaus freigelegt wurden. In der nahegelegenen Burg Rodeneck (3 km von Mühlbach) sieht man nicht nur eine gut erhaltene Burganlage, sondern auch den frühesten Freskenzyklus, der bekannt geworden ist (um 1205).

Karten: IK 4A/IV SO (Vals) deckt alle Anstiege ab. Lediglich für die Wilde Kreuzspitze ist zusätzlich IK 4A/IV NO (Pfitscherjoch) erforderlich. Die ÖK 176 (Mühlbach) umfaßt gleichfalls das gesamte Tourengebiet. Übersichtskarten: Freytag & Berndt WK S4 (Sterzing, Jaufenpaß, Brixen) oder Kompaß Nr. 44 (Sterzing).

Auskünfte und Zimmernachweis:
Fremdenverkehrsverband I-39037 Mühlbach-Vals-Spinges,
Tel. 04 72-49 4 67.
Fremdenverkehrsverband I-39037 Meransen, Tel. 0 472-50 1 97.

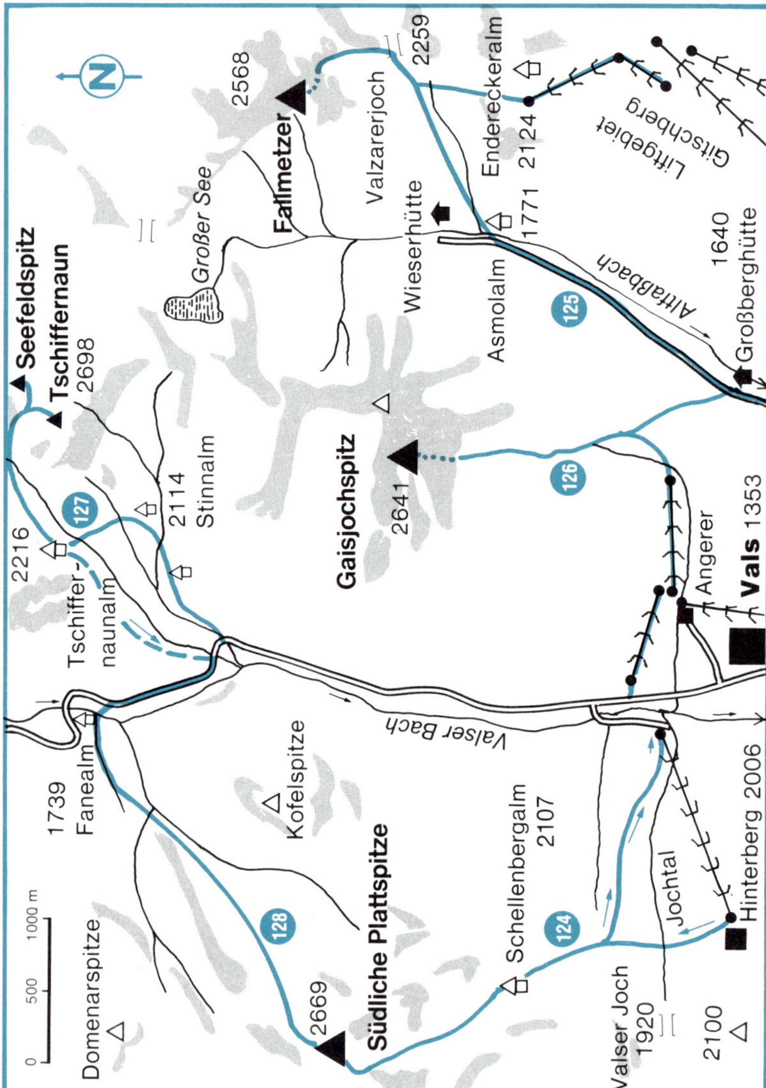
Seefeldspitz
Tschiffernaun
2698
Großer See
2568
Fallmetzer
2259
Valzarerjoch
Endereckeralm
2124
Liftgebiet
Gitschberg
Wieserhütte
1771
Asmolalm
Altfaßbach
125
1640
Großberghütte
2114
Stinnalm
127
2216
Tschiffer-
naunalm
Gaisjochspitz
2641
126
Angerer
Vals 1353
Valser Bach
1739
Fanealm
Kofelspitze
Schellenbergalm
2107
Jochtal
Hinterberg 2006
124
128
Domenarspitze
Südliche Plattspitze
2669
Valser Joch
1920
2100
0
500
1000 m

Südliche Plattspitze, 2669 m (von Süden) 124

K: Hm 750, Ekm 3, Z 2,5. Skt 1a (Gipfelhang), Klt 0, Lg 1. Abf S, SO, Dezember—März.

Von Vals noch einen Kilometer taleinwärts, bis man nach links zur Talstation des Sessellifts Jochtal abzweigen kann. Von der Bergstation (2006 m) Abfahrt ins Jochtal. In einer langen Hangquerung mit geringem Höhengewinn zur Schellenbergalm (2107 m). Der Weiterweg ist durch eine schöne Mulde gekennzeichnet, die links und rechts von Steilhängen begrenzt wird. In sanftem Anstieg durch diese Mulde, zuletzt über einen steilen S-Hang ohne Schwierigkeiten zum Gipfel. Bei der Abfahrt quert man bei der Schellenbergalm nicht zurück ins Liftgebiet, sondern fährt über schönes Skigelände unmittelbar ins Jochtal ab. Hier stößt man allerdings auch auf die Piste, die man bis zum Parkplatz verfolgt. Wenn der Lift noch nicht oder nicht mehr in Betrieb ist, wählt man diese Variante natürlich auch für den Aufstieg.

Fallmetzer, 2568 m 125

K: Hm 1000, Ekm 5, Z 3,5. Skt 1a, Klt 0, Lg 1. Abf S, SW. Jänner—April.

Mit dem Auto von Meransen zum Walderhof (Parkplatz). Auf dem Fahrweg (im Winter Loipe) ins Altfaßtal. An der Großberghütte (1640 m) vorbei bis zur Asmolalm (1771 m). Nun nach rechts, zuerst steil, dann wieder flacher zum Valzarerjoch (2259 m). Nach links auf den Gipfel, das letzte Stück zu Fuß.

Anmerkung: Aus dem Liftgebiet von Meransen (»Gitsch«) stark verkürzter Anstieg, 300 Höhenmeter vom Joch.

Gaisjochspitze, 2641 m 126

K: Hm 950, Ekm 4, Z 3. Skt 1a, Klt 1, Lg 1. Abf S, SW. Februar—April.

Von Vals mit zwei kleinen Schleppliften bis in eine Höhe von 1700 m. (Sind diese Lifte noch nicht oder nicht mehr in Betrieb, erhöht sich die Anstiegszeit um eine schwache Stunde.) Richtung SO über einen vom Gipfel nach S ziehenden Rücken, den man soweit wie möglich mit Skiern verfolgt. Skidepot am Beginn der Felsen. Über einen Blockgrat ohne besondere Schwierigkeiten zum Gipfel.

Anmerkung: Der Anstieg ist auch von der Großberghütte aus dem Altfaßtal möglich (siehe Route 125!).

127 Tschiffernaun, 2698 m

K: Hm 1150, Ekm 3, Z 3,5. Skt 1ab, Klt 0, Lg 1. Abf W, SW. Februar bis April.

Von Vals etwa 4 km taleinwärts. Hier mündet von rechts ein Bach. An seinem rechten Ufer (im Aufstiegssinne), teilweise ziemlich steil, zur Stinnalm (2114 m). Hier wendet man sich nach links und steigt über sanfteres Gelände querend zur Tschiffernaunalm (2216 m) auf. Im Talboden des Kessels weiter, bis man nach rechts (Richtung O) zu einer Einsattelung zwischen Seefeldspitze und Tschiffernaun aufsteigen kann (P. 2651 der IK). Über den flachen Rücken unschwierig zum Gipfel. Von der Tschiffernaunalm ist eine unmittelbare Abfahrt möglich. Auch die Seefeldspitze (2715 m) kann von hier aus bestiegen werden.

AUSGANGSPUNKT: FANE ALM (1739 m)

Die Fane Alm, eine kleine Siedlung von Almhütten, kann man im Frühjahr mit dem PKW erreichen. Die Fahrstraße ist zwar schmal, aber gut ausgebaut. Sie endet kurz vor der Alm (Parkplatz). Zu Fuß müßte man etwa 1,5 Stunden von Vals rechnen, doch kann man zumindest im Talboden auf jeden Fall ein Stück weiter taleinwärts fahren, so daß höchstens eine Anstiegsstunde bleibt.

128 Südliche Plattspitze, 2669 m (von NO)

K: Hm 1000, Ekm 3, Z 3. Skt 1a, Klt 0, Lg 1. Abf NO. Jänner—April.

Von der Alm in der Grundrichtung SW in eine Mulde, die man in wechselnder Steilheit, zuletzt jedoch ziemlich steil, bis zum Gipfel verfolgt. Den Gipfel erreicht man am besten etwas von rechts (N) her. Selbstverständlich ist auch eine Überschreitung möglich, wobei sich der Anstieg durch die Benützung des Sessellifts Jochtal auf knappe zwei Stunden verkürzt. Man braucht dann allerdings jemanden, der einen bei der Fane Alm abholt, weil man sonst einen ziemlich langweiligen Marsch im flachen Talboden bis nach Vals vor sich hätte.

Domenarspitze, 2718 m 129

K: Hm 1050, Ekm 5, Z 3. Skt 1a, Klt 0, Lg 1. Abf N, NO. März—April.

Der Anstieg auf diesen nicht sehr häufig bestiegenen Gipfel führt durch eine Klamm, die im Winter vereist und schwer begehbar ist. Von der Fane Alm Richtung N durch diese enge Schlucht. Unmittelbar nach der Klamm biegt man scharf nach links ab und steigt im Talboden des Seebaches zur Labesebenalm (2138 m) auf. Noch ein kurzes Stück taleinwärts, dann steigt man über die herrliche N-Flanke unmittelbar zum Gipfel auf.

Wilde Kreuzspitze, 3132 m 130

K: Hm 1450, Ekm 8, Z 4,5. Skt 1a, Klt 0, Lg 1. Abf S und N (!). März bis Mai.

Dieser schöne zweigipfelige Berg fällt von vielen, oft weit entfernten Gipfeln auf und lockt, ihn zu besteigen. Die Anstiege sind allerdings von allen Seiten (Pfitschertal, Mauls, Fane Alm) lang und anspruchsvoll. Von der Fane Alm durch die Klamm (bei Vereisung abzuraten), dann gemütlich im Tal weiter, an der Pfannalm (2141 m) vorbei, zur Brixner Hütte (2300 m) des AVS. Bewirtschaftet ab Ende Juni, Winterraum stets offen. Dem Talverlauf folgend in einem weiten Bogen zu einer Einsattelung (Rauhtaljoch, 2808 m) zwischen Blickenspitze (2988 m) und Wilder Kreuzspitze. Etwas links vom Grat steigt man in der S-Flanke steil, aber unschwierig zum Gipfel.

Wurmaulspitze, 3022 m 131

K: Hm 1350, Ekm 4, Z 4. Skt 2ab, Klt 0, Lg 2 (spät im Jahr:0). Abf S, SW. April—Juni.

Der Berg mit dem seltsamen Namen hat auch einen eigenartigen Anstieg. Der Weg führt durch die Schlucht des Stilonbaches und kann erst begangen werden, wenn die Lawinen an beiden Talseiten abgegangen sind. Im Lawinenschnee kann man allerdings noch im Juni, ja sogar im Juli abfahren. Von der Fane Alm ein kurzes Stück taleinwärts, bis man rechts das tief eingeschnittene Tal des Stilonbaches sieht. Durch dieses schluchtartig eingeschnittene Tal bis zum »Joch in der Eng«, ein kurzes Stück abwärts Richtung NW, dann über einen schönen S-Hang bis zum Beginn der Felsen (etwa 2950 m). Skidepot. Über die unschwierigen Blöcke des S-Grates zum Gipfel.

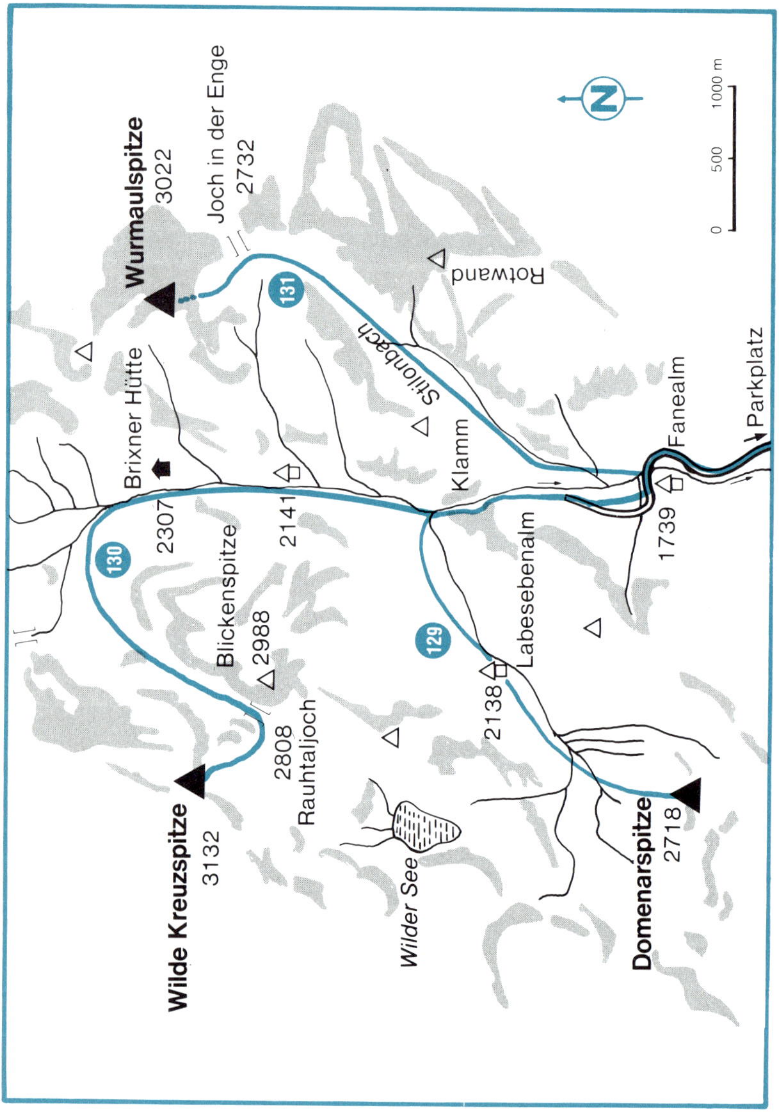
Wurmaulspitze
3022
Joch in der Enge
2732
Rotwand
131
Stilonbach
Brixner Hütte
Klamm
Fanealm
Parkplatz
2307
2141
1739
130
Blickenspitze
2988
Labesebenalm
129
2138
2808
Rauhtaljoch
Wilde Kreuzspitze
3132
Wilder See
Domenarspitze
2718
N
0
500
1000 m

TOURENBEREICH NIEDERVINTL — PFUNDERER TAL

Von Niedervintl (756 m), 11 km von der Abzweigung aus dem Eisacktal (Wipptal) kurz nach Franzenfeste, zweigt die Straße ins Pfunderertal ab, die über Weitental (880 m) nach Pfunders (1159 m) führt (10 km von Vintl). Hier endet die voll ausgebaute Fahrstraße. Ein Fahrweg führt noch weiter ins Tal hinein bis zum Weiler Dun (1531 m).

Steilflanken, zum Teil dicht bewaldet, schränken die Tourenmöglichkeiten ein. Die Anstiege aus dem Pfunderer Tal sind von höchst unterschiedlicher Länge und Schwierigkeit. Sie reichen vom Altenberg (2384 m) am Eingang des Tales bis zu den hohen Bergen des Zillertaler Hauptkammes, die ohne Biwak kaum bewältigt werden können: Hochfeiler (3510 m) und Hoher Weißzint (3371 m). Zwischen diesen Extremen liegen das Hörndle (2603 m), das über das Rieglerjoch (2439 m) von einheimischen Tourengehern verhältnismäßig oft bestiegen wird, und der Dengelstein (2698 m) mit seinem etwas heiklen Gipfelaufbau. Eine steile, aber bei sicheren Schneeverhältnissen gut befahrbare Gipfelflanke weist auch die Eisbruggspitze (2787 m) auf. Zu den Bergen, die eine ordentliche Kondition erfordern, gehören außer dem Hochfeiler und dem Weißzint auch die Hochwart (3045 m), das Rote Beil (2949 m) und die Wurmaulspitze (3022 m). Anstrengend und mühsam ist auch eine Besteigung der Seefeldspitze (2715 m), über die Furkelscharte.

Karten: Die ÖK 176 (Mühlbach) deckt den gesamten Tourenbereich ab. Von der italienischen Militärkarte sind drei Blätter erforderlich: 4A/I NW (Lappach), 4A/I SW (Weitental) und 4A/IV SO (Vals).

Übersichtskarten: Freytag & Berndt WK S4 (Sterzing, Jaufenpaß, Brixen) oder Kompaß Nr. 56 (Brixen), Nr. 82 (Tauferer-Ahrntal) und Nr. 44 (Sterzing).

Auskünfte und Zimmernachweis:
Fremdenverkehrverband I-39030 Vintl-Pfunderer Tal, Tel. 04 72-49 1 00.

Altenberg, 2384 m 132

K: Vom Gehöft Aichner Hm 1250, Ekm 3, Z 3,5. Skt 0, Klt 0, Lg 0 (bei richtiger Spurwahl). Abf S, SW. Dezember—März.

Kurz vor Weitental, gleich nach einer Bushaltestelle (Neuwirt) zweigt ein Fahrweg nach rechts ab, der zum Gehöft Aichner (1142 m) führt. Bei

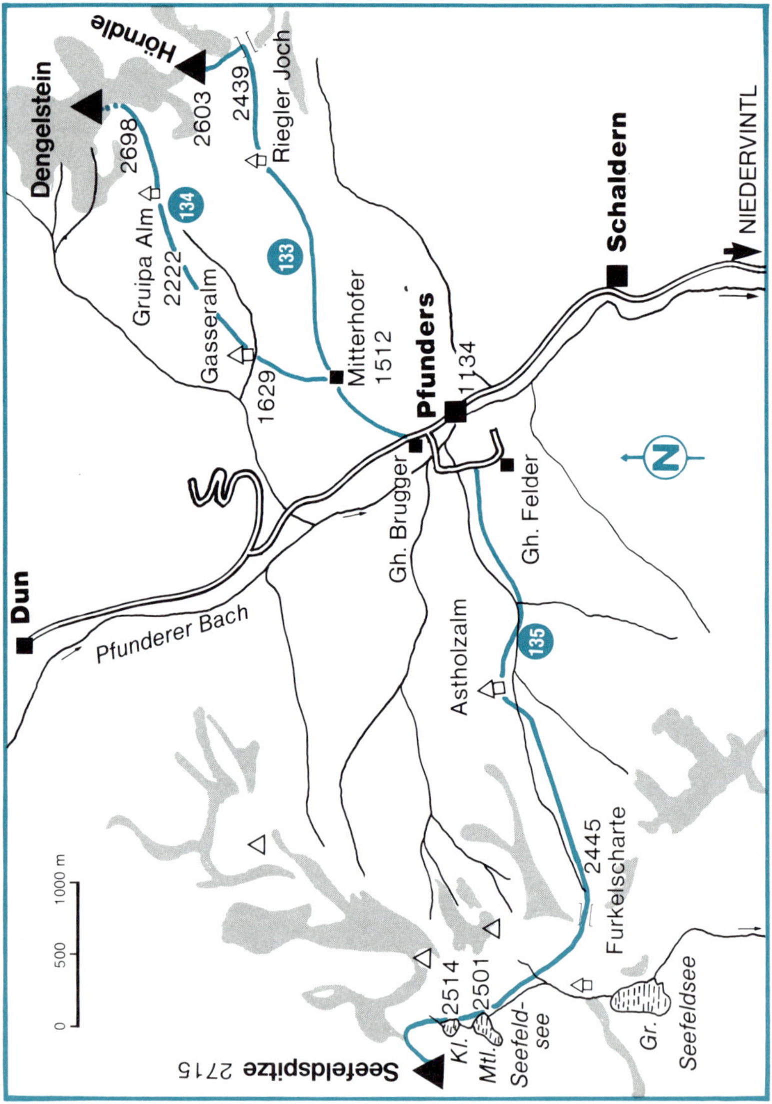

Dengelstein
2698
Hörndle
2603
2439
Riegler Joch
134
133
Gruipa Alm
2222
Gasseralm
1629
Mitterhofer
1512
Pfunders
1134
Schaldern
NIEDERVINTL
Dun
Pfunderer Bach
Gh. Brugger
Gh. Felder
N
Astholzalm
135
2445
Furkelscharte
0
500
1000 m
Seefeldspitze 2715
2514
2501
Kl.
Mtl.
Seefeld-
see
Gr.
Seefeldsee

guter Schneelage wird man sich die schönen Hänge nicht entgehen lassen und bereits weiter unten parken. Richtung NO über den Sonnenberg zum Weiler Talson (etwa 1430 m), der bereits zur Gemeinde Terenten gehört und auch von dort auf einem Fahrweg erreichbar ist. Weiter in derselben Grundrichtung, bis man sich in einer Höhe von 1700 m stärker rechts (Richtung O) hält und über den breiten Rücken zur Moserhütte (2127 m, keine Bewirtschaftung) aufsteigt. Über den breiten und flachen S-Rücken zum Gipfel.

Hörndle, 2603 m

133

K: Vom Mitterhofer Hm 1100, Ekm 4, Z 3,5. Skt 1ab, Klt 0, Lg 1. Abf SW. Dezember—März.

Kurz nach Pfunders (1134 m) zweigt nach rechts ein Fahrweg zum Gehöft Mitterhofer (1512 m) ab. Entweder von hier oder bereits vom Talboden (Gasthof Brugger) durch lichten Wald, später über freie Hänge, in der Grundrichtung NO zum Riegler Joch (2439 m, Passo di Regula). Etwas links vom Gratrücken, über die SW-Flanke unschwierig zum Gipfel.

Dengelstein, 2698 m

134

K: Hm 1200, Ekm 4, Z 3,5. Skt 1a, Klt 1, Lg 1. Abf SW. Dezember bis März.

Wie beim Anstieg zum Hörndle bis zum Gehöft Mitterhofer. Von hier, um einen Bergrücken herum, zur Gasseralm (1629 m). Weiter Richtung NO zur Gruipa Alm (2222 m), auch »Grafalm«. Nach dem flachen Talboden wird es rasch steiler. Man versucht, den felsigen Gipfelaufbau möglichst hoch oben und beim S-Grat zu erreichen. Skidepot (etwa 2600 m). Über den S-Grat bzw. etwas links davon, auf den Gipfel. Felsdurchsetztes Steilgras, bei Vereisung heikel.

Seefeldspitze, 2715 m

135

K: Hm 1600, Ekm 5, Z 4,5. Skt 1ab, Klt 0, Lg 1. Abf SO, O. Jänner bis April.

Vom Gasthof Brugger kurz nach Pfunders nicht in Richtung Dun, sondern nach links über den Pfunderer Bach und noch ein kurzes Stück weiter bis kurz vor einem Gasthof (»Felder«). Hier beginnt unser Weg zur Furkelscharte (2445 m). Das unangenehme Stück durch den Wald überwindet man am besten auf dem Sommerweg (Nr. 14). Von der Furkelscharte muß man ein kurzes Stück abfahren, bevor man zum Mittleren (2501 m) und Kleinen Seefeldsee (2514 m) aufsteigen kann. In einem weiten Linksbogen erreicht man über den NO-Rücken den Gipfel.

136 Eisbruggspitze, 2787 m

K: Hm 1200, Ekm 5, Z 3,5. Skt 2ab (Gipfelflanke), Klt 0, Lg 2 (Gipfelflanke). Abf W, SW. März—April.

Von Pfunders weiter bis zum Weiler Dun (1480 m) bzw. noch ein Stück weiter in Richtung Walderhof, zu dem man aber nicht mehr ganz hinauffährt, sondern bei der letzten Straßenkehre parkt (etwa 1580 m). In kurzer Zeit erreichen wir die Bödenalm (1712 m), eine weite ebene Fläche. Eine Schlucht überwinden wir auf der linken Talseite und zweigen in einem weiten Bogen in das nur wenig ansteigende Tal ein, in dem die Eisbruggalm (2154 m) liegt. (Wir verfolgen dabei den Weg Nr. 13, den »Pfunderer Höhenweg«). Kurz nach der Alm zweigen wir nach rechts ab und steigen Richtung O in wechselnder Steilheit, zuletzt aber zwischen Felsen sehr steil, zum Gipfel auf, den man bei günstigen Verhältnissen mit Skiern etwas von links (N) her erreicht.

137 Pfunderer (Westliche) Hochwart, 3045 m

K: Hm 1500, Ekm 5, Z 4,5. Skt 2ab, Klt 1, Lg 2. Abf SW, S. März—Mai.

Zum Weiler Dun bzw. noch ein Stück weiter bis zu einer Kehre vor dem Walderhof. Wie beim Anstieg zur Eisbruggspitze zur Bödenalm (1712 m). Nun Richtung N, im Weißensteintal, bis zum Talschluß. Zwischen Felsen geht es steil in ein weites Kar, das links vom Röteck (2931 m), rechts von der Hochwart begrenzt wird. Man hält nun auf den Gipfel zu und steigt über herrliche Steilhänge in eine Mulde auf (P. 2772 der IK) und weiter, nunmehr sehr steil, bis zum felsigen Gipfelaufbau. Skidepot in 2900 m oder etwas darüber. In leichter Kletterei (bei Vereisung heikel) zum Gipfel.

138 Hochfeiler, 3510 m

K: Hm 1950, Ekm 8, Z 6,5. Skt 2a, Klt 0 (eventuell 1e), Lg 1. Abf SW bis SO. März—Mai.

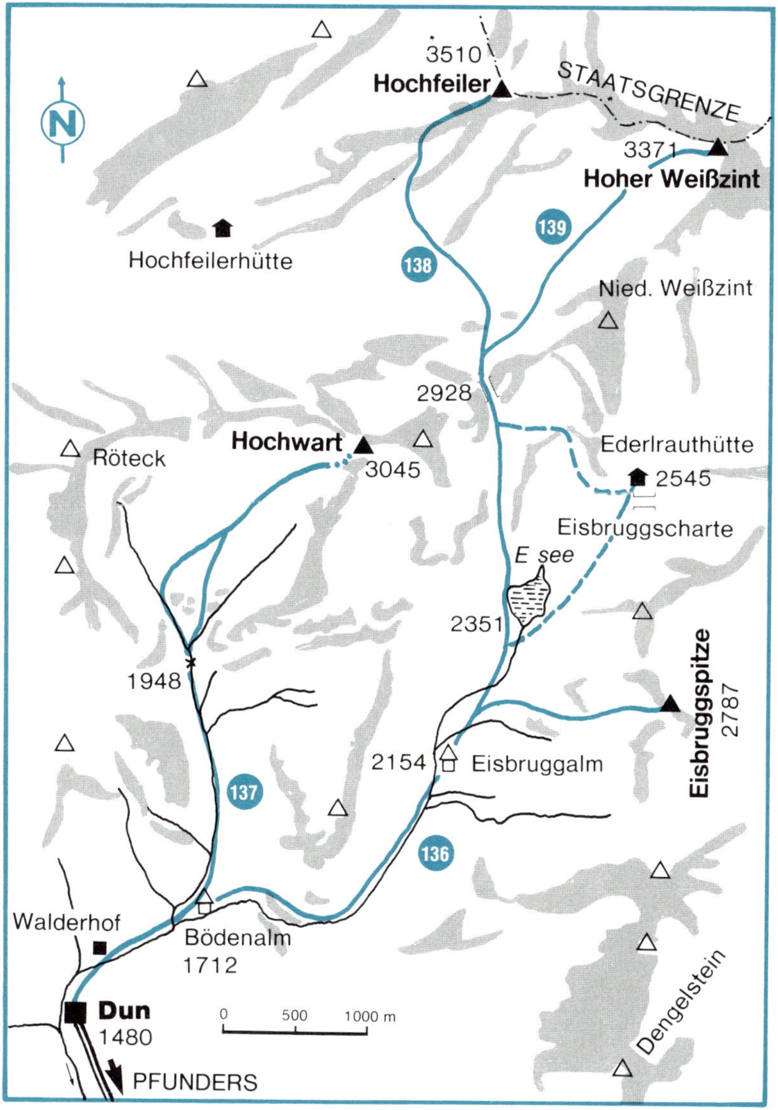
N
3510
Hochfeiler
STAATSGRENZE
3371
Hoher Weißzint
Hochfeilerhütte
139
138
Nied. Weißzint
2928
Hochwart
3045
Röteck
Ederlrauthütte
2545
Eisbruggscharte
E see
2351
Eisbruggspitze
2787
1948
2154
Eisbruggalm
137
136
Walderhof
Bödenalm
1712
Dun
1480
0
500
1000 m
Dengelstein
PFUNDERS

Die Länge der Tour, noch dazu bei einem sonnseitigen Anstieg, erfordert in der Regel ein Biwak. Die Biwaknacht verbringt man am besten bei der Eisbruggalm (2154 m) oder beim Eisbruggsee (2351 m). Der Anstieg verkürzt sich dadurch am nächsten Tag um 1,5 bzw. 2 Stunden. Eine Nächtigung im Winterraum der Edelrauthütte auf der Eisbruggscharte (2545 m) ist möglich, doch ist der Weiterweg von dieser Hütte heikel, und der Winterraum bietet ohnehin keine zusätzliche Bequemlichkeit (keine Kochgelegenheit, keine Decken, nicht einmal Matratzen; 1986). Zur Eisbruggalm wie beim Anstieg zur Eisbruggspitze beschrieben. Nach einem kurzen Steilstück ziemlich sanft zum gleichnamigen See. Weiter Richtung N, ziemlich steile Hänge ansteigend queren bis zur Unteren Weißzintscharte (2928 m). Von hier ab kann bereits die AV-Karte 35/1 benützt werden.) Von der Scharte rund 100 Hm Abfahrt auf den Gliderferner. Der Höhenverlust läßt sich nicht vermeiden, weil die erste lange Rippe, die vom Hochfeiler herunterzieht, weiter oben nur mehr schlecht überschritten werden kann. Wir überqueren den Gletscher und steigen die steile S-Flanke Richtung NW auf, überqueren eine weitere deutlich ausgeprägte Rippe und stoßen nun auf den Normalweg, der von der neuen Hochfeiler Hütte der Sektion Sterzing des AVS (2666 m) über den SW-Grat zum Gipfel führt. Der Anstieg ist unschwierig und erfordert lediglich bei Vereisung entsprechende Ausrüstung und Vorsicht.

139 Hoher Weißzint, 3371 m

K: Hm 1800, Ekm 8, Z 6. (Biwak beim Eisbruggsee empfehlenswert.) Skt 2ab, Klt 0, Lg 1. Abf SW—SO. März—Mai.

Wie beim Anstieg zum Hochfeiler zur Unteren Weißzintscharte (2928 m). Nur ein kurzes Stück abfahren, um einem Felssporn auszuweichen, dann ohne Höhengewinn (etwa in einer Höhe von 2900 m) queren, bis man rechts von einem Spaltenbruch steil in ein großes Firnbecken aufsteigen kann. In diesem Becken steigt man geradewegs zum Gipfel, einem fast ebenen Firnrücken, den man von links (W) her erreicht, bei günstigen Verhältnissen mit Skiern.

140 Rotes Beil, 2949 m

K: Hm 1500, Ekm 6, Z 5. Skt 2a (Steilstück vor dem See), Klt 2, Lg 1. Abf S. März—Mai.

Der Gipfel erfordert einige Kletterarbeit. Es lohnt jedoch auch die Ersteigung der Gliderscharte (2644 m), die eine sehr abwechslungsreiche

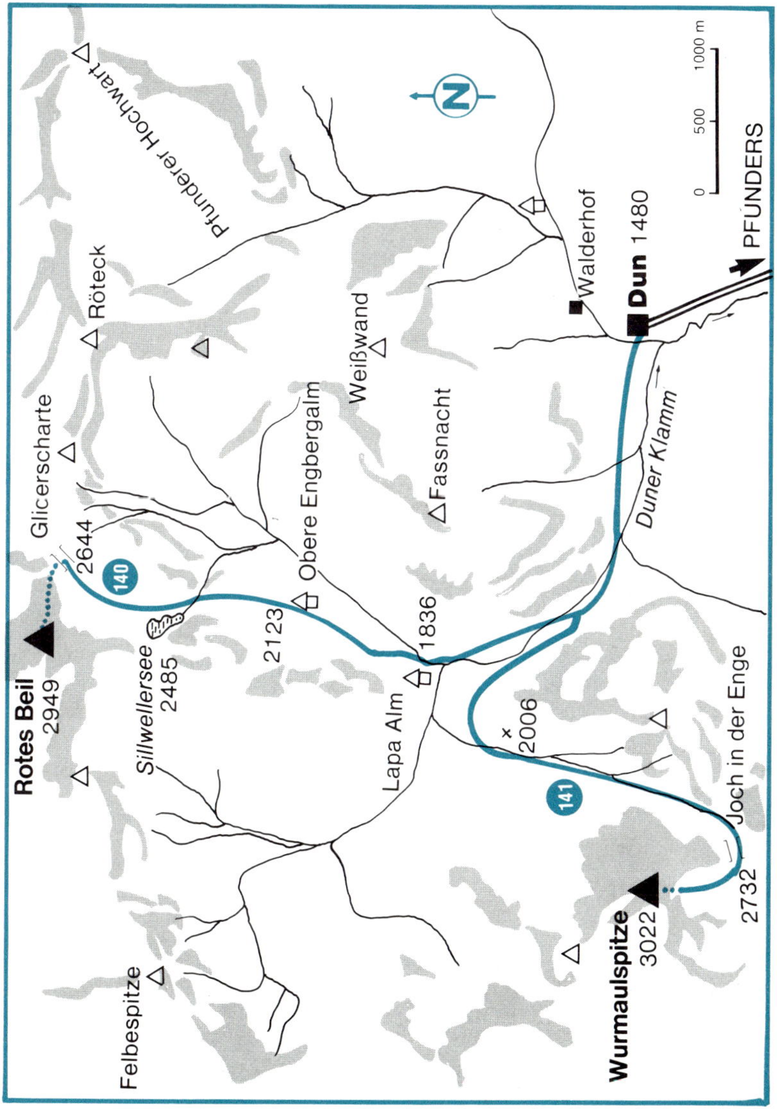
Rotes Beil
2949
Gliciescharte
2644
140
Röteck
Pfunderer Hochwart
Sillwellersee
2485
2123
Obere Engbergalm
1836
Lapa Alm
Weißwand
Fassnacht
Walderhof
Dun 1480
PFÜNDERS
0
500
1000 m
Duner Klamm
2006
141
Joch in der Enge
2732
Wurmaulspitze
3022
Felbespitze
N

Abfahrt bietet. Von Pfunders nach Dun. Hier zweigt man nach links, Richtung W, zur Duner Klamm ab, die am rechten (im Anstiegssinne) Ufer ohne Schwierigkeiten durchschritten wird. Man folgt dem Talverlauf bis zur Unteren Lapa Alm (1836 m). Hier verläßt man den Talboden und steigt Richtung NO zur Oberen Engbergalm (2123 m) auf. Die nun folgende Steilstufe vor dem Sillwellersee (2485 m) wird von Felsen begrenzt und ist ein wenig unangenehm zu überwinden. Vom See geht es zuerst durch den flachen Talboden und dann über ein kurzes Steilstück zur Gliderscharte (2644 m). Skidepot. Über den O-Grat in 1,5 Stunden ziemlich schwierig auf den Gipfel.

141 Wurmaulspitze, 3022 m

K: Hm 1550, Ekm 7, Z 5. Skt 1ab, Klt 0, Lg 2 (in der schattseitigen Rinne unterhalb des Joches in der Enge). Abf S, N. März—Mai.

Wie beim Anstieg zum Roten Beil in Richtung auf die Untere Lapa Alm (1836 m). Schon vorher wechselt man auf die (in Anstiegssinne) linke Bachseite (Brücke), folgt dem Bachverlauf und kann noch vor der Lapa Alm, die man auf der gegenüberliegenden Talseite sieht, Richtung NW aufsteigen. Man bleibt im Talgrund und hält sich links, bis man nach etwa zehn Minuten eine Mulde sieht, die sich im obersten Teil aufsteilt und schluchtartig verengt. Dieser Mulde folgt man bis zum »Joch in der Enge« (2732 m). Über einen schönen S-Rücken geht es bis an die Felsen heran, die man etwa bei 2950 m erreicht. Skidepot. Über unschwierige Blöcke zum Gipfel.

*

→

Die prachtvolle Berggestalt des 186 Rauchkofels im schnee-armen Mai 1986. Das Bild zeigt den mittleren Teil der anspruchsvollen Abfahrt von der Merbspitze (Rieserfernergruppe).

TOURENBEREICH TERENTEN/PFALZEN

Zwischen Mühlbach und Bruneck liegt hoch über dem Pustertal eine Sonnenterrasse mit den beiden größeren Orten Terenten (im Westen) und Pfalzen (im Osten). Diese Sonnenterrasse wird von Vintl, von Kiens und von Bruneck über gut ausgebaute Straßen erreicht. Von hier aus läßt sich eine wahre Fülle von Skitouren unternehmen, die von Westen nach Osten zu immer gemütlicher werden: Eidechsspitze (2738 m), Grubbachspitze (2810 m), Reisenock (2663 m), Am Joch (2404 m), Mutenock (2484 m), Hohe Spitze (2403 m), Zwölferspitze (2351 m), Putzenhöhe (2438 m), Perntaler Spitze (2450 m), »Windegg« (2439 m), Sambock (2396 m) und Monte Sommo (2418 m). Es sind durchwegs sonnseitig gelegene Abfahrten, die früh im Jahr auffirnen, bei denen Neuschnee aber auch sehr rasch zum unangenehmen Bruchharsch verdirbt. Mit Ausnahme der Grubbachspitze und der Eidechsspitze, welche man besser im März angehen sollte, sind die Gipfel bereits im Hochwinter leicht erreichbar und kaum lawinengefährdet. Gut geräumte Straßen führen zu hochgelegenen Bergbauernhöfen und verkürzen die Anstiege auf durchschnittlich 1000 Höhenmeter. Der einzige Nachteil dieser sonst idealen Skigipfel ist ein Waldgürtel, der den schönen Almböden vorgelagert ist und meist auf einer Forststraße überwunden wird.

Natürlich lassen sich alle Touren nach einer unwesentlich längeren Anfahrt auch vom Haupttal aus unternehmen. Hier ist vor allem auf Bruneck zu verweisen, eine ausgesprochene Kunststadt, die viel zu bieten hat: großartige Kirchen, Schlösser und Ansitze, Befestigungsanlagen, zahlreiche schöne Häuser und Bildstöcke. Nicht weit ist es auch nach St. Sigmund mit seiner großartigen Pfarrkirche, einem der schönsten Bauten aus der Spätgotik in Südtirol mit dem bedeutenden Flügelaltar.

Karten: IK 4A/I/Südost (Mühlwald) und IK 4A/I/Südwest (Weitental) im Maßstab 1:25.000, ÖK 176 (Mühlbach) im Maßstab 1:25.000 als genaue Karten; Freytag & Berndt WKS 3 (Pustertal, Drei Zinnen) und WKS 4 (Sterzing, Jaufen, Brixen) oder Kompaß Nr. 82 (Tauferer- und Ahrntal) zur Übersicht.

←

Die meisten Anstiege aus dem Ahrntal sind lang und anspruchsvoll. Erst ganz hinten im Tal, am Ende der Fahrstraße bei Kasern, finden wir leichtere Ziele, die sich auch für den Winter eignen. Das Bild wurde auf dem Weg zum (187) Winkelkopf aufgenommen. Der beherrschende Gipfel im Hintergrund ist die Dreiherrenspitze (Venedigergruppe).

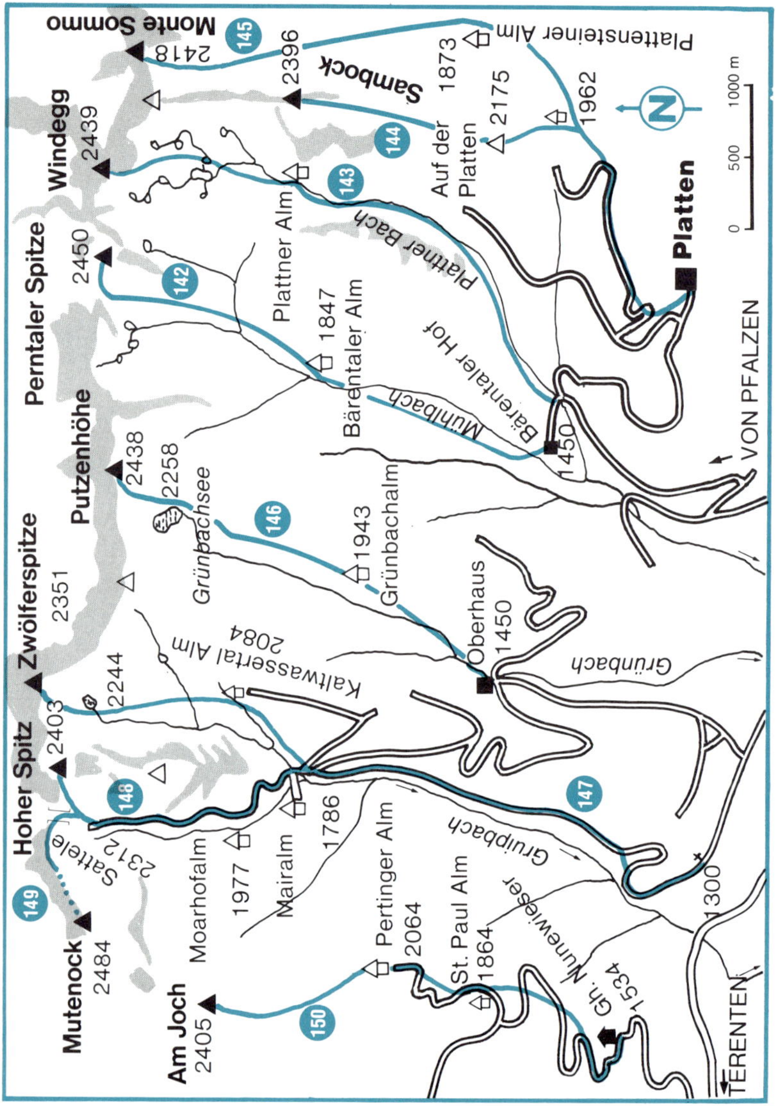

Monte Sommo
2418
145
2396
Sambock
1873
Plattensteiner Alm
2175
1962
Windegg
2439
144
Auf der Platten
143
Plattner Alm
Platten
0
500
1000 m
N
Perntaler Spitze
2450
142
Plattner Bach
1847
Bärentaler Alm
Bärentaler Hof
Mühlbach
1450
VON PFALZEN
Putzenhöhe
2438
2258
Grünbachsee
146
1943
Grünbachalm
Zwölferspitze
2351
Oberhaus
1450
Kaltwassertal Alm
2084
2244
Grünbach
Hoher Spitz
2403
148
147
Sattele
2312
Moarhofalm
1977
Mairalm
1786
Gruipbach
Pertinger Alm
2064
149
Mutenock
2484
St. Paul Alm
1864
Nunewieser
1300
Am Joch
2405
150
Gh.
1534
TERENTEN

Auskünfte und Zimmernachweis:
Verkehrsamt I-39030 Terenten, Tel. 0472-56140
Verkehrsamt I-39030 Pfalzen, Tel. 0474-58159
Verkehrsamt I-39031 Bruneck, Tel. 0474-85722
Verkehrsamt I-39030 Kiens, Tel. 0474-55245

Perntaler Spitze, 2450 m

142

K: Hm 1000, Ekm 4, Z 3. Skt 0, Klt 0, Lg 0. Abf S. Dezember—März.

Von Pfalzen auf der neuerdings gut ausgebauten Straße in Richtung Platten, nördlich von Pfalzen. Nach etwa 4 km nähert sich die Straße dem tief eingeschnittenen Plattner Bach und beschreibt eine scharfe Rechtskurve. Hier verlassen wir die Straße und können auf einem schmalen Fahrweg bis zum Bärentaler Hof weiterfahren (etwa 800 m). Bei Schneelage sehr beschränkte Parkmöglichkeit, dann besser kurz nach der Abfahrt von der Hauptstraße parken.

Vom Bärentaler Hof wenige Meter hinunter zur Brücke über den Mühlbach. Den Bach entlang, dem Sommerweg folgend, zur Bärentaler Alm (1847 m). Weiter durch lichten Wald, dann durch Mulden und über Kuppen auf die Einsattelung westlich des Gipfels. Über einen Rücken nun zwar steiler, aber ohne Schwierigkeiten zum Gipfel.

»Windegg«, 2439 m

143

K: Hm 1000, Ekm 5, Z 3. Skt 0, Klt 0, Lg 0. Abf S. Dezember—März.

Dieser schöne Skigipfel ist in den Karten zwar kotiert, aber nicht bezeichnet. Von einheimischen Tourengehern wird er »Windegg« genannt. Der in den Karten so bezeichnete Gipfel liegt östlich davon (nordöstlich des Monte Sommo) und ist mit 2357 m etwas niedriger.

Kurz vor dem Bärentaler Hof beginnt eine Forststraße, die durch den Wald in gemütlichem Anstieg in das Tal des Plattner Baches führt. Durch die weite Mulde der Plattner Alm und über eine nachfolgende steilere Stufe auf einen Boden, in den mehrere Seen eingelagert sind. Von hier aus hat man einen sehr schönen Blick auf den beliebten Tourengipfel Sambock (2396 m) mit seinem weithin sichtbaren großen Kreuz. Auch auf dem Windegg steht ein schönes Kreuz, das man über mittelsteile Hänge von hier in einer Viertelstunde erreicht.

Anmerkung: Die Forststraße zur Plattner Alm ist in den meisten Karten noch nicht eingezeichnet (1986).

144 Sambock, 2396 m

K: Hm 850, Ekm 4, Z 2,5. Skt 0, Klt 0, Lg 0. Abf S, SW. Dezember—März.

Von Pfalzen auf der gut ausgebauten Fahrstraße zum hoch gelegenen Ortsteil Platte (1571 m). Auf einer Forststraße, den Wegtafeln »Sambock« folgend, zu zwei kleinen Almhütten (1962 m) an der Waldgrenze. In mittlerer Steilheit zu einem Vorgipfel mit Kreuz (»Platte«, 2175 m). Nun geht es über den breiten Rücken (wegen der ausgesetzten Lage leider häufig verblasen) zum großen Gipfelkreuz.

145 Monte Sommo, 2418 m

K: Hm 900, Ekm 5, Z 3. Skt 0, Klt 0, Lg 0. Abf S. Dezember—März.

Wenn das keine Verwirrung gibt: Dieser Gipfel wird in der Kompaß-Karte als »Windegg« bezeichnet. Die offizielle Italienische Karte, an die wir uns halten, und die Freytag & Berndt weisen ihn als »Monte Sommo« aus. Sie verlegen das Windegg in Richtung Nordost zu der Kotierung 2357 m.

Von Platten wie oben beschrieben zu den zwei Almhütten (1962 m). Man wendet sich bereits kurz vorher nach rechts und geht Richtung Nordost mit geringem Höhenverlust zur Plankensteiner Alm (1873 m). Der Weiterweg ist nicht zu verfehlen. In der weiten Mulde über Almböden, im mittleren Teil ziemlich flach, zum Gipfel, den man zuletzt etwas von links (Westen) her erreicht.

146 Putzenhöhe, 2438 m

K: Hm 1050, Ekm 3, Z 3. Skt 0, Klt 0, Lg 0 (bei vernünftiger Spuranlage). Abf SW. Dezember—März.

Von der Straße von Pfalzen nach Terenten zweigt beim Moserhof eine auch im Winter geräumte Straße ab, die zum Gehöft Oberhaus (etwa 1450 m) führt. Die Abzweigung von der Hauptstraße erfolgt ziemlich genau in der Mitte zwischen Pfalzen und Terenten (jeweils etwas über 5 km). Bis zum Gehöft Oberhaus sind es weitere 2 km. Auf einer Forststraße (Fahrverbot, nicht geräumt) geht es durch das Grünbachtal zur Waldgrenze und über freies Almgelände zum Grünbachsee (2258 m). Über die breite Südostflanke erreicht man ohne Schwierigkeiten den Gipfel. (In der IK ist der Gipfel kotiert, die Bezeichnung »Cima di Pozzo« steht aber an einer falschen Stelle.)

Zwölferspitze, 2351 m 147

K: Hm 1100, Ekm 5, Z 3,5. Skt 0, Klt 0, Lg 0 (bei richtiger Spuranlage). Abf S, SW. Dezember—März.

Die Abzweigung erfolgt wie bei Route 146. Bei der vierten Kurve nach der Abzweigung nach links zu den letzten Gehöften (»Bruggler«, 1302 m). Durch das Gruipbachtal (auch »Grabbachtal«) auf einem Forstweg (Fahrverbot, nicht geräumt) hinauf bis in einer Höhe von 1800 m ein Bach einmündet. Ungefähr dem Verlauf dieses Baches folgt man zur Kaltwassertal Alm (2084 m; bis hierher auch Forstweg). Von hier geht es Richtung Nord in mäßiger Steilheit durch schöne Mulden ohne Schwierigkeiten zum Gipfel.

Hohe Spitze, 2403 m 148

K: Hm 1150, Ekm 5, Z 3,5. Skt 1a (kurzes Steilstück), Klt 0, Lg 0 (bei richtiger Spurwahl). Abf SW, S. Dezember—März.

Wie oben beschrieben in das Gruipbachtal, das man nun weiter verfolgt, rechts an der Moarhof Alm (1977 m) vorbei Richtung Nord bis zu einer Einsattelung (»Sattele«, 2312 m) zwischen Hoher Spitze und Mutenock. Man kann bereits unterhalb dieser Einsattelung über die Südwestflanke zum Gipfel aufsteigen.

Mutenock, 2484 m 149

K: Hm 1250, Ekm 5,5, Z 4. Skt 1a, Klt 0, Lg 0 (bei richtiger Spurwahl). Abf O, S. Dezember—März.

Wie beim Anstieg zur Hohen Spitze zu der Einsattelung zwischen diesem Gipfel und dem Mutenock. Über den Ostrücken, bei günstigen Verhältnissen mit Skiern, die letzten Meter jedoch meist zu Fuß, auf den Gipfel.

Am Joch, 2405 m 150

K: Hm 900, Ekm 4, Z 2,5. Skt 0, Klt 0, Lg 0 (bei richtiger Spurwahl). Abf S. Dezember—März.

Der Ausgangspunkt für diese unschwierige Skitour liegt noch ein Stück näher bei Terenten. 7,5 km von Pfalzen, etwa 2,5 km von Terenten zweigt

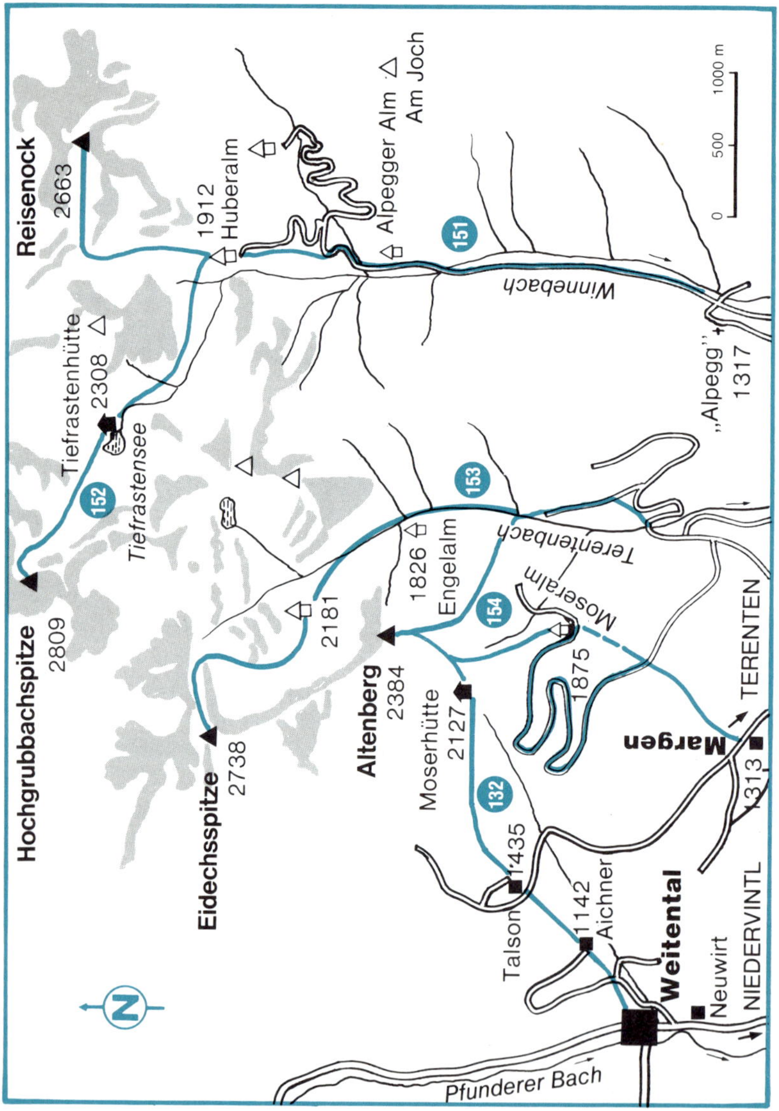

Reisenock
2663
Hochgrubbachspitze
2809
Eidechsspitze
2738
Tiefrastenhütte
2308
Tiefrastensee
152
1912
Huberalm
Alpegger Alm
Am Joch
151
Winnebach
„Alpegg"
1317
153
1826
Engelalm
2181
Altenberg
2384
154
Moseralm
1875
Terentenbach
Moserhütte
2127
132
1435
Talson
1142
Aichner
Weitental
Neuwirt
NIEDERVINTL
Margen
1313
TERENTEN
Pfunderer Bach
N
0
500
1000 m

man vom Marchner Hof zum Gasthaus Nunewieser (1534 m) ab. Von hier geht es auf einem Forstweg zur St. Paul Alm (1864 m), weiter zur Waldgrenze und über Almwiesen zur Pertinger Alm (2064 m). Über freies Gelände, nie sehr steil, geradewegs auf den Gipfel.

Reisenock, 2663 m 151

K: Hm 1150, Ekm 5, Z 4. Skt 1a, Klt 0, Lg 1. Abf W, S. Jänner—April.

Die Abzweigung zu diesem Anstieg erfolgt 2 km nach Terenten bzw. 8 km nach Pfalzen. Bei der Hinweistafel »Tiefrastenhütte« zweigt man ab und kann (je nach Schneelage) noch bis zu 2,5 km ins Winnebachtal hineinfahren. Parkplatz vor einer Brücke, Fahrverbot für den weiteren Weg. Weiter im Tal bis zum Talschluß und durch schöne, ziemlich steile Mulden in Richtung Süd bis zu einer Einsattelung in einer Höhe von 2450 m. In einer steilen Westmulde weiter zum Gipfel.

Hochgrubbachspitze, 2809 m 152

K: Hm 1300, Ekm 5,5, Z 4. Skt 1ab, Klt 1, Lg 1. Abf SO, S. Februar bis April.

Wie beim Anstieg zum Reisenock bis nach dem ersten Steilhang nach dem Talschluß (etwa 2000 m). Hier zweigt man scharf nach links ab und steigt durch sehr flache Böden Richtung West auf. Den nun folgenden Steilhang überwindet man an der rechten (östlichen) Talseite und kommt in das Hochbecken, in das der Tiefrastensee eingelagert ist, an dem die Tiefrastenhütte (früher Fritz-Walde-Hütte, 2308 m) liegt. Die Hütte war 1945 eine Ruine und ist seit 1977 als stattliches Haus wieder aufgebaut. Sie gehört der Sektion Brixen des AVS (Alpenverein Südtirol) und wird in der Skitourenzeit nicht bewirtschaftet. Ein gut ausgestatteter Winterraum ist vorhanden, der Schlüssel kann bei der Chevron-Tankstelle in Terenten entlehnt werden. Der Anstieg ist allerdings nicht so lang, daß eine Nächtigung erforderlich wäre. — Weiter in wechselnder Steilheit in Richtung Nordwest auf den Gipfel zu. Die letzten 50 Höhenmeter werden zu Fuß über unschwieriges Blockwerk zurückgelegt und der Gipfel von Osten her erreicht. — Die angegebenen Gehzeiten gelten für den Fall, daß man zum Parkplatz am Ende der erlaubten Fahrstraße fahren kann.

Eidechsspitze, 2738 m 153

K: Hm 1300, Ekm 5, Z 4. Skt 1a, Klt 0, Lg 1. Abf SO, S. Februar—April.

Von Terenten führt eine Fahrstraße Richtung Ost nach Margen (Hinweisschild). Von hier zweigt nach etwa 0,5 km ein Fahrweg nach rechts ab, der ins Tal des Terentenbaches führt. Diesen Fahrweg verfolgen wir bis kurz vor den Bach. Hier Fahrverbot, Schranken, etwa 1470 m. Über die Brücke und das Tal hinauf, zunächst auf einer Forststraße, zur Engelalm (1826 m). Wir folgen weiterhin dem Talverlauf, nunmehr Richtung Nordwest, teilweise ziemlich steil, bis das Gelände in einer Höhe von 2130 m flacher wird. Einer neuerlichen Steilstufe folgt wieder eine Verflachung, auf der wir uns etwas rechts halten, am felsigen Ostgrat vorbei, bis wir über die ONO-Flanke zum Gipfel aufsteigen können.

154 Altenberg, 2384 m

K: Hm 900, Ekm 2,5, Z 2,5. Skt 2a, Klt 0, Lg 1. Abf S, SO. Jänner—März.

Wie beim Anstieg zur Eidechsspitze bis zur Waldgrenze. Hier zweigt man nach links ab und steigt über steile Osthänge zu einem Rücken auf, der vom Altenberg nach Süden zieht. Über diesen Rücken, nun weniger steil unmittelbar zum Gipfel.

Weniger heikel ist ein Anstieg auf den Altenberg, der von Margen (1313 m) ausgeht. Er ist rein südseitig gerichtet. Von Margen über Wiesen zum Hansleitner (1452 m) und zu einer Forststraße, die in gemächlichen Kehren zur Moseralm (1875 m) führt. Die Kehren können bei der Abfahrt abgekürzt werden. Weiter Richtung Moserhütte (2127 m) und über den breiten SW-Rücken auf den Gipfel.

*

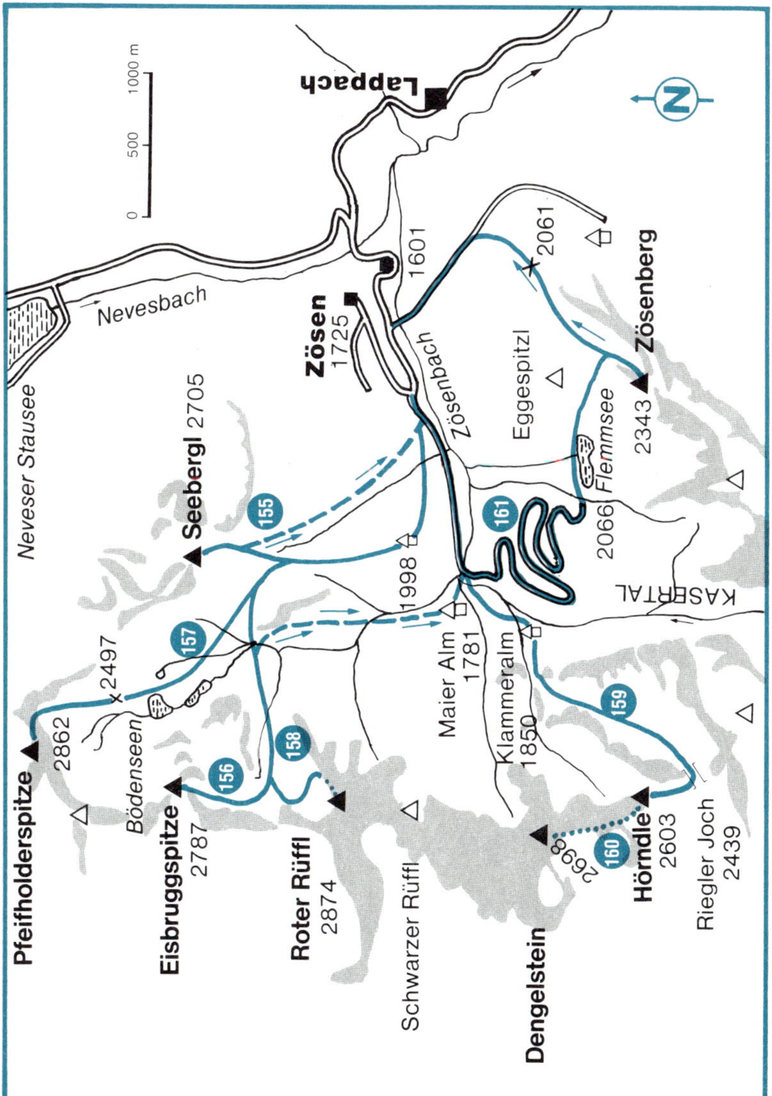

Neveser Stausee
Nevesbach
Lappach
0
500
1000 m
Zösen
1725
1601
Zösenbach
Eggespitzl
2061
Zösenberg
2343
Flemmsee
2066
Seebergl 2705
155
161
1998
KASERTAL
157
2497
Maier Alm
1781
Klammeralm
1850
159
Pfeifholderspitze
2862
Bödenseen
158
156
Eisbruggspitze
2787
Roter Rüffl
2874
Schwarzer Rüffl
Hörndle
2603
160
2698
Dengelstein
Riegler Joch
2439

TOURENBEREICH MÜHLWALDER TAL

Von Bruneck fährt man durch das Tauferer Tal in Richtung Nord nach Mühlen (12 km von Bruneck). Hier zweigt die Straße ins Mühlwalder Tal nach links ab. Nach 7 km Fahrt erreicht man Mühlwald (1220 m) und nach weiteren 7 km Lappach (1436 m). Die eigentlichen Ausgangspunkte für unsere Skitouren im Mühlwalder Tal sind jedoch der Weiler Zösen (1700 m) und der Neveser Stausee (1856 m). Die Anstiege sind zumeist anspruchsvoll und nur für tüchtige Skibergsteiger geeignet. Viele von ihnen erfordern zudem eine gute Kondition. Von Zösen aus gehen wir auf das Seebergl (2705 m), das bei guten Verhältnissen eine prachtvolle Steilabfahrt bietet. Weitere Anstiege führen auf die Eisbruggspitze (1787 m), die Pfeilholderspitze (2862 m), den Roten Rüffel (2874 m) und das Hörnle (2603 m) — durchwegs schwierig und zeitweise auch sehr lawinengefährdet! Harmlos ist in diesem Gebiet eigentlich nur der Zösenberg (2343 m), den man durch lichten Wald und über einen nicht sehr steilen Rücken erreicht.

Der Neveser Stausee ist Ausgangspunkt für den bei einheimischen und zunehmend auch bei süddeutschen Tourengehern sehr beliebten Anstieg auf den Großen Möseler (3478 m) mit seiner großartigen Südabfahrt. Wesentlich ruhiger geht es auf der Roßruggspitze (3304 m) und noch mehr auf dem Turnerkamp (3418 m) zu, einem der anspruchsvollsten Ziele dieses Buches. Die Nevesjochhütte der Sektion Mailand des CAI (Club Alpino Italiano) (2420 m), die ehemalige Chemnitzer Hütte, wäre ein geeigneter Stützpunkt für diese Unternehmungen. Der Winterraum ist allerdings gegenwärtig (1986) in keinem guten Zustand. Über die Hütte ist ein hübscher Gipfel erreichbar, der vor allem eine großartige Aussicht auf die zum Greifen nahen hohen Berge der Zillertaler Alpen ermöglicht: der Gamslahnernock (2869 m). Auf der anderen Seite des Stausees ist der Hohe Weißzint (3371 m) ein beliebter Skigipfel. Er wird über das Eisbruggjoch erreicht, auf dem die Edelrauthütte (2545 m) der Sektion Brixen des CAI steht. Diese Hütte hat zwar einen großen und sauberen Winterraum, dem es aber an jeglicher Einrichtung fehlt (Kochgelegenheit, Decken, Matratzen). Über das Eisbruggjoch läßt sich auch der Hochfeiler (3510 m) erreichen. Die meisten Tourengeher ziehen allerdings den Aufstieg von der dritten Kehre der Pfitscherjochstraße vor. Auch die Pfeifholderspitze (2862 m) wird kaum einmal bestiegen, obwohl sie eine rassige nordgerichtete Steilabfahrt bietet.

Einige Anmerkungen für den Kunstfreund: Zwischen Bruneck und der Abzweigung ins Mühlwalder Tal, in Mühlen liegt Gais. Die romanische Pfarrkirche dieses Ortes ist eine der ältesten Kirchen in Südtirol. Sie ist trotz der etwas derben neuromanischen Restaurierung sehenswert. Ganz kurz nach der erwähnten Abzweigung liegt der Hauptort des Tales, Sand in Taufers. Auch wer sich nicht besonders für Kunst und Geschichte interessiert, wird von der Burg Taufers beeindruckt sein. Die bedeutende Wehranlage liegt oberhalb von Sand mit einem großartigen Hintergrund von bedeutenden Gipfeln der Zillertaler Alpen. In Sand sind aber auch die Pfarrkirche aus dem 16. und die Friedhofskirche St. Michael aus dem 15. Jh. sehenswert.

Karten: Für die Anstiege im Hauptkamm AV-Karte Nr. 35/2 (Zillertaler Alpen, Mittleres Blatt), für die übrigen Anstiege IK 4/A/I/Nordwest (Lappach), IK 4/A/I/Nordost (Luttach), IK 4/A/Südost (Mühlwald).

Als Übersichtskarten Freytag & Berndt Nr. 15 (Zillertaler Alpen), Kompaß Nr. 82 (Tauferer-Ahrntal).

Für die Anstiege von Zösen ÖK 176 (Mühlbach), IK 4A/I/Nordwest (Lappach) und IK 4A/I/Südwest (Weitental). Als Übersichtskarten Freytag & Berndt Nr. 15, Kompaß Nr. 82.

Auskünfte und Zimmernachweis:
Verkehrsverein I-39030 Mühlwald, Tel. 04 74-63 1 35
Verkehrsverein I-39030 Lappach, Tel. 04 74-63 1 15
Verkehrsverein I-39032 Sand in Taufers, Tel. 04 74-68 0 76

AUSGANGSPUNKT: ZÖSEN (1700 m)

Von Lappach auf einer schmalen, aber im Winter geräumten Fahrstraße in Richtung Neveser Stausee. Bei einer Kurve zweigt nach etwa 1 km ein Fahrweg ab, der abwärts zum Nevesbach und über eine Brücke auf die andere Talseite führt. Hier geht es steil hinauf zum ersten Bauernhof, nach zwei Kehren eben hinein in den Talboden, vorbei am »Zösmayrhof« und noch ein kurzes Stück bis zu einer scharfen Rechtskurve. Im Kurvenbereich bei Schneelage beschränkte Parkmöglichkeit. Unser Ausgangspunkt liegt etwas vor dem letzten Hof in einer Höhe von etwa 1680 m.

Seebergl, 2705 m 155

K: Hm 1000, Ekm 3, Z 3. Skt 2a, Klt 0, Lg 1. Abf S, SO. Februar—April.

Vom Parkplatz steigen wir Richtung West zunächst über Wiesen, dann durch lichten, skifreundlichen Wald bis zu einem deutlich ausgeprägten Rücken, der vom Seebergl nach Süd zieht. Wir erreichen diesen Rücken kurz nach der Waldgrenze. Über diesen Rücken geht es in mehreren Steilstufen hinauf. Nach etwas flacherem Gelände folgt ein steiler Gipfelhang.

Bei sicheren Schneeverhältnissen fährt man nicht auf dem Anstiegsweg ab, sondern entweder durch die wunderschönen Mulden westlich davon oder unmittelbar über die »Zösner Wiesen« zum Parkplatz.

156 Eisbruggspitze, 2787 m

K: Hm 1200, Ekm 5, Z 3,5. Skt 1a, Klt 0, Lg 1. Abf S, O. Februar—April.

Wie oben beschrieben zur Waldgrenze und über die ersten Stufen des vom Seebergl herabziehenden Rückens bis in eine Höhe von 2350 m. Hier kann man einigermaßen gefahrlos nach links in den Talboden hineinqueren bzw. abfahren. Von hier Richtung West durch eine Mulde und (etwa 2550 m) in einem leichten Bogen nach rechts (Richtung N) auf den Gipfel. (Achtung: In der ÖK falsche Höhenangabe am falschen Ort!)

157 Pfeifholderspitze, 2862 m

K: Hm 1200, Ekm 5, Z 4. Skt 1a, Klt 0, Lg 1. Abf SO. Februar—April.

Wie beim Anstieg zur Eisbruggspitze in den Talboden, wobei man sich aber etwas weiter rechts halten kann. Durch eine Ebene, in die zwei Seen eingebettet sind, zum Talschluß (P. 2497). Richtung N zunehmend steiler auf den Ostrücken und über ihn weiter zum Gipfel.

Anmerkung: Spät im Jahr ist es möglich, von der Eisbruggspitze, der Pfeifholderspitze oder dem Roten Rüffel unmittelbar zur Maier Alm abzufahren. Man erspart sich dadurch die Querung zu den Zösner Wiesen, handelt sich dafür aber eine Wanderung von 20 Minuten entlang des Zösenbaches bis zum Parkplatz ein.

158 Roter Rüffel, 2874 m (auch »Riffel«)

K: Hm 1200, Ekm 5, Z 4. Skt 1a, Klt 1, Lg 1. Abf NO bis SO. Februar bis Mai.

Wie beim Anstieg zur Eisbruggspitze bis in eine Höhe von 2550 m. Hier nicht nach rechts, sondern nach links (Richtung SW) einbiegen, steil ansteigen und in 2700 m Höhe noch stärker links haltend zum Grat aufsteigen. Skidepot. Kurz, aber mitunter etwas heikel, über mehrere mächtige Blöcke zum Gipfel.

Hörndle, 2603 m 159

K: Hm 900, Ekm 4,5, Z 3. Skt 1a, Klt 0, Lg 1. Abf S, NO. Februar—April.

Vom Parkplatz in einer halbstündigen Wanderung nahezu ohne Höhengewinn zur Maier Alm (1781 m). Noch etwa 10 Minuten flach im Kasertal einwärts, bis man nach rechts abzweigend einen Durchschlupf zwischen den Felsen dieser Steilstufe findet. Nach diesem Steilstück geht es gemütlicher bis zum Riegler Joch (2439 m). Das Hörndle, ein unbedeutender Gipfel nördlich des Joches, besteigt man über den Südwestrücken bzw. über die Südwestflanke.

Dengelstein, 2698 m 160

K: Hm 1000, Ekm 5, Z 4. Skt 1a, Klt 1, Lg 1. Abf NO. März und April.

Ohne Skier kann man vom Hörndle über den Südgrat ohne besondere Schwierigkeiten zu diesem etwas höheren Gipfel aufsteigen, der vom Tal aus einen eindrucksvollen Anblick bietet. Vom Hörndle eine knappe Stunde.

Zösenberg, 2343 m 161

K: Hm 650, Ekm 4, Z 2,5. Skt 0, Klt 0, Lg 1. Abf N. Dezember—April.

Vom Parkplatz in halbstündiger Wanderung zur Maier Alm (1781 m). Über eine Forststraße bequem zum Flemmsee (2066 m). Richtung Südost auf den Rücken, der vom Zösenberg nach Nord zieht, und über diesen unschwierig zum Gipfel. Bei gutem Schnee lassen sich bei der Abfahrt die Kehren der Forststraße abkürzen — lichter Wald, Waldschneisen. Skiläuferisch reizvoller ist es, eine Forststraße, die unterhalb unseres Parkplatzes eine Brücke überquert, ein Stück zu verfolgen, bis man durch gut fahrbaren Wald, dann über freie Almwiesen zu dem erwähnten Rücken und weiter zum Gipfel aufsteigen kann.

AUSGANGSPUNKT: NEVESER STAUSEE (1856 m)

Zwei Kilometer südlich von Sand, in Mühlen, zweigt die Straße ins Mühlwalder bzw. Lappacher Tal ab. Nach 7 km Fahrt erreicht man Mühlwald, nach weiteren 7 km Lappach. Hier beginnt die schmale, aber durchwegs asphaltierte und gut gepflegte Straße zum Neveser Stausee.

Der obere Teil dieser Bergstraße, etwa 2 km, wird allerdings von zahlreichen Lawinenstrichen bedroht, die dafür sorgen, daß die Straße frühestens im Mai, in manchen Jahren sogar erst im Juni befahrbar ist. Die angegebenen Gehzeiten können sich daher erhöhen — im schlimmsten Fall um eine zusätzliche Anstiegsstunde. Auch die Parkmöglichkeiten sind sehr eingeschränkt, wenn man nicht bis zum See fahren kann. Beim Stausee selbst finden sich zwei Parkmöglichkeiten: eine unmittelbar bei der Staumauer (wenig Parkraum z. B. an einem schönen Pfingstsonntag!) und eine zweite am nördlichen Ende des Stausees, bei der Unteren Neveser Alm (1860 m). Der Fahrweg entlang des Ufers wird allerdings noch länger durch Schneereste blockiert als die Auffahrt zum Stausee.

162 Pfeifholderspitze, 2862 m

K: Hm 1000, Ekm 5, Z 3. Skt 2ab, Klt 0, Lg 2 (Steilflanken beiderseits des Pfeifholder Tales). Abf N, O. März—Mai.

Vom Südende des Stausees geht man über die Staumauer (Tafel »Betreten verboten!«, Türe jedoch zur Tourenzeit nicht abgeschlossen und Überschreitung geduldet, 1986). Der Stausee bietet im Mai und Juni ein klägliches Bild, weil der Wasserspiegel stark abgesenkt ist. An seinem Westufer entlang bis zur Einmündung des Pfeifholder Tales. Rechts vom Bachbett (im Anstiegssinne) zuerst durch schütteren Wald, dann durch schönes freies Skigelände, Steilstufen und Flachstücke wechseln einander ab, zum Eisbruggjoch (2545 m).

Auf dem Joch steht die Edelrauthütte der Sektion Brixen des CAI (Club Alpino Italiano). Sie wird von Herrn Anton Weißsteiner, I-39030 Vintl, Tel. 04 72-49 0 13, ab Ende Juni bewirtschaftet. Ein großer Winterraum befindet sich im Nebengebäude, enthält jedoch weder Matratzen noch Decken. Auch eine Heiz- und Kochgelegenheit fehlt.

Von der Pfeifholder Spitze zieht ein felsdurchsetzter Kamm zum Joch herab. Links von diesem Kamm erreicht man, sich immer in der Nähe des Kammes haltend, über eine steile Flanke unschwierig den Gipfel.

163 Hochfeiler, 3510 m

K: Hm 1750, Ekm 8, Z 5,5. Skt 1a, Klt 0 (ev. 1e), Lg 2. Abf S, O. April bis Juni.

Der Anstieg auf den höchsten Gipfel der Zillertaler Alpen ist vom Stausee aus so lang, daß man eine Nächtigung im Winterraum der Edelraut-

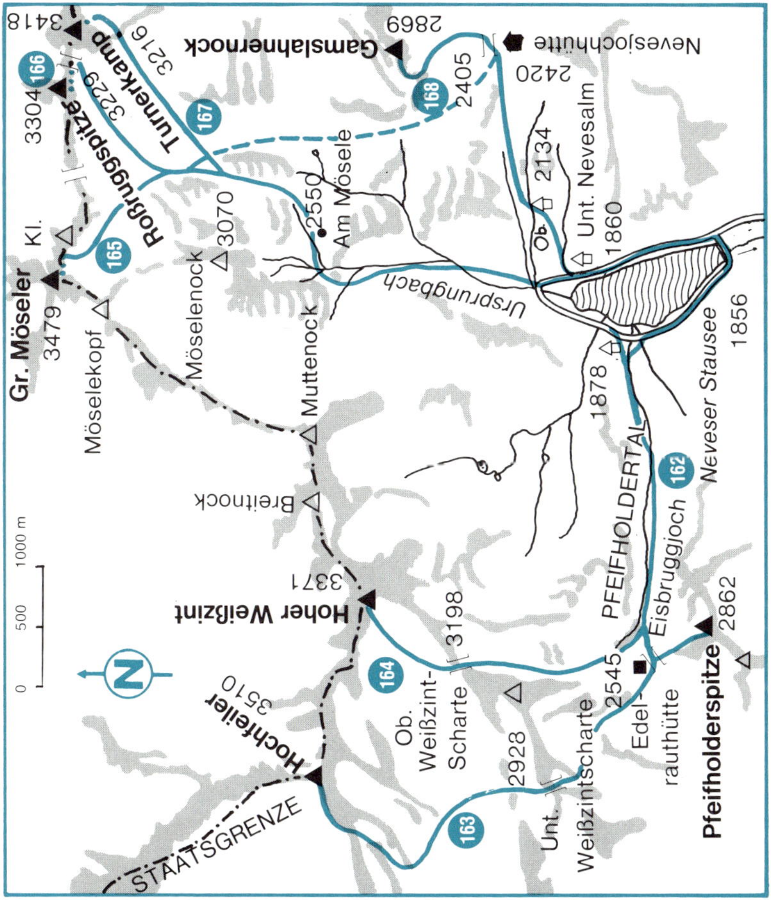

hütte auf dem Eisbruggjoch (2545 m) erwägen sollte. Man erreicht sie wie oben beschrieben.

Von der Edelrauthütte quert man sehr heikel zur Unteren Weißzintscharte (2928 m). Der Anstieg über die Obere Weißzintscharte ist wesentlich sicherer, doch müßte man einen sehr großen Höhenverlust in kauf nehmen, weil man die eigenartigen Felsrippen, die vom Hochfeiler herabziehen, in der Höhe der Oberen Weißzintscharte nicht mehr überqueren kann. Von der Unteren Weißzintscharte wie beim Anstieg aus dem Pfunderer Tal (Route 138) zum Gipfel.

164 Hoher Weißzint, 3371 m

K: Hm 1550, Ekm 7, Z 4,5. Skt 1a, Klt 0, Lg 2 (Hüttenzustieg). Abf W, S, O. Mai und Juni.

Wie oben beschrieben zum Eisbruggjoch und zur Edelrauthütte (2545 m). Von der Hütte steigt man rechts vom Südgrat des Niederen Weißzint ziemlich genau Richtung Nord über herrliches Skigelände zur Oberen Weißzintscharte (3198 m) auf. Man überschreitet die Scharte, quert unterhalb der Gipfelflanke nur leicht ansteigend den Gliderferner und steigt zuletzt in einem Rechtsbogen steil zum Gipfelkreuz (Metallkreuz mit Edelweiß im Schnittpunkt) auf.

165 Großer Möseler, 3479 m

K: Hm 1650, Ekm 6, Z 5. Skt 1a, Klt 0, Lg 1. Abf S. März—Juni.

Vom Nordende des Neveser Stausees (Untere Neveser Alm, 1860 m) geht es Richtung Nord in einen eindrucksvollen Talkessel. Zunächst flach, dann ziemlich steil, in ein sanftes Becken bei 2550 m (»Am Mösele«). Der Möselenock (3070 m), gerade über uns, teilt den Nevesferner in einen westlichen und einen östlichen Teil. Wir halten uns nun etwas rechts und erreichen den östlichen Nevesferner. Weiter Richtung Nord zu einer kleinen Einsattelung zwischen Kleinem und Großem Möseler. Hier wird zumeist das Skidepot errichtet. Unschwierig auf den Gipfel. Die Südhänge erfordern natürlich eine frühzeitige Abfahrt. Eine Nächtigung im dürftigen Winterraum der Nevesjochhütte (ehem. Chemnitzer Hütte, 2420 m) verkürzt den Anstieg trotz des damit verbundenen Umweges, ist aber für einigermaßen leistungsstarke Tourengeher nicht nötig — frühzeitiger Aufbruch genügt.

→

Die Gruppe ist auf dem Weg zum 234 Torhelm und quert gerade die etwas heiklen Hänge unterhalb der Lixlkarschneid. Der schöne Gipfel im Hintergrund ist der Brandberger Kolm.

Roßruggspitze, 3304 m

166

K: Hm 1450, Ekm 5, Z 4,5. Skt 1a, Klt 0, Lg 1. Abf S. März—Juni.

Wenn sich an einem schönen Pfingstsonntag am Möseler die Tourenfreunde drängen, hat man hier Gelegenheit, auf dem Gipfel allein zu sein. Wie beim Anstieg zum Möseler zum östlichen Nevesferner. In einer Höhe von 3000 m hält man sich rechts und steigt in einer sanften Mulde (rechts vom Anstieg Spalten) Richtung Nordost zur Roßruggscharte (3229 m) und unschwierig weiter über den Ostrücken zum Gipfel auf.

Turnerkamp, 3418 m

167

K: Hm 1600, Ekm 5, Z 5. Skt 2a, Klt 2 (ev. 1e), Lg 1. Abf SW, S. April bis Juni.

Der formschöne Gipfel ist kein »Skiberg« im eigentlichen Sinne, aber ein lohnendes Ziel für tüchtige Skibergsteiger. Wie oben beschrieben vom Südende des Neveser Stausees in die Mulde »Am Mösele« (2550 m). In einer Höhe von 2800 m erreichen wir den Nevesferner. Die flache Mulde am Beginn des Gletschers quert man Richtung Ost und steigt (links Spalten) Richtung Nordost zu P. 3216 der IK auf, der überfirnten und sehr flachen Fortsetzung des Südgrates (»Sattelschneid«). An dieser Stelle ist es möglich, zum Trattenbachkees hinüberzuwechseln. Man steuert nun eine deutlich sichtbare Rinne an, die die Südostflanke des Turnerkamps durchzieht. Skidepot am Beginn der Rinne, durch die man, im oberen Teil ev. in den Felsen der rechten Begrenzung, den Gipfel erreicht.

Gamslahnernock, 2869 m

168

K: Hm 1050, Ekm 4, Z 3. Skt 1a, Klt 0, Lg 1. Abf S, W. März—Mai.

Vom Nordende des Stausees (Untere Nevesalm, 1860 m) durch schütteren Wald, dann über freie Wiesen zur Oberen Nevesalm (2134 m). In

←

Die Gerlossteinbahn ermöglicht einen verkürzten Anstieg zur 233 Brandberger Seespitze, der Überschreitung und einer prachtvollen langen Abfahrt zur »Kühlen Rast«. Die Gruppe nähert sich der »Schlüsselstelle« dieses Anstiegs, dem Einqueren in die besonnte Mulde, aus der es dann in die Einsattelung und auf den Gipfel (links davon) geht. Links im Bild der 234 Torhelm.

einem ziemlich flachen Anstieg, nur von einer kurzen Steilstufe unterbrochen, über die Neveser Böden zum Nevesjoch (2405 m). Ganz in der Nähe steht die Nevesjochhütte (2420 m), die ehemalige Chemnitzer Hütte. Sie gehört gegenwärtig der Sektion Mailand des CAI (Club Alpino Italiano) und weist einen stets offenen, jedoch dürftig ausgestatteten Winterraum auf. Vom Joch Richtung Nord über zunächst mittelsteile Hänge, dann aber recht steil, zum Gipfel, den man am besten etwas von links her erreicht.

Auch die etwas höhere Weiße Wand (2940 m) kann man über die steile Südflanke vom Nevesjoch aus besteigen.

*

TOURENBEREICH WEISSENBACHTAL

In Luttach zweigt das kurze Weißenbachtal aus dem Haupttal, dem Ahrntal, ab. Über eine Steilstufe mit zahlreichen Kehren kommt man in den erstaunlich flachen Talboden. Zum eigentlichen Ausgangspunkt für unsere Skitouren fährt man noch etwa 1 km in Richtung West, an einem kleinen Schlepplift vorbei, bis zu einem geräumigen Parkplatz. Von Bruneck bis zur Abzweigung in Luttach 19 km, bis Weißenbach weitere 5 km auf gut ausgebauter Bergstraße.

Die Tourenmöglichkeiten sind vielfältig — ein kleines, kaum bekanntes Tourenparadies, in dem gegenwärtig die einheimischen Tourengeher noch unter sich sind. Tristenspitze (2716 m), Ringelstein (2551 m), Henne (2475 m), Seewassernock (3516 m), Speikboden (2517 m) Stoßkofel (2474 m) und Weitentalkopf (2435 m) sind Gipfel, die man bereits im Frühwinter und noch im April besteigen kann. Im Frühjahr können sich gute und ausdauernde Skibergsteiger die V. Hornspitze (3146 m) oder gar den Turnerkamp (3418 m) oder die Berliner Spitze (3253 m) vornehmen.

Der Kunstfreund wird in Luttach die hübsche spätgotische Kirche besuchen. Weniger erfreulich ist die Einrichtung (neugotisch), wenn man von einigen Originalen absieht. Weißenbach besitzt eine alte Pfarrkirche aus dem 15. Jahrhundert, die in unserem Jahrhundert vergrößert wurde. Die sehenswerte Einrichtung stammt aus der Gotik, aus dem Rokoko, aber auch aus unserer Zeit (Glasmalereien der Chorfenster). An der Außenwand und im Chorgewölbe wurden schöne Fresken freigelegt.

Karten: Die beste Karte für die gewaltigen Anstiege im Hauptkamm sind die AV-Karten Nr. 35/1 (Zillertaler Alpen, Westliches Blatt) und 35/2 (Zillertaler Alpen, Mittleres Blatt). Sie enthalten leider den unteren Teil der Anstiege nicht mehr. Zur Ergänzung sind die Blätter der IK 4A/I/Nordost (Luttach) und 4A/I/Nordwest (Lappach) zweckmäßig. Sie enthalten auch einen Teil der für den Hochwinter genannten Anstiege, für die zusätzlich das Blatt 4A/I/Nordwest (Mühlwald) günstig, aber nicht unbedingt notwenig ist. Als Übersichtskarte eignet sich die Kompaß Nr. 82 (Tauferer-Ahrntal).

Auskünfte und Zimmernachweis: Fremdenverkehrsverband Ahrntal (St. Johann, Luttach, Weißenbach) I-39030 Luttach, Tel. 04 74-61 1 36.

Tristenspitze, 2716 m 169

K: Hm 1400, Ekm 4, Z 4. Skt 1b, Klt 1, Lg 1. Abf S, O. Dezember—April.

Vom Parkplatz bis zu den letzten Höfen. Wegtafel »Lappacher Jöchl«. Wir folgen dem Sommerweg, teilweise etwas eng, jedoch nie übermäßig steil, bis zur Reichegger Alm (1716 m). Hier zweigen wir fast rechtwinkelig Richtung West ab. Über einen Forstweg zur Stifter Alm (1841 m). Nun geht es ziemlich flach im Talboden hinein, bis sich die Hänge zum Lappacher Jöchl hinauf aufsteilen. Am besten gewinnt man durch eine ausgeprägte Steilmulde am rechten Rand des Tales an Höhe. Vom Jöchl Richtung Nord, zuerst sehr flach, dann in zunehmender Steilheit, zum Gipfelaufbau. Skidepot bei etwa 2650 m. In leichter Kletterei auf den Gipfel.

Tristenkamm, 2551 m (auch »Ringelstein«) 170

K: Hm 1200, Ekm 3,5, Z 3,5. Ski 1 ab (Variante 2a), Klt 1, Lg 1 (Variante 2). Abf NO, O. Dezember—April.

Wie bei Route 169 zur Stifter Alm (1841 m) und weiter zur Tristenbacher Alm (1880 m). Nun queren wir den flachen Talboden Richtung Süd und steigen durch lichten Wald ziemlich steil zu einem deutlich ausgeprägten Gratrücken auf. Über diesen Rücken so hoch wie möglich mit Skiern. Das letzte Stück in leichter Kletterei auf den Gipfel.

Spät im Jahr kann man bei sicheren Schneeverhältnissen einige Höhenmeter Richtung Nordwest abklettern und über einen herrlichen Steilhang unmittelbar in den Talgrund abfahren.

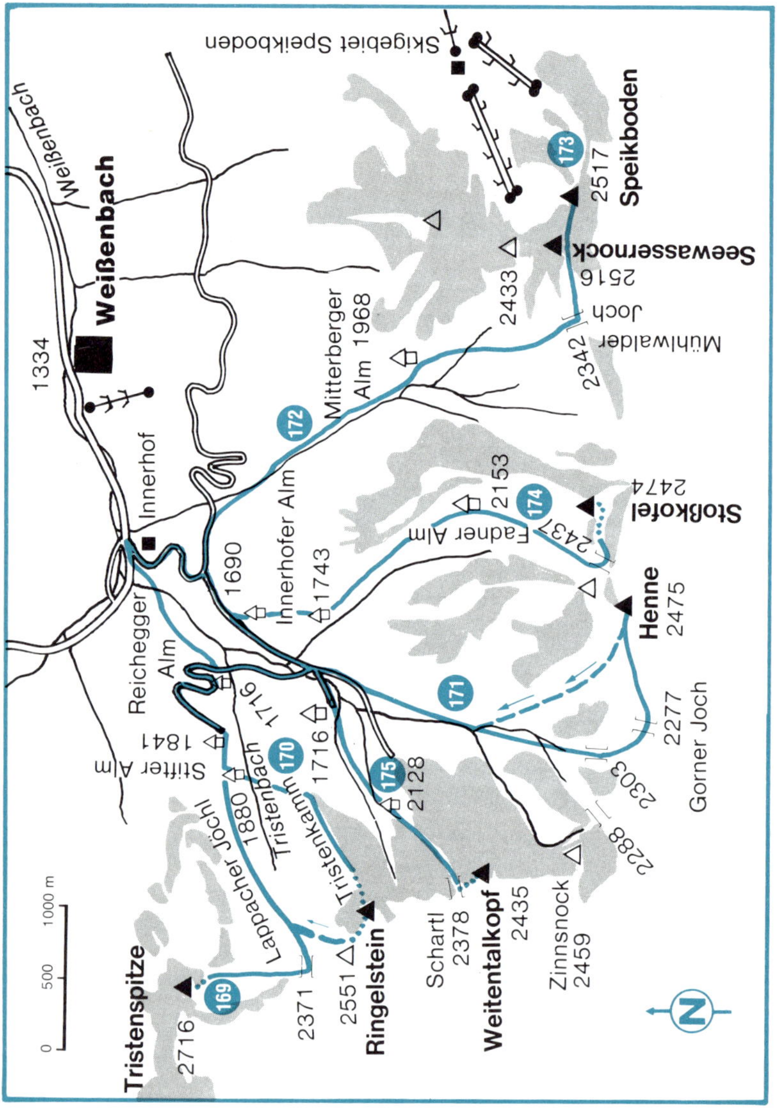

Tristenspitze
2716
169
2371
Lappacher Jöchl
1880
Tristenbach
Tristenkamm
170
1716
2551
Ringelstein
Schartl
2378
Weitentalkopf
2435
175
2128
Zinnsnock
2459
2288
2303
Gorner Joch
2277
Henne
2475
171
Stiffer Alm
1841
1716
Reichegger Alm
1690
Innerhofer Alm
1743
Innerhof
Fadner Alm
2153
2437
174
Stoßkofel
2474
172
Mitterberger Alm 1968
Mühlwalder Joch
2342
2433
2516
Seewassernock
173
2517
Speikboden
Skigebiet Speikboden
1334
Weißenbach
Weißenbach
0
500
1000 m
N

Henne, 2475 m (auch »Gornerberg«) 171

K: Hm 1150, Ekm 4, Z 3,5. Skt 1ab, Klt 0, Lg 0. Abf W, N, NO,. Dezember bis April.

Wie bei Route 169 zur Reichegger Alm (1716 m). Hierher kommt man auch (bequemer, aber länger) über die Forststraße, vorbei an der Innerhofer Alm (1690 m). Nun aber nicht nach rechts zum Lappacher Jöchl, sondern geradeaus weiter in das Wurmtal (auch »Kreuzbachtal«). Zunächst ziemlich flach. Beim Talschluß wird es allmählich steiler, wenn wir über das Kreuztaljöchl (2303 m) zum Gorner Joch (2277 m) steigen. Über den sanften Westrücken mit Skiern bis zum Gipfel.

Bei günstigen Verhältnissen kann man bereits unterhalb des Joches durch eine Mulde unmittelbarer zum Gipfel aufsteigen, muß also nicht über zwei Jöcher.

Seewassernock, 2516 m 172

K: Hm 1200, Ekm 5, Z 3,5. Skt 0, Klt 0, Lg 0. Abf W, N, NW. Dezember bis April.

Vom Parkplatz wie bei Route 171 zur Forststraße. Nach etwa 20 Minuten gabelt sich die Straße. Wir halten uns links und verfolgen die Straße knapp 10 Minuten bis zu einem Bachbett. Am rechten Ufer (im Aufstiegssinne) steigen wir zur Mitterberger Alm (1968 m). In der weiten Mulde geht es, allmählich etwas steiler, auf das Mühlwalder Joch (2342 m). Über den Ostrücken (mitunter etwas abgeblasen und verwächtet) erreichen wir ohne Schwierigkeiten den Gipfel. (Achtung: In manchen Karten wird der nördlich gelegene Gipfel, der mit 2433 m kotiert ist, als »Seewassernock« bezeichnet.)

Speikboden, 2517 m 173

K: Hm 1200, Ekm 5,5, Z 3,75. Skt 0, Klt 0, Lg 0. Abf W, N, NO. Dezember—April.

Wie bei Route 172 zum Seewassernock. Über den Verbindungsrücken, unschwierig mit Skiern, zum Gipfel mit seinem großen Metallkreuz. Prachtvolle Aussicht, eigenartiger Tiefblick auf den Skizirkus »Speikboden«.

174 Stoßkofel, 2474 m

K: Hm 1150, Ekm 5,5, Z 3,5. Skt 1a, Klt 1, Lg 1. Abf N. Dezember bis April.

Vom Parkplatz zu den letzten Höfen und zur Wegtafel »Lappacher Jöchl«. Wir folgen aber diesem Weg nicht, sondern bleiben auf der Forststraße, von der dieser Weg abzweigt, und gehen gemütlich auf der anderen Seite des Tristenbaches bis zu einer Alm (1743 m). Hier zweigen wir vom Haupttal ab und halten uns links (Richtung Südost) auf einen großen Kessel zu. Mitten in diesem Kessel liegt die Fadner Alm (2153 m). Von hier Richtung Süd zum Fadner Joch (2437 m). Über den Westrücken, das letzte Stück zu Fuß, auf den Gipfel.

175 Weitentalkopf, 2435 m

K: Hm 1100, Ekm 4, Z 3,5. Skt 1ab, Klt 0, Lg 1. Abf N bis O. Dezember bis April.

Wie bei Route 174 zur Alm (1716 m). In den Talboden und über die Maxegger Alm (1716 m) zur letzten Almhütte (2128 m). Weiter in mittlerer Steilheit zum Schartl (2378 m) und über den Rücken Richtung Nord zum Gipfel. (In den Karten findet sich lediglich die Kotierung, nicht aber der Name des Gipfels.)

176 Schönberg, 2278 m

K: Hm 850, Ekm 4, Z 2,5. Skt 1a, Klt 0, Lg 1. Abf S. Dezember—März.

Letzte Kuppe im Kamm, der von der I. Hornspitze Richtung Südost zieht und die östliche Begrenzung des Mitterbachtales bildet. Bei der Kirche von Weißenbach zweigt nach rechts ein Fahrweg ab, der zum Brunegger (1429 m) führt. Zu Fuß bis hierher 20 Minuten. Weiter am besten auf einer (gesperrten, auch nicht geräumten) Fahrstraße zur Schönbergalm. Nun nach links ausholen (Almhütten, P. 2164) und in einem weiten Bogen von Südwest her auf den ungemein aussichtsreichen Gipfel. Bei der Abfahrt lassen sich die Kehren natürlich abkürzen. Auch ist es möglich, weitgehend durch Schneisen westlich von der Almstraße abzufahren (Vorsicht: Kleine Felsabbrüche im untersten Teil).

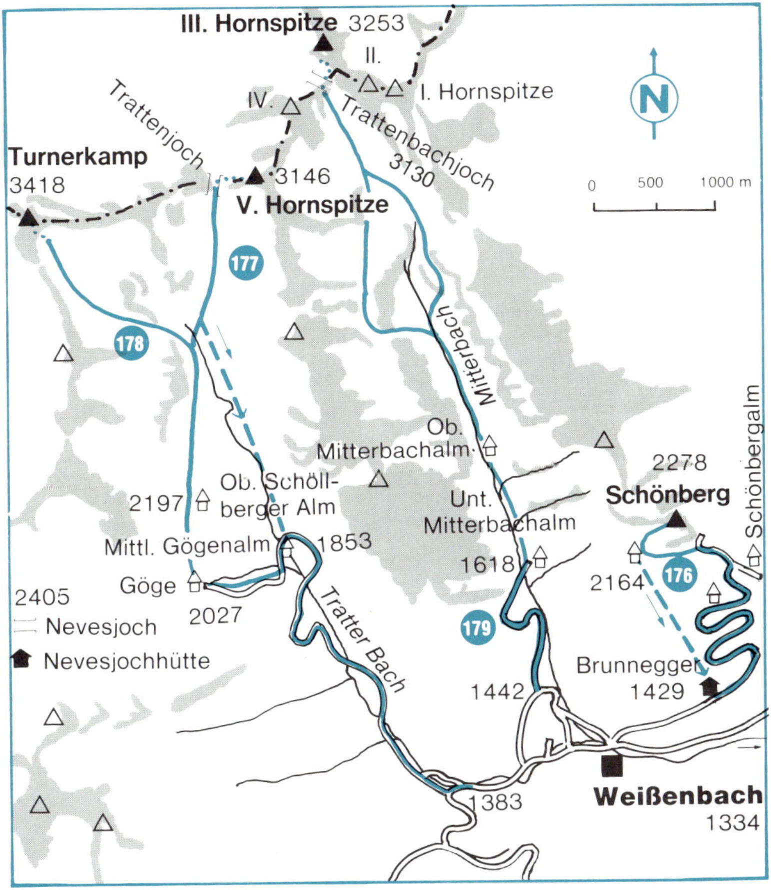

Fünfte Hornspitze, 3146 m

177

K: Hm 1800, Ekm 7, Z 5,5. Skt 2a, Klt 2, Lg 1. Abf S. März—Juni.

Vom Parkplatz geht es auf einer Forststraße Richtung Nordwest zur Mittleren Gögen Alm (1853 m), auch »Tratter Alm«. Der Forstweg biegt hier scharf nach links und erreicht über eine Steilstufe ein weites Talbecken mit zwei Almhütten und einer kleinen Kirche, die aus Dankbarkeit für die Rettung aus einer Gletscherspalte gestiftet wurde. Richtung Nord in sanftem Anstieg zum Trattenbachkees und weiter zum Trattenjoch und zu einem Vorgipfel. Skidepot. Ziemlich schwierig auf einem ausgesetzten Band in die Nordflanke und durch eine Rinne zum Gipfel.

Die Abfahrt ist ungewöhnlich genußreich. Man kann den Genuß noch steigern, wenn man (bei sicheren Verhältnissen!) in einer Höhe von 2500 m nach links quert und durch eine steile Mulde unmittelbar zur Mittleren Gögen Alm abfährt.

178 Turnerkamp, 3418 m

K: Hm 2100, Ekm 7, Z 6,5. Skt 2a, Klt 2, Lg 1. Abf SO, S. April—Juni.

Wie bei Route 177 zur Gögen Alm und durch das »Moos« zum Trattenbachkees. In einer Höhe von 2500 m zweigt man von diesem Anstieg nach links ab und steigt ziemlich steil über den Gletscher Richtung Nordwest unmittelbar auf den Gipfel zu. Weiter bis zum Beginn einer deutlich sichtbaren Rinne, die durch die Südostflanke zieht. Skidepot. In der Rinne, je nach den Verhältnissen im oberen Teil auch in den Felsen an ihrer rechten Begrenzung, zum Gipfel.

Wegen der ungewöhnlichen Länge der Tour und der sonnseitigen Lage ist es empfehlenswert, den Anstieg zu teilen und im Bereich der Gögen Alm zu biwakieren.

179 Dritte Hornspitze (Berliner Spitze), 3253 m

K: Hm 1900, Ekm 7, Z 6. Skt 2ab, Klt 0, Lg 2. Abf SSO. Mai und Juni.

Vom Ortskern von Weißenbach etwa 500 m Richtung Mitterbachtal bis zum Fahrverbot (Schranken). Auf einer Forststraße zur Unteren Mitterbachalm (1618 m) und rechts vom Bach weiter zur Oberen Mitterbachalm (1847 m). Der Talschluß ist durch eine Felsmauer gesperrt (»In der Haspel«). Ein Durchschlupf bietet sich, wenn man in einer Höhe von 2100 m nach links abbiegt und Richtung West aufsteigt. In einer Höhe von 2350 m hält man sich wieder etwas rechts und steigt zum Mitterbachkees auf. Man kann aber auch weiter taleinwärts etwas rechts ausholend zum Mitterbachkees aufsteigen — je nach den Verhältnissen. Der zunächst mittelsteile Hang wird ab 2800 m ungemütlich steil (etwa 40 Grad). Ebenso wie beim Durchsteigen der Haspel geht man häufig am besten mit Steigeisen und aufgeschnallten Skiern. Vom Mitterbachjoch (3130 m) kann man noch ein Stück mit Skiern in Richtung Gipfel aufsteigen. Skidepot. Durch eine Rinne unschwierig zum Gipfel. Das Skidepot kann man auch erreichen, wenn man oberhalb des Joches (weniger steil) zum Hornkees hinüberquert. Wegen der Länge der Tour und der südseitigen Lage ist es empfehlenswert, den Anstieg aufzuteilen und bei der Oberen Mitterbachalm oder noch weiter innen im Talboden zu biwakieren.

*

TOURENBEREICH AHRNTAL

Von Bruneck geht es zunächt durch das »Tauferer Tal« nach Sand in Taufers (14 km). Hier beginnt das lange Ahrntal, das sich über Luttach, St. Johann, St. Jakob, St. Peter und Prettau bis nach Kasern erstreckt (26 km von Sand i. Taufers).

Dem Tourengeher bietet das Ahrntal ein zwiespältiges Bild. Die unteren Teile der Anstiege sind nicht skifreundlich. Steiler Wald, zahlreiche Schluchten erschweren den Aufstieg. Der Durchstieg in die Almregion erfolgt am besten auf Forstwegen oder (spät im Jahr mit aufgeschnallten Skiern) auf Wanderpfaden. Erst im oberen Teil des Ahrntales, etwa ab Prettau, gibt es Möglichkeiten, auch die untersten Teile gut zu befahren. Hier sind es vor allem Lawinenrinnen, die eine Abfahrt ermöglichen. Die meisten Anstiege sind zudem anspruchsvoll. Sie erfordern einen erfahrenen — und nicht zuletzt auch sehr ausdauernden! — Skibergsteiger. »Genußtouren« gibt es erst ganz talinnen, und auch da mit Vorbehalten (Steilstufe am Beginn des Anstieges). Im einzelnen ist der Schwarzenstein (3368 m) zu nennen, der durch das Rotbachtal, aber auch durch das Tribbachtal erstiegen werden kann — lang und schwierig in beiden Fällen. Das trifft auch für die Tribbachspitze (3267 m), den Großen Löffler (3276 m) und die Keilbachspitze (3093 m) zu. Etwas weniger anstrengend ist die Wagnerschneidspitze (2897 m), während der Rauchkofel (3252 m) die Kondition wieder ganz schön fordert — es sei denn, man setzt ihn erst im Juni aufs Programm und fährt mit dem Taxi über eine Forststraße, um den Anstieg zu verkürzen. Weniger lang, aber nur zum Teil weniger anspruchsvoll, sind die Anstiege auf den Winkelkopf (2858 m), die Windbachspitze (2869 m), den Dreiecker (2774 m) und den Schientalkopf

(2774 m). Skiläuferisch weniger lohnend ist der Birnlückenkopf (2778 m) an der Grenze zu den Hohen Tauern.

Der Kunstfreund findet in St. Johann in Ahrn eine Pfarrkirche aus dem 18. Jh., die von dem bedeutenden Baumeister Abenthung stammt. Auch die Inneneinrichtung und die Deckengemälde sind sehenswert. Unbedingt besucht werden sollte das einsame Hl.-Geist-Kirchlein, von Kasern etwa 1 km taleinwärts. Es stammt aus dem 15. Jh. und wurde erbaut, damit man sich im Gebet auf die gefahrvolle Wanderung über die Birnlücke vorbereiten konnte. Teilweise ist auch noch die alte Einrichtung erhalten.

Karten: Der Tourenbereich wird nahezu vollständig von den AV-Karten Nr. 35/2 (Zillertaler Alpen, Mittleres Blatt) und Nr. 35/3 (Zillertaler Alpen, Östliches Blatt; mit Skirouten) abgedeckt. Zur Übersicht empfiehlt sich die Kompaß Nr. 82 (Tauferer-Ahrntal).

Auskünfte und Zimmernachweis: Verkehrsverein Ahrntal (Steinhaus, St. Jakob, St. Peter) I-39030 Prettau, Tel. 0474-64123.

180 Schwarzenstein, 3368 m (durch das Rotbachtal)

K: Hm 2150, ekm 9, Z 7. Skt 2a, Klt 0, Lg 2. Abf S. April—Juni.

Von Sand in Taufers fährt man, an den Speikbodenliften vorbei, nach Luttach. Hier zweigt man nach links in Richtung Weißenbach ab. Nach einer Brücke über den Weißenbach folgt ein Aufschwung, der in drei großen Kehren überwunden wird. Etwa 500 m nach der dritten Kehre zweigt rechts eine schmale Straße ab, die zunächst weit hinein ins Schwarzenbachtal führt, den Bach überquert und auf der anderen Talseite, rund um den Brunnberg, zur Jausenstation Großstahlhof (1200 m) und noch ein kurzes Stück weiter führt (»Kleinstahler«, 1216 m). Hier beginnt der lange Anstieg, der zunächst ziemlich sanft zur Daimerhütte (1872 m) führt. Zu einem etwas höheren Ausgangspunkt gelangt man, wenn man von St. Johann zum »Stalliler« fährt (1472 m) und von dort ins Rotbachtal hineinquert.— Gehörig steil geht es nun auf der (im Anstiegssinne) rechten Talseite zum Rotbachkees hinauf. Über dieses erreicht man, zuletzt in einem Rechtsbogen, die Schwarzensteinhütte (2923 m), im letzten Teil zu Fuß. Diese Hütte wurde bereits 1894 von der Sektion Leipzig des DuÖAV erbaut und wird heute von der Sektion Bruneck des CAI verwaltet. Bewirtschaftet wird sie erst ab Juli. Ein Winterraum mit 10 Lagern ist vorhanden, der Schlüssel beim Hüttenwirt erhältlich (Herr Günther Knapp, I-39030 Luttach, Tel. 0474-61160, im Tal 61451).

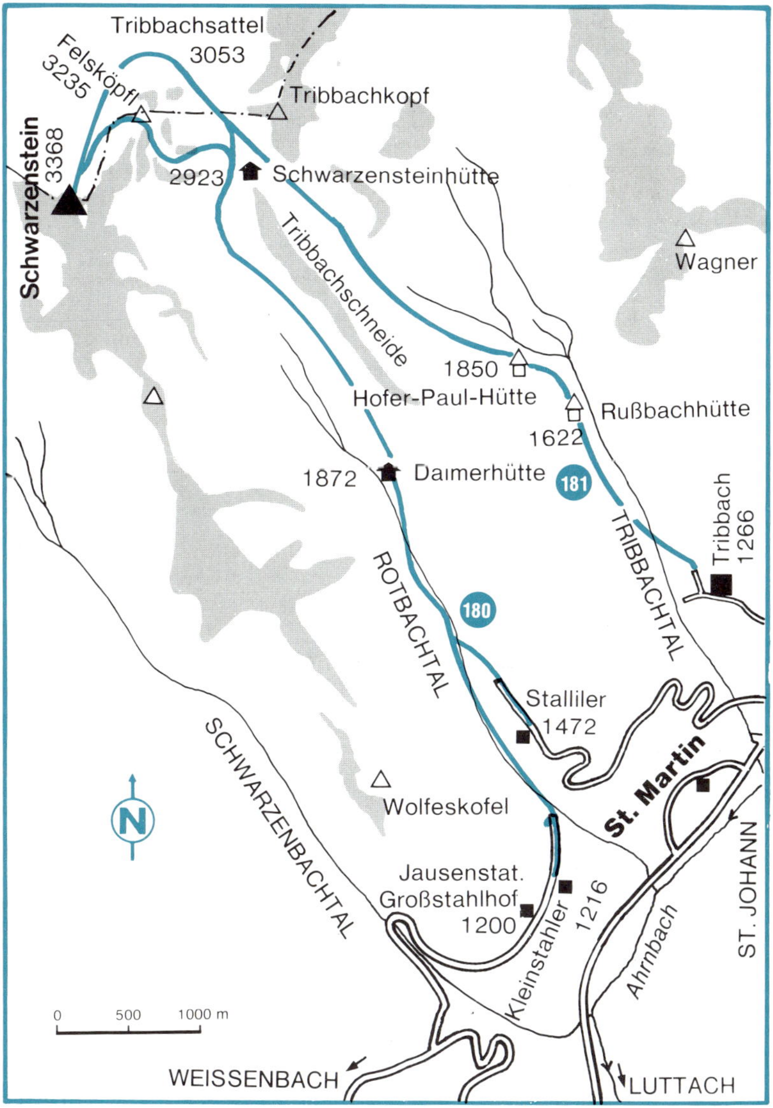

Tribbachsattel
3053
Felsköpfl
3235
Tribbachkopf
Schwarzenstein
3368
2923
Schwarzensteinhütte
Tribbachschneide
Wagner
1850
Hofer-Paul-Hütte
Rußbachhütte
1622
1872
Daimerhütte
181
Tribbach
1266
ROTBACHTAL
TRIBBACHTAL
180
Stalliler
1472
St. Martin
SCHWARZENBACHTAL
Wolfeskofel
N
Jausenstat.
Großstahlhof
1200
Kleinstahler
1216
Ahrnbach
ST. JOHANN
0
500
1000 m
WEISSENBACH
LUTTACH

Von der Hütte Richtung Nord zum Tribbachsattel und auf österreichisches Gebiet. Richtung West über eine kurze Steilstufe, dann sehr flach Richtung Süd auf den Gipfel. Eigenartiges Gipfelzeichen, Anlagen zum Betrieb eines Privatsenders in Gipfelnähe. Mitunter ist es günstiger, über den Firnrücken zum »Felsköpfl« (3235 m) und von dort zum Schwarzenstein aufzusteigen (üblicher Sommeranstieg).

181 Schwarzenstein, 3368 m (durch das Tribbachtal)

K: Hm 2150, Ekm 7, Z 6,5. Skt 2a, Klt 0, Lg 1. Abf SO, S. März—Juni.

Von Sand in Taufers das Ahrntal aufwärts bis nach St. Johann. Bei der Kirche zweigt man nach links ab, wenig später nach rechts, und erreicht auf einer schmalen Bergstraße in einigen Kehren den Ortsteil Tribbach (1266 m). Hier beginnt unser Anstieg. Man quert in den Talboden, überschreitet den Bach und steigt, nur am Anfang sanft, dann ziemlich steil, zur Tribbachalpe. Von hier etwas stärker links haltend zum Tribbachkees. Über diesen Gletscher geht es in zwei Steilstufen zum Tribbachsattel (3053 m) und wie oben beschriebenen zum Gipfel.

182 Tribbachspitze, 3267 m

K: Hm 2050, Ekm 6, Z 6. Skt 3, Klt 1, Lg 2. Abf S. April—Juni.

Wie bei Route 181 zur Tribbachalm. Hier zweigt man nach rechts ab und geht Richtung Nord auf die schroffen Felsabstürze des Talschlusses zu. In einer Höhe von 2000 m hält man sich rechts, überwindet eine Steilstufe, und steigt entlang des scharf ausgeprägten Grates auf, der von der Tribbachspitze nach Süd zieht. In einer Höhe von 3000 m wird es sehr steil (Durchschnittsneigung über 200 Höhenmeter 40 Grad, steilste Stelle bis 45 Grad!). Mittelsteil geht es zuletzt zur Tribbachscharte (3179 m) hinauf. Skidepot. Ein unschwieriger Blockgrat führt zum Gipfel. Auf-Grund der skitechnischen Schwierigkeit wird dieser Anstieg wesentlich seltener ausgeführt als eine Besteigung des Schwarzensteins.

Anmerkung: Wegen der Länge und Schwierigkeit dieses Anstieges und der südseitigen Abfahrt ist ein Biwak empfehlenswert. Die Tribbachalm ist dazu besonders gut geeignet. Im Juni beginnt hier zumeist der Schnee.

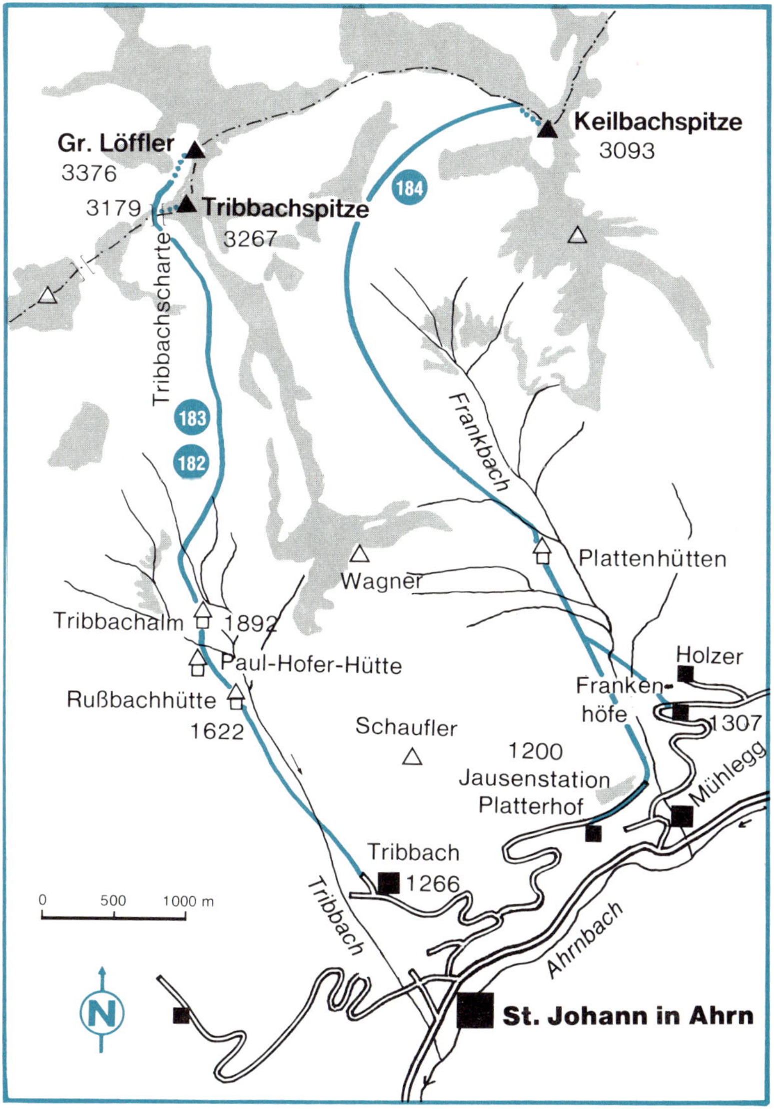
Gr. Löffler
3376
Keilbachspitze
3093
3179
Tribbachspitze
3267
184
Tribbachscharte
183
182
Frankbach
Plattenhütten
Wagner
Tribbachalm
1892
Paul-Hofer-Hütte
Rußbachhütte
1622
Holzer
Franken-
höfe
1307
Schaufler
1200
Jausenstation
Platterhof
Mühlegg
Tribbach
1266
0
500
1000 m
Tribbach
Ahrnbach
N
St. Johann in Ahrn

183 Großer Löffler, 3376 m

K: Hm 2150, Ekm 6,5, Z 6,5. Skt 3, Klt 1, Lg 2. Abf S. April—Juni.

Wie bei Route 182 zur Tribbachscharte (3179 m). Hier geht es kurz und steil hinunter zum obersten Teil des Floitenkeeses und weiter in der SSW-Flanke auf den Gipfel zu. Skidepot. Über Blöcke in wenigen Minuten zum höchsten Punkt.

184 Keilbachspitze, 3093 m

K: Hm 1900, Ekm 7, Z 6. Skt 2a (Kurze Steilstücke), Klt 0, Lg 1. Abf W, S. März—Juni.

Von Sand das Ahrntal aufwärts bis St. Johann. Bei der Kirche nach links und gleich darauf nach rechts abzweigen und auf schmaler Bergstraße zur Jausenstation Platterhof (1200 m). Unter der Platterwand wandert man in das Frankbachtal und steigt über die Platterhütte zur Frankbachalm auf. Zu einem etwas höheren Ausgangspunkt gelangt man, wenn man von Mühlegg bis zur Kurve bei den Frankenhöfen (1307 m) fährt und von dort ins Frankbachtal einquert. Hier wendet man sich nach links und geht Richtung Nordost, um die sperrenden Felsen des Talschlusses zu überwinden. In einer Höhe von 2300 m kann man wieder nach rechts einschwenken. In sanft geneigtem Gelände steigt man zum östlichen Teil des Frankbachkeeses auf und erreicht über diesen Gletscher, zuletzt ziemlich steil, den von der Keilbachspitze nach Nordwest ziehenden Grat, möglichst schon in der Nähe des Gipfels. Skidepot. Unschwierig weiter bis zum höchsten Punkt.

185 Wagnerschneidspitze, 2897 m

K: Hm 1400, Ekm 5, Z 4. Skt 1ab, Klt 0, Lg 0. Abf O, SO. Jänner—Mai.

Von Sand in Taufers im Ahrntal aufwärts bis nach St. Peter. Dieser Ort liegt nicht unmittelbar an der Talstraße, daher auf das Hinweisschild achten! Ein schmales Bergsträßchen führt noch steil hinauf bis zum Locher (1516 m). Von hier folgt man den Hinweisschildern »Hundskehljoch«. Der Weg führt uns durch den Wald auf einen deutlich ausgeprägten Rücken (»Peteregg«) und über diesen in sehr flaches Gelände. Von hier in Grundrichtung Süd, zumeist in mäßiger Steilheit, auf das Hundskehljoch (2561 m). Über den Ostrücken kann man noch sehr weit

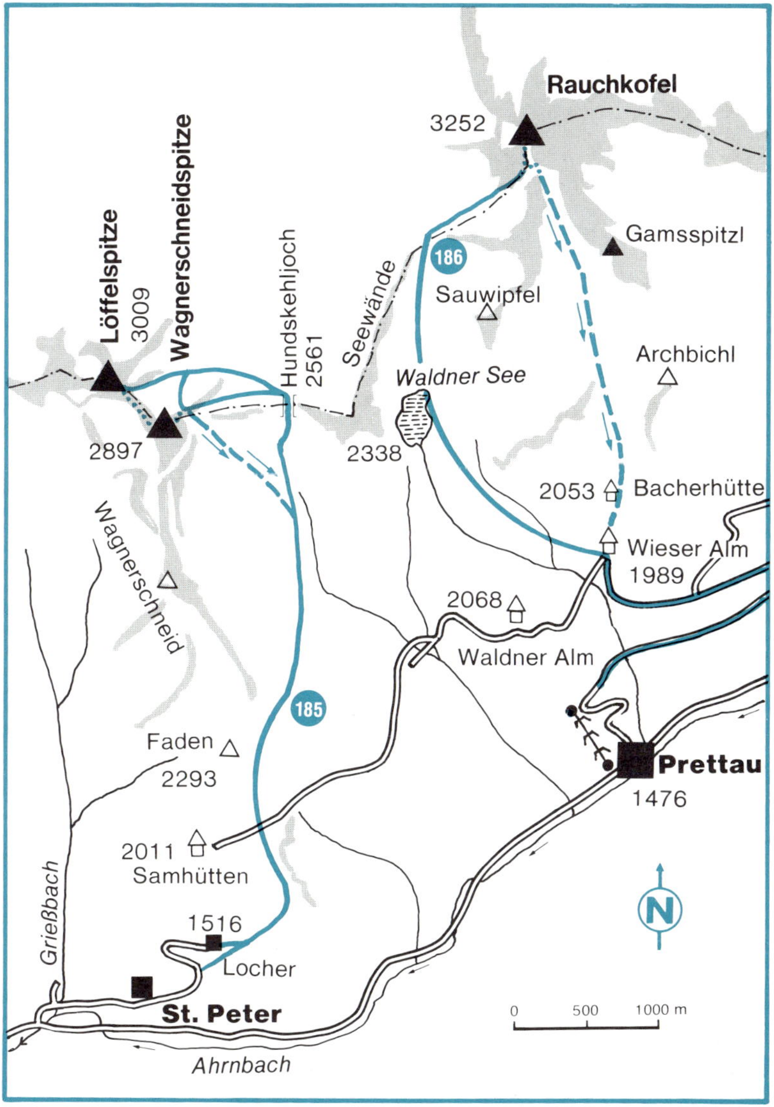
Rauchkofel
3252
Gamsspitzl
186
Sauwipfel
Archbichl
Löffelspitze
3009
Wagnerschneidspitze
Hundskehljoch
2561
Seewände
Waldner See
2897
2338
2053
Bacherhütte
Wieser Alm
1989
Wagnerschneid
2068
Waldner Alm
185
Prettau
1476
Faden
2293
2011
Samhütten
Grießbach
1516
Locher
St. Peter
0
500
1000 m
N
Ahrnbach

in Richtung Gipfel mit Skiern ansteigen. Das letzte Stück unschwierig zu Fuß. Über den Verbindungsgrat läßt sich in leichter Kletterei auch die etwas höhere Löffelspitze (3009 m) erreichen. Vom Skidepot kann man über einen schönen Osthang unmittelbar zur Anstiegsspur abfahren. Eine andere Anstiegsmöglichkeit führt vom Hundskehljoch ins Löffelkar und zum Verbindungsgrat zwischen Wagnerschneidspitze und Löffelspitze, so hoch wie möglich mit Skiern, unschwierig zum Gipfel.

186 Rauchkofel, 3252 m

K: Hm 1750, Ekm 7, Z 5,5. Skt 2a, Klt 0, Lg 1. Abf SW, S. März—Juni.

Von Sand in Taufers im Ahrntal aufwärts bis nach Prettau (1476 m). Rechts von einem Skilift kann man auf einer Fahrstraße noch ein Stück höher fahren, etwa bis zur Höhe der Bergstation. Hier beginnt eine (im Winter nicht geräumte) Forststraße (Fahrverbot). Ab Juni Taxiverkehr über die für den öffentlichen Verkehr gesperrte Straße bis zu Waldner Alm (2068 m). Über diese Straße wandert man, zunächst weit nach rechts ausholend, zur Wieserhütte (1989 m). In meist recht sanftem Anstieg geht es Richtung Nordwest zum Waldner See, dann Richtung Nord durch eine schöne Skimulde, teilweise recht steil, zur Westflanke. In dieser Flanke steigt man bis zu einer Schulter im Südgrat auf. Skidepot. Über einen Blockgrat ohne besondere Schwierigkeiten zum alten Holzkreuz auf dem Gipfel. Ungewöhnlich prachtvolle Fernsicht! Eine rassige Abfahrtsvariante: Vom Skidepot kurz in das große Südkar absteigen und durch dieses zur Wieseralm.

187 Winkelkopf, 2858 m

K: Hm 1250, Ekm 3, Z 3,5. Skt 1a (Rinnen bis zu 2ab), Klt 0, Lg 1. S. Jänner—Mai.

Von Sand in Taufers das gesamte Ahrntal aufwärts bis nach Kasern (1595 m). Auch im Hochwinter ist die Straße meist noch ein Stück weiter geräumt und endet bei einer kleinen Brücke, noch vor dem Gehöft Prast-

→

Bei einem Aufenthalt auf der Berliner Hütte ist der 268 Schwarzenstein eines der beliebtesten Ziele — wegen der prachtvollen Aussicht und der schönen Abfahrt. Das wilde Felshorn im Bild ist die Zsimondyspitze, die man sich besser bei einem Sommeraufenthalt vornimmt.

mann. Beschränkte Parkmöglichkeit. Später im Jahr parkt man kurz nach dem Gehöft Prastmann, oberhalb der Heiliggeist-Kirche. Die bewaldete Steilstufe überwindet man ohnehin besser von Kasern aus, auf dem schmalen Fußweg, der in vielen Kehren zur Hochwieser Alm führt (Hinweisschilder »Heiliggeist Jöchl«). Der Weg ist für die Abfahrt natürlich nicht geeignet. Dafür wählt man — bei sicheren Schneeverhältnissen — eine der steilen Rinnen aus, die von den sanften Almböden über die Steilstufe ins Tal führen, am besten eine, die den Talboden weiter innen, beim Gehöft Prastmann, erreicht. Nun weiter Richtung Nord, zwischen einigen Felsen hindurch, auf ein kleines Plateau. Von hier Richtung West, eine Mulde ausgehend, zu dem vom Winkelkopf nach Süd abziehenden Grat hinauf. Skidepot. Unschwierig zum Gipfel, den man zuletzt etwas von rechts her erreicht.

Windbachspitze, 2869 m 188

K: Hm 1250, Ekm 4, Z 3,5. Skt 2ab, Klt 0, Lg 1. Abf S. Jänner—Mai.

Der nördliche Endpunkt der auffallenden Geiereggschneid ist in den Karten als »Windbachspitze« bezeichnet. Von Kasern auf einem Fahrweg zum Gehöft Prastmann in Heiliggeist (1623 m). Auf dem Rücken rechts des schluchtartig eingeschnittenen Noblaßbaches steil hinauf zu den sanften Almböden der Schientalalm. Rechts der auffallenden Geiereggschneid neuerlich steil bis in eine Höhe von 2700 m. Hier hält man sich links und steigt Richtung West, zuletzt einigen Felsen ausweichend, bei günstigen Verhältnissen mit Skiern bis zum Gipfel auf.

Dreiecker, 2892 m 189

K: Hm 1300, Ekm 4, Z 3,5. Skt 2ab, Klt 0, Lg 1. Abf S. Dezember—Mai.

Der Dreiecker ist der südlichste Endpunkt des schönen Kammes, der von der Reichenspitze nach Süden zieht. Wie oben beschrieben bis in eine Höhe von 2700 m. Nun biegt man aber nicht Richtung West zur Windbachspitze ein, sondern steigt in derselben Grundrichtung (Nord) zum Gipfel auf, den man bei günstigen Bedingungen etwas von links her mit Skiern erreichen kann.

←

Ein anspruchsvoller Skigipfel: Die 282 Realspitze, die hier von Lanersbach über die Grieralm (bis hierher Taxibus) erreicht wird.

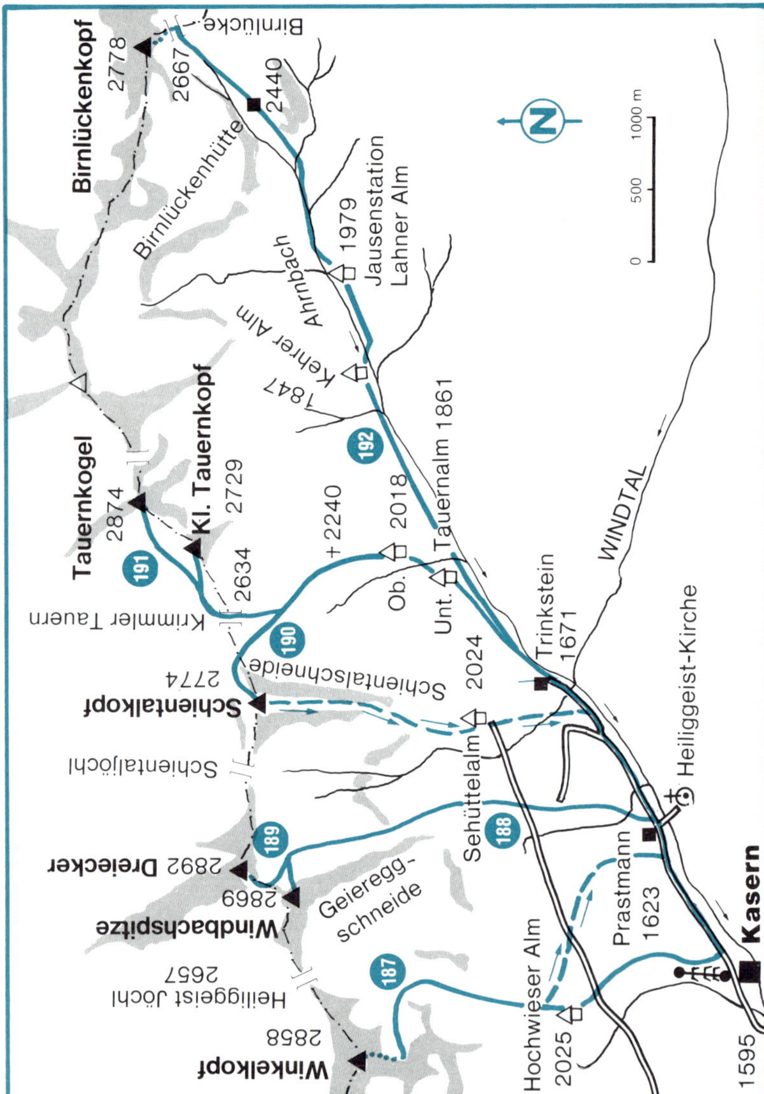
Birnlückenkopf
2778
Birnlücke
2667
2440
Birnlückenhütte
1979
Jausenstation
Lahner Alm
Ahrnbach
Kehrer Alm
1847
192
Tauernalm 1861
Tauernkogel
2874
Kl. Tauernkopf
2729
2634
191
+ 2240
Ob. 2018
Unt.
Krimmler Tauern
190
Schientalschneide
Schientalkopf
2774
2024
Trinkstein
1671
WINDTAL
Heiliggeist-Kirche
Schientaljöchl
Sehüttelalm
188
189
2892 Dreiecker
2869
Windbachspitze
Geieregg-
schneide
Prastmann
1623
Kasern
Heiliggeist Jöchl
2657
187
Hochwieser Alm
2025
2858
Winkelkopf
1595
N
0
500
1000 m

Schientalkopf, 2774 m

190

K: Hm 1200, Ekm 5, Z 3,5. Skt 1ab, Klt 0. Lg 1. Abf N, S. Jänner—April.

Von Kasern noch weiter zum Gehöft Prastmann in Heiliggeist oberhalb des Kirchleins. Spät im Jahr kann man noch rund 500 m weiter fahren und rechts von der Straße beim Beginn eines Fahrverbots parken. Nahezu eben zum Trinksteinhaus. Über die Untere Tauernalm zur Oberen Tauernalm (2018 m, Hinweisschilder »Krimmler Tauern«). Weiter in Grundrichtung Nord, am besten in einem leichten Rechtsbogen dem Verlauf des Sommerweges folgend, bis in eine Höhe von 2500 m. Der Krimmler Tauern ist nun zum Greifen nahe. Wir halten uns aber etwas weiter links und erreichen den vom Schientalkopf nach Ost ziehenden Grat in einer Höhe von etwas 2630 m. Über diesen Rücken quert man in die Nordflanke und erreicht unschwierig den Gipfel. Ausgezeichnete Skiläufer können bei sicheren Verhältnissen eine etwas verrückte Abfahrtsvariante wählen: vom Gipfel sehr steil zu einer auffallenden Schneeterrasse, die in Felsen abbricht. Sie liegt rechts (westlich) der Schientalschneide. Über diese Terrasse sehr steil weiter zur Schüttalalm (auch »Schiental« oder »Schöntal«) und zur Straße unterhalb von Trinkstein.

Tauernkogel, 2874 m

191

K: Hm 1300, Ekm 5, Z 4. Skt 1a, Klt 0, Lg 1. Abf SW, S. Jänner—April.

Wie bei Route 190 in eine Höhe von 2500 m. Nun aber geradeaus weiter zum Krimmler Tauern (2634 m). Auf der österreichischen Seite über einen Westhang unschwierig zum Gipfel. In etwas kürzerem Anstieg läßt sich auch der Kleine Tauernkopf (2729 m) erreichen.

Birnlückenkopf, 2778 m

192

K: Hm 1200, Ekm 7, Z 4. Skt 2ab, Klt 0, Lg 2. Abf W. März—April.

Wie beschrieben zum Trinksteinhaus. Weiter im Tal bis zur Kehrer Alm 1847 m). Die schluchtartige Talverengung, die nun folgt, überwindet man rechts und erreicht die Ebene des Lahnacher Mooses (Jausenstation Lahner Alm, 1979 m). Steil weiter zur Birnlückenhütte (2440 m) und auf einem deutlich ausgeprägten Rücken zur Birnlücke (2667 m), der Grenze zwischen Zillertaler Alpen und Venedigergruppe (und natürlich auch zwischen Österreich und Südtirol/Italien). In der Ostflanke noch ein Stück mit Skiern hinauf, dann Skidepot. Unschwierig auf den aussichtsreichen Gipfel. Als Skitour nicht besonders lohnend, da lange Flachstücke und vielfach lawinenbedroht.

TOURENBEREICH KRIMML

Dieser Tourenbereich umfaßt den einzigen Teil der Zillertaler Alpen, der nicht in Tirol liegt, sondern in Salzburg. Krimml liegt im Oberpinzgau und gilt als eine der bedeutendsten »Nationalpark-Gemeinden«. Die Anfahrt erfolgt aus dem Salzburgischen von Mittersill durch das Salzachtal, von Tirol aus dem Inntal über Zell am Ziller und den Gerlospaß (57 km von der Abzweigung aus dem Inntal bei Straß und über den Gerlospaß; rund 100 km von Kufstein über Kitzbühel, den Paß Thurn und Mittersill). Bekannt ist Krimml nicht zuletzt durch seine fast 400 m hohen Wasserfälle, die 1969 mit dem Naturschutzdiplom ausgezeichnet wurden. Tourenmöglichkeiten östlich des Krimmler Tales, für die natürlich auch Krimml den Ausgangspunkt bildet, habe ich im Gebietsführer »Skitouren im Nationalpark Hohe Tauern« beschrieben. Hier geht es nun um die Tourenmöglichkeiten westlich des Krimmler Achentales. Um es vorwegzunehmen: Es handelt sich nicht um »Genußtouren«, sondern um sehr anstrengende, großteils alpin anspruchsvolle Anstiege. Tüchtige Skibergsteiger mit guter Kondition werden jedoch auf ihre Rechnung kommen, zumal wenn sie eine einsame Berglandschaft höher werten als berühmte Gipfel, bei denen unser Tourengebiet nur mit der Reichenspitze mithalten kann. Auch diese Anstiege befinden sich im Nationalpark Hohe Tauern, der von der Birnlücke die Staatsgrenze entlang bis zum Dreiecker führt. Vom Dreiecker im Kamm nach Nord, über Reichenspitze, Wildgerlosspitze, Sichelkopf bis zum Gamsspitzel in der Höhe knapp vor dem Gasthaus Finkau, also noch vor dem Skigebiet Gerlosplatte und der Mautstraße, zur Krimmler Ache.

Der Tourenbereich beginnt bei der Birnlücke, von der aus man den Birnlückenkopf (2778 m) über seine O-Flanke ersteigen kann — in einem ziemlichen Mißverhältnis von Wegstrecke und Höhenmetern. Der einzige Stützpunkt im Krimmler Achental ist das Krimmler Tauernhaus (1622 m), das ziemlich tief liegt und nur für die Randgipfel des Windbachtales und Rainbachtales einen günstigen Standort darstellt: für das Rainbachegg (2529 m), den Graukarkopf (2663 m) und den Windbachtalkopf (2844 m). Für die höheren Gipfel, die natürlich auch weiter taleinwärts liegen und daher längere Anmärsche verlangen, ist im Windbachtal ein Biwak zweckmäßig, das man z.B. bei der Windbachalm (1879 m) errichten könnte. Im Rainbachtal hat man es besser, denn da steht der Winterraum der Richterhütte (2374 m) des DAV zur Verfügung — allerdings nur zwei Lager. Beide Ausgangspunkte erschließen jedoch eine Fülle großartiger, anspruchsvoller und einsamer Skitouren. Von der Windbachalm erreicht man den Glockenkarkopf (2912 m) und seinen unmittelbaren Nachbarn, den Pfaffenschneidkopf (2918 m). Gleich auf zwei verschiedenen Anstiegen läßt sich der Tauernkopf (2874 m) erreichen, ebenso der Schientalkopf (2774 m). Zu den Zielen, die man von der Windbachalm aus angehen kann, gehören auch die eindrucksvolle Pyramide des Dreieckers (2892 m) und der Keeskarkopf (2917 m), der bereits Kletterstellen im zweiten Schwierigkeitsgrad aufweist. Damit nicht genug: auch die Zillerplattenspitze (3147 m), die Rainbachspitze (3130 m) und den Windbachtalkopf (2842 m) können wir von diesem Ausgangspunkt aus besteigen, natürlich auch den bereits erwähnten Graukarkopf (2663 m). Über das Schientaljöchl und den Krimmler Tauern sind Übergänge nach Südtirol möglich, natürlich auch über die Birnlücke. Man erreicht auf diese Weise das Ahrntal. Über die Zillerplattenscharte kann man zur Plauener Hütte überwechseln, aber auch im Zuge einer Überschreitung der Zillerplattenspitze. Die Richterhütte im Rainbachtal ist ein guter Stützpunkt für Anstiege auf den Windbachtalkopf (2844 m), die Rainbachspitze (3130 m), beide natürlich von N her, aber auch für die Nördliche Nadelspitze (2955 m), für die Richterspitze (3054 m), die Zillerspitze (3091 m) und den bekanntesten Gipfel im Tourengebiet, die Reichenspitze (3303 m). Durchwegs handelt es sich um sehr anspruchsvolle Anstiege. Ein wenig leichter lassen sich von der Richterhütte aus lediglich der Mannlkarkopf (2873 m) und der Roßkopf (2844 m) erreichen. Übergänge sind sowohl zur Plauener Hütte (über die Nördliche Zillerscharte) als auch zur Zittauer Hütte (über die Reichenspitze, gemütlicher über die Mannlkarscharte oder die Roßkarscharte, im obersten Teil heikel über die Rainbachscharte).

Karten: Der gesamte Tourenbereich wird durch die AV-Karte 35/3 (Zillertaler Alpen, Östliches Blatt, mit Skitouren erhältlich) abgedeckt. Lediglich für den Anstieg auf den Birnlückenkopf (2778 m) ist zusätzlich die AV-Karte 36 (Venedigergruppe, mit Skirouten erhältlich) erforderlich. Als genaue Karte verwendbar ist auch die ÖK 151 (Krimml) insbesondere in der Ausgabe 1:25.000 (25V). Als Übersichtskarten können Freytag & Berndt WK 152 (Mayrhofen, Zillertaler Alpen, Gerlos, Krimml) oder Kompaß Nr. 37 (Zillertaler Alpen, Tuxer Voralpen) empfohlen werden.

Auskünfte und Zimmernachweis:
Verkehrsverein A-5743 Krimml, Tel. 0 65 64-239.

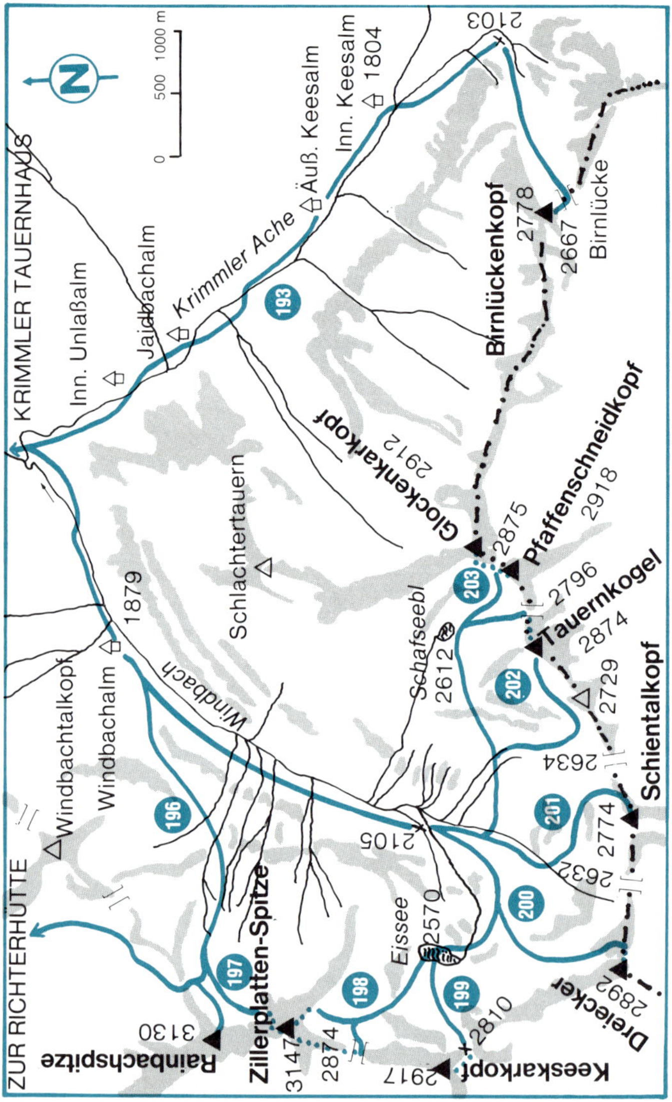
ZUR RICHTERHÜTTE
KRIMMLER TAUERNHAUS
Inn. Unlaßalm
Jaidbachalm
Krimmler Ache
Äuß. Keesalm
Inn. Keesalm
1804
2103
0
500
1000 m
193
Birnlückenkopf
2778
2667
Birnlücke
Glockenkarkopf
2912
2875
Pfaffenschneidkopf
2918
203
Schlachtertauern
1879
Windbachalm
Windbachtalkopf
Windbach
Schafseebl
2612
2796
Tauernkogel
2874
202
2729
2634
Schientalkopf
201
2774
2632
2105
196
200
Eissee
2570
Dreiecker
2892
199
2810
198
197
Zillerplatten-Spitze
3147
2874
Keeskarkopf
2917
Rainbachspitze
3130

AUSGANGSPUNKT: KRIMMLER TAUERNHAUS (1622 m)

Von Krimml weg sind zwei Anstiege möglich, der »Wasserfallweg« und der »Alte Tauernweg«. Die beiden Wege vereinigen sich nach dem Oberen Achenfall, bei der Schettbrücke (1476 m). Der »Alte Tauernweg« wurde 1984 als Fahrweg ausgebaut. Um die Besucher der Wasserfälle nicht durch den Wirtschaftsverkehr zu stören, wurde ein Straßentunnel gebohrt. Der Wirtschaftsweg kreuzt nun den Wanderweg nur mehr an einer einzigen Stelle. Nach der Brücke wird der Anstieg flach, das Tal weitet sich. Nach drei Stunden erreichen wir das traditionsreiche und gemütliche Krimmler Tauernhaus der Familie Geisler (A-5743 Krimml, Tel. 0 65 64-83 27). Das Haus stammt aus dem Jahre 1463 und diente früher dem Goldbergbau. Es ist ganzjährig geöffnet und damit der einzige bewirtschaftete Stützpunkt in unserem Tourenbereich. Bis zur Schettbrücke (1476 m) kann man sich auch im Winter mit dem »Taxi« bringen lassen (Vereinbarung über die Rufnummer des Krimmler Tauernhauses). Es wird vor allem von Langläufern genützt, die dann eine prachtvolle Loipe bis zum Talschluß vorfinden. Bis Anfang Mai sind die Abfahrten meist bis zur Hütte möglich und die langen Täler besser zu verkraften.

Birnlückenkopf, 2778 m 193

K: Hm 1200, Ekm 8, Z 4. Skt 1a, Klt 1, Lg 2. Abf NO. April und Mai.

Vom Krimmler Tauernhaus das flache Tal einwärts bis zur Inneren Keesalm (1804 m). Wenig später stoßen wir auf die Talstation der Materialseilbahn zur Warnsdorfer Hütte. Bis hierher verfolgten wir einen Fahrweg (Fahrverbot). Weiter Richtung S, zuerst flach, dann etwas steiler in einer Mulde aufwärts zu einer Wegtafel »Birnlücke« (P. 2103). Hier zweigen wir scharf nach rechts ab und steigen Richtung W, anfangs sehr steil, in einer weiten Mulde zur Birnlücke (2667 m) auf. Die Birnlückenhütte ist nur im Sommer bewirtschaftet. Über die O-Flanke steigen wir, zuletzt ohne Ski, auf den Gipfel.

Graukarkopf, 2663 m 194

K: Hm 1050, Ekm 5,5, Z 3,5. Skt 1ab, Klt 0, Lg 1. Abf S, NO. März und April.

Vom Gasthaus eine knappe halbe Stunde eben taleinwärts bis zur Äußeren Anlaßalm (1668 m). Gleich nach der Brücke über die Krimmler Ache zweigen wir nach rechts ab und steigen in das Windbachtal auf. Lediglich die erste Talstufe ist steil, soferne man nicht den neuen Fahrweg (in der Nationalpark-Kernzone!) benützt. Dann geht es sehr flach hinein bis zur Windbachalm (1879 m). Bis hierher Hm 250, Ekm 4. Von der Alm in einem Tälchen aufwärts ins weite Windbachkar und durchwegs Richtung N auf den Gipfel. Abfahrt auch über steile Hänge weiter talauswärts möglich.

195 Windbachtalkopf, 2844 m

K: Hm 1250, Ekm 6, Z 4. Skt 1ab, Klt 0, Lg 1. Abf O, SO, NO. März—Mai.

Von der Windbachalm ins Windbachkar und Richtung WNW zur Hohen Scharte (2718 m). Über den NO-Grat ohne Schwierigkeiten auf den Gipfel. Über die Hohe Scharte kann man zur Richterhütte im Rainbachtal überwechseln und auch den Windbachkarkopf besteigen.

196 Rainbachspitze, 3130 m

K: Hm 1550, Ekm 7, Z 5. Skt 2ab (kurze Steilstufen), Klt 1, Lg 2. Abf O, NO. April und Mai.

Der Gipfel wird auch »Zillerschartenspitze« genannt. Von der Windbachalm ein kurzes Stück taleinwärts, dann nach rechts über die Almwiesen Richtung W, bis man oberhalb eines sperrenden Felsriegels und oberhalb der Steilstufe, mit der das Schöntal zum Talboden abbricht, queren kann. Weiterhin Richtung W zum nördlichsten Teil des Seekarkeeses. Über diesen Gletscher in der O-Flanke der Rainbachspitze zum Gipfel, das letzte Stück unschwierig zu Fuß. (Der Gipfel kann auch — nach entsprechendem kürzeren Aufstieg — von der Richterhütte erreicht werden, da der trennende Grat leicht überschritten werden kann. Mit Abfahrt ins Windbachtal großartige Überschreitung!)

197 Zillerplattenspitze, 3147 m (von Norden)

K: Hm 1550, Ekm 8, Z 5. Skt 2ab, Klt 1, Lg 2. Abf O, SO, NO. April und Mai.

Von der Windbachalm wie beim Anstieg zur Rainbachspitze zum Beginn des Seekarkeeses. Zwischen zwei Spaltensystemen, in einer Höhe zwischen 2900 und 3000 m, quert man den kleinen Gletscher zuerst ansteigend, dann eben unterhalb einer Steilstufe. Zu Fuß zum N-Grat und weiter zum Gipfel aufsteigen.

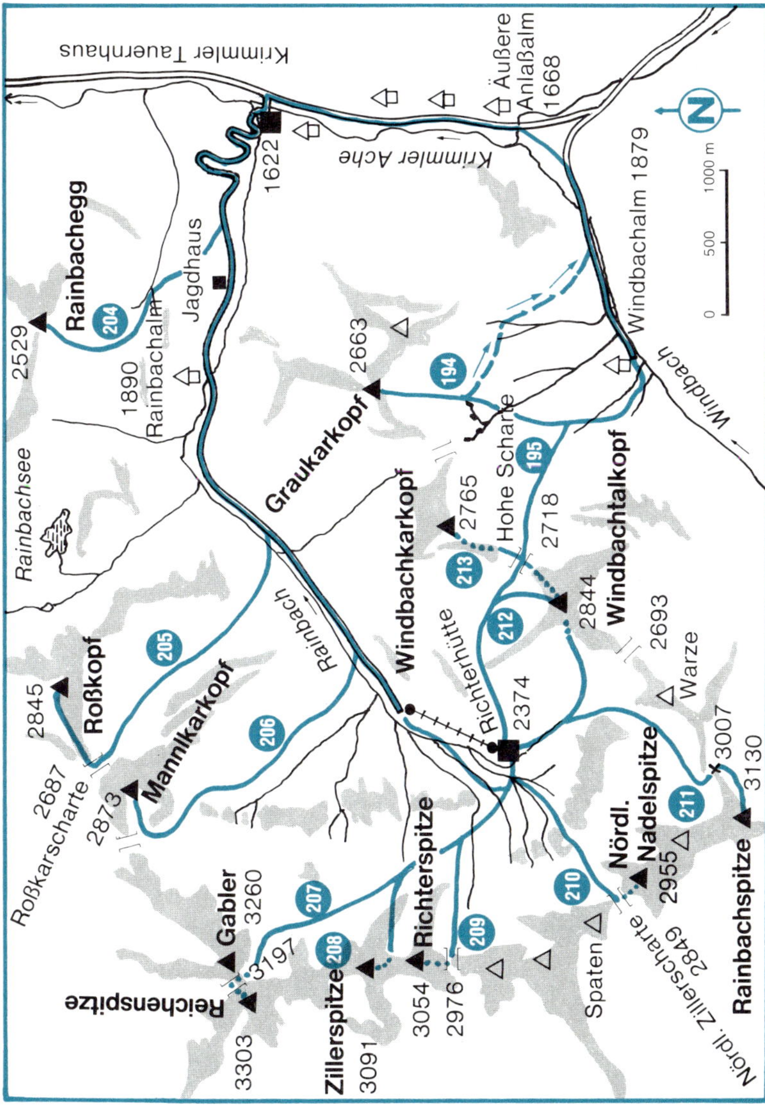

Krimmler Tauernhaus
Äußere Anlaßalm 1668
Krimmler Ache
1622
Jagdhaus
Rainbachegg
2529
204
1890 Rainbachalm
Rainbachsee
Rainbach
Graukarkopf
2663
194
195
Hohe Scharte
2765
2718
Windbachkarkopf
Windbachtalkopf
Windbachalm 1879
Windbach
213
212
2844
2693
Warze
Richterhütte
2374
Roßkopf
2845
205
206
Mannlkarkopf
2873
2687
Roßkarscharte
211
3007
3130
Nördl. Nadelspitze
2955
Rainbachspitze
210
Spaten
Nördl. Zillerscharte 2849
209
2976
Richterspitze
3054
207
208
Zillerspitze
3091
Gabler
3260
3197
Reichenspitze
3303
0
500
1000 m
N

198 Zillerplattenspitze, 3147 m (von Süden)

K: Hm 1550, Ekm 11, Z 6. Skt 1ab, Klt 1, Lg 1. Abf SO, NO. April—Juni.

Dieser Anstieg ist etwas leichter, zumal die Felsen sonnseitig natürlich früher ausapern. Von der Windbachalm durch das ganze Tal bis zum Talschluß (2105 m). Die nun folgende Steilstufe wird links umgangen. Im flachen Gelände des »Unteren Kessels« biegt man scharf nach rechts ab und erreicht den Eissee (2570 m) am O-Rand des völlig ebenen Kesselkeeses. Richtung NO steigt man zur Zillerplattenscharte (2874 m) auf. Obwohl das Gelände später wieder skifreundlicher wird, lohnt es nicht, die Skier über den folgenden Felsaufschwung zu tragen. Über unschwierige Blöcke geht es über den S-Grat und anschließend einen SW-Rücken zum Gipfel. Eine größere Zahl von Abfahrtsmetern erreicht man, wenn man nicht bis zur Scharte aufsteigt, sondern sich schon in einer Höhe von 2700 m rechts hält und versucht, möglichst hoch oben (etwa bei 3000 m) den SO-Grat zu gewinnen. Der Grat führt steil und deutlich schwieriger (Klt 2) zum Gipfel.

199 Keeskarkopf, 2917 m

K: Hm 1300, Ekm 10, Z 5. Skt 2ab, Klt 2, Lg 1. Abf NO, SO. April und Mai.

Wie beim Anstieg zur Zillerplattenspitze bis zum Eissee in der Ebene des Kesselkeeses. Durch diese Ebene, dann steil zu einer Einsattelung (2810 m) am Ansatz des SO-Grates. Skidepot. Über den Grat mäßig schwierig zum Gipfel. Bei verläßlichem Firn ist es meist günstiger, die S-Flanke zu queren und durch sie, zuletzt über unschwierige Blöcke, zum Gipfel zu gelangen.

200 Dreiecker, 2892 m

K: Hm 1300, Ekm 9, Z 4,5. Skt 1ab, Klt 1, Lg 1. Abf NO. April und Mai.

Von der Windbachalm zum Talschluß. Die Steilstufe links umgehen. Nun aber nicht nach rechts zum Kesselkees abzweigen, sondern Richtung W auf einem Rücken (links Felsabbrüche) aufsteigen. Wenn man wieder sanfteres Gelände erreicht, biegt man nach links ab und steigt Richtung S über einen Rücken und anschließend durch ein zunehmend enges Kar zum O-Grat auf. Skidepot. In leichter Kletterei auf den Gipfel.

Schientalkopf, 2774 m 201

K: Hm 1200, Ekm 9, Z 4. Skt 1ab, Klt 0, Lg 1. Abf N, NO. März—Mai.

Von der Windbachalm zum Talschluß bei 2105 m. Nun aber im linken Tal bleiben und Richtung S auf das Schientaljöchl zu aufsteigen. Eine Engstelle (»Durchschlag«) überwindet man auf der rechten (nördlichen) Talseite. Kurz danach zweigt man nach links ab in Richtung Krimmler Tauern. Noch bevor man die Paßhöhe erreicht, zweigt man Richtung S ein, erreicht den NO-Rücken und über ihn den Gipfel.

Tauernkogel, 2874 m 202

K: Hm 1300, Ekm 10, Z 4,5. Skt 2ab (Gipfelflanke), Klt 0, Lg 1. Abf W, NO. März—Mai.

Von der Windbachalm zum Talschluß und weiter Richtung S. Noch vor dem »Durchschlag«, in einer Höhe von 2200 m, zweigt man Richtung O ab, steigt über die »Taurleite« bis in eine Höhe von 2400 m auf und wendet sich dann Richtung S zum Krimmler Tauern (2634 m). Noch bevor man die Paßhöhe erreicht, biegt man nach links ein und erreicht über die W-Flanke unschwierig den Gipfel.

Eine andere Anstiegsmöglichkeit bietet sich (allerdings mit leichter Kletterei) von O, von der Pfaffenscharte (2796 m) her.

Glockenkarkopf, 2912 m 203

K: Hm 1300, Ekm 11, Z 5. Skt 2ab, Klt 1, Lg 1. Abf W, NO. März—Mai.

Von der Windbachalm wie beim Anstieg zum Tauernkopf bis zur »Taurleite« in einer Höhe von 2400 m. Hier zweigt man nicht nach rechts ab, sondern behält die O-Richtung bei, erreicht einen kleinen See (»Schafseebl«, 2612 m) und biegt erst jetzt Richtung SSO zum Schattseitkees ein. Ab einer Höhe von 2720 m wird es sehr steil. Unterhalb des Pfaffenschneidkopfes biegt man nach links ab und erreicht eine Einsattelung (2875 m). Skidepot. Über unschwierige Blöcke zum ungewöhnlich aussichtsreichen Gipfel. Von der Scharte kann man in einer knappen halben Stunde auch den Pfaffenschneidkopf (2918 m) ersteigen.

Vom Schafseebl kann man genau Richtung S zur Pfaffenscharte (2796 m) aufsteigen. Über den O-Grat erreicht man in leichter Kletterei (Klt 1) den Tauernkopf. Mit Abfahrt nach W ergibt sich eine hübsche Überschreitung.

204 Rainbachegg, 2529 m

K: Hm 950, Ekm 3, Z 3. Skt 1a, Klt 0, Lg 1. Abf S, SO. März und April.

Der einzige Gipfel vom Krimmler Tauernhaus aus, bei dem keine langen Wegstrecken zu überwinden sind. Vom Gasthaus auf einem Fahrweg ins Rainbachtal. Der Weg überwindet auf der nördlichen Talseite in einigen Kehren eine Steilstufe oberhalb einer Bachschlucht. Wenn es nach dieser Steilstufe eben ins Tal hineingeht, zweigt man nach rechts ab und steigt über einen schönen Rücken Richtung NW zu den sanften Böden der Rainbachleiten auf. Hier wendet man sich Richtung N und erreicht, zuletzt steil, aber ohne Schwierigkeiten den Gipfel.

205 Roßkopf, 2845 m

K: Hm 1250, Ekm 7, Z 4. Skt 2a, Klt 0, Lg 1. Abf SO, dann Fahrweg. März bis Mai.

Auf dem Fahrweg ins Rainbachtal. Nach knappen zwei Gehstunden ziehen sowohl vom Roßkopf als auch vom Mannlkarkopf zwei deutlich erkennbare Grate Richtung SO ins Rainbachtal. Sie schließen das Roßkar ein, zu dem wir Richtung NW aufsteigen. Aus dem flachen Roßkar geht es in einer Mulde steil zur Roßkarscharte (2687 m). Über den W-Rücken erreicht man ohne Schwierigkeiten den Gipfel. Die Roßkarscharte ermöglicht einen Übergang zur Zittauer Hütte im Gerlostal.

206 Mannlkarkopf, 2873 m

K: Hm 1300, Ekm 7,5, Z 4,5. Skt 1a, Klt 0, Lg 1. Abf SO. März—Mai.

Noch eine Viertelstunde weiter ins Rainbachtal hinein. Vor einer sperrenden Felsmauer (»Keeswände«), unmittelbar vor der Einmündung des Mannlkarbaches, steigen wir Richtung NNW auf einem Rücken zum nördlichen Rand des Rainbachkeeses auf. Anschließend ziemlich flach bis in eine Höhe von 2700 m. Hier kann man nach rechts in die W-Flanke abbiegen, über die man ohne Schwierigkeiten den Gipfel erreicht.

AUSGANGSPUNKT: RICHTERHÜTTE (2374 m)

K: Hm 800, Ekm 7, Z 3. Skt 0, Klt 0, Lg 1. April—Juni.

Die Richterhütte gehört der Sektion Rheydt-Mönchengladbach des DAV. Sie wird von Herrn Erwin Bachmaier (A-5743 Krimml, Tel. im Tal 0 65 64-328) ab Anfang Juni bewirtschaftet. Ein kleiner Winterraum (2 Lager) ist stets offen. Er befindet sich in einem Nebengebäude und ist gut eingerichtet.

Vom Krimmler Tauernhaus auf einem Fahrweg bis zum Talschluß (»Keeselböden«, 1200 m, Talstation der Materialseilbahn). Die Hütte steht in aussichtsreicher Lage auf einer vorgeschobenen Kuppe, die im obersten Teil felsig abbricht. Wir halten uns etwas rechts von diesen Felsen, bis wir die Hüttenhöhe erreicht haben und eben zur Hütte abbiegen können.

Reichenspitze, 3303 m 207

K: Hm 950, Ekm 3, Z 3,5. Skt 2a, Klt 2, Lg 1. Abf O, SO. April—Juni.

Von der Hütte geht man in einem Bogen das Rainbachkeeskar aus und steigt dann Richtung NW, teilweise steil, zum südlichsten Lappen des Rainbachkeeses auf. In einer Höhe von 2700 m hält man sich stärker rechts und quert das Rainbachkees ansteigend fast bis zum felsigen Aufbau des Gablers, unter dem man in eine Einsattelung zwischen Gabler und Reichenspitze aufsteigt. Skidepot etwas unterhalb der Scharte. Durch die O-Flanke (alte Versicherungen) auf den Gipfel.

Zillerspitze, 3091 m 208

K: Hm 750, Ekm 2,5, Z 3. Skt 2a, Klt 1, Lg 1. Abf O, SO. März—Mai.

Auf dem Anstieg zur Reichenspitze bis in eine Höhe von 2700 m. Hier zweigt man nach links ab und steigt steil in Richtung W zu einer Einsattelung zwischen Zillerspitze und Richterspitze auf (»Richterscharte«, 2893 m). Skidepot etwas unterhalb der Scharte. Über den S-Grat in leichter Blockkletterei auf den Gipfel. Bei günstigen Bedingungen nicht in die Scharte, sondern in der steilen Flanke unmittelbar fast bis zum Gipfel.

Richterspitze, 3054 m 209

K: Hm 700, Ekm 2, Z 2,5. Skt 2a, Klt 1, Lg 1. Abf O, SO. März—Mai.

Auf dem Anstieg zur Reichenspitze bis in eine Höhe von 2500 m. Hier zweigt man nach links ab und steigt Richtung W steil zur Gamsscharte (2976 m, kleiner Unterstand) auf. Skidepot. Unschwierig über den S-Grat auf den Gipfel.

210 Nördliche Nadelspitze, 2955 m

K: Hm 600, Ekm 2, Z 2,5. Skt 2ab (Steilrinne unterhalb des Gletschers), Klt 2, Lg 1. Abf NO. März—Mai.

Die Nadelspitzen sind eine Felsmauer, die ebenso wie der gegenüberliegende Spaten interessante Klettereien bieten. Die Nördliche Nadelspitze ist noch am leichtesten erreichbar. Von der Hütte in leichtem Bogen durch das Rainbachkeeskar, nach kurzer Zeit aber Richtung SW durch eine schluchtartige Rinne zum Gletscher und über diesen zur Nördlichen Zillerscharte (2849 m). Skidepot. Über den NW-Grat in mäßig schwieriger Kletterei auf den Gipfel. Bei günstigen Bedingungen muß man nicht bis in die Scharte aufsteigen, sondern kann links davon mit Skiern fast den Gipfel erreichen.

211 Rainbachspitze, 3130 m

K: Hm 850, Ekm 3, Z 3. Skt 2ab, Klt 0, Lg 1. Abf O, NO. März—Juni.

Auch »Zillerschartenspitze« genannt. Von der Hütte Richtung SO in eine Mulde, in der man bis in eine Höhe von 2600 m aufsteigt. Nun scharf nach rechts abbiegen und durch felsdurchsetztes Gelände zum südlichsten Teil des Keeskarkeeses aufsteigen. Über diesen Gletscher ziemlich steil einem Grat entlang aufwärts, bis man bei P. 3007 eine Möglichkeit findet, zum Seekarkees zu queren. Über die O-Flanke ohne Schwierigkeiten weiter zum Gipfel. Mit Abfahrt ins Windbachtal großartige Überschreitung, zudem eine der herrlichsten Abfahrten in den Zillertaler Alpen — ein einziger Riesenhang!

212 Windbachtalkopf, 2844 m

K: Hm 500, Ekm 2, Z 1,5. Skt 1a, Klt o, Lg 0 (bei vernünftiger Spurwahl). Abf NO—NW. März—Mai.

Von der Hütte Richtung O und über einen Rücken zu der Mulde, die dem Windbachtalkopf nördlich vorgelagert ist. Durch diese Mulde zur Hohen

Scharte (2718 m). Man steigt nicht bis zur Scharte auf, zu der man queren müßte, sondern hält schon vorher unmittelbar auf den Gipfel zu. Oder: In Richtung Westl. Windbachtalscharte (2693 m). In etwa 2550 m nach links und über die Westflanke, das letzte Stück zu Fuß, zum Gipfel.

Windbachkarkopf, 2765 m 213

K: Hm 400, Ekm 2, Z 1,5. Skt 1ab, Klt 0, Lg 1. Abf S, NW. März—Mai.

Wie beim Anstieg zum Windbachtalkopf zur Hohen Scharte, über den S-Rücken, teilweise schmal und heikel, bei günstigen Verhältnissen aber mit Skiern auf den Gipfel.

*

TOURENBEREICH GERLOS — GERLOSTAL

Der Tourenbereich beginnt am Gerlospaß und erstreckt sich durch das gesamte Gerlostal bis Zell am Ziller. Gerlos (1245 m) erreicht man aus dem Inntal (Autobahnabfahrt Achensee—Zillertal) über Zell am Ziller (40 km, teilweise kurvenreiche, aber gut ausgebaute Bergstraße). Die Anstiege dieses Tourenbereiches sind von unterschiedlicher Länge und Schwierigkeit. Aus dem Wildgerlostal wird die bekannte Wildkarspitze (3076 m) bestiegen, von der Zittauer Hütte aus die anspruchsvolle Reichenspitze (3303 m), der etwas leichtere Gabler (3260 m) und der unschwierige Roßkopf (2845 m). Mit einem Übergang in das Rainbachtal läßt sich die Besteigung des Mannlkarkopfes (1873 m) verbinden. Ein derartiger Übergang ist aber auch nach einer Besteigung der anderen genannten Gipfel möglich.

Unmittelbar von Gerlos aus geht es in das Schönachtal. Spät im Jahr verkürzt hier eine Fahrstraße (Fahrverbot, Befahren zur Skitourenzeit geduldet, 1986) die ohnehin langen Anstiege auf die Schönachschneid (3062 m) und den Zillerkopf (2997 m). Auch die Wildgerlosspitze (3265 m) und (deutlich schwieriger) die Schneekarspitze (3205 m) können aus dem Schönachtal bestiegen werden, wobei man allerdings im letzten Teil des Anstieges auf die S-Seite wechseln muß. Ein gemütlicher Skiberg mit eindrucksvoller Aussicht ist der Schönbichl (2050 m) am Eingang des Tales. Arbiskogel (2049 m) und Kirchspitze (2314 m), früher schöne und beliebte Skitouren, werden von Liftanlagen (»Fürstalmbahnen«) aus erreicht.

Zwei Kilometer talabwärts von Gerlos, bei Gmünd, zweigt das Wimmertal ab. Wer den Anmarsch durch das lange Tal nicht scheut (7 km bis zum Talschluß, dann allerdings eine traumhaft schöne Skimulde), kann den Aukarkopf (2737 m) besteigen. Am Beginn des Tales sind Roller (1945 m) und Schafkogel (2096 m) rasch erreichbare Ziele, während die gegenüberliegende Talseite von den Fürstalmbahnen erschlossen wurde. Der Weiterweg zum höheren Kehlkopf (2229 m) ist möglich, skiläuferisch aber nicht lohnend. Ein weiteres Stück talabwärts (4 km von Gerlos) liegt das Gasthaus »Kühle Rast« (1191 m), ein bekannter und beliebter Ausgangspunkt für Skitouren. Erstiegen werden vor allem der Torhelm (2451 m) und die Brandberger Seespitze (2390 m). Diese beiden Gipfel und (in kürzerem Anstieg) der Geißkopf (2273 m) können auch von der Bergstation der Gerlosstein-Seilbahn aus bestiegen werden. Scheut man den langen Anstieg durch den Schwarzachgrund nicht, kann man von der Höhenbergnieder den Höhenbergkarkopf (2792 m) erreichen.

Die Kitzbüheler Alpen auf der gegenüberliegenden Talseite (nördlich des Gerlostales) bieten insbesondere im Hochwinter natürlich gleichfalls verlockende Tourenziele. Anregung und Hilfe in diesem Bereich könnte mein Gebietsführer »Skitouren in den Kitzbüheler Alpen« (gleichfalls im Steiger-Verlag erschienen) bieten.

Karten: Vom Gerlospaß bis Gmünd (Wimmertal) empfiehlt es sich, die AV-Karte 35/3 (Zillertaler Alpen, Östliches Blatt, mit Skirouten erhältlich) zu benützen. Anschließend steht als genaue Karte die ÖK 150 (Mayrhofen) zur Verfügung. Als Übersichtskarten dienen Freytag & Berndt WK 152 (Mayrhofen, Zillertaler Alpen, Gerlos, Krimml) oder Kompaß Nr. 37 (Zillertaler Alpen, Tuxer Voralpen).

Auskünfte und Zimmernachweis:
Fremdenverkehrsverband A-6281 Gerlos, Tel. 0 52 84-52 44
Fremdenverkehrsverband A-6280 Zell am Ziller, Tel. 0 52 82-22 81

→

Auf dem Anstieg zum 279 Olperer. Gute Skibergsteiger können die Skier bis zum »Schneegupf« mitnehmen und damit den weitaus größten Teil des Anstiegs (bei sicheren Schneeverhältnissen!) abfahren. Die Liftanlagen im Hintergrund führen nahezu bis zum Gipfel der Gefrorenen Wand.

ALPINA

Wildkarspitze, 3076 m

214

K: Hm 1650, Ekm 6, Z 5. Skt lab, Klt 1, Lg 1. Abf N, NW. März—Mai.

Von Gerlos in Richtung Gerlospaß. Kurz vor der Mautstelle (etwa nach 8 km) zweigt eine Straße zum Almdorf Königsleiten ab. Gleich nach der Abzweigung scharf nach links abbiegen und unter der Paßstraße durchfahren. Nach 1,3 km von der Abzweigung Fahrverbot (Befahren geduldet, 1986). Rund 4 km fahren wir den Stausee Durlaßboden entlang bis zum Gasthaus Finkau (1422 m). Der Gasthof ist nur im Sommer bewirtschaftet. Großer Parkplatz. Vom Gasthaus zur Drisselalm (1583 m). Über steile Hänge Richtung NO zur Wildkar Hochalm (1973 m). In einer Mulde Richtung SO zu einem kleinen See (Wildkarsee), unmittelbar unterhalb der Seekarscharte (2519 m). Weiter ziemlich genau Richtung S bis zum Wildkarkees, das man in Richtung auf eine deutlich erkennbare Einsattelung (2907 m) im NW-Grat der Wildkarspitze überquert. Skidepot. Über den Grat, zuletzt etwas steil, aber ohne besondere Schwierigkeiten, zum Gipfel. Oder: Weiterhin in Richtung Süd zum Nordostgrat und über diesen zum höchsten Punkt.

Weniger Höhenmeter, aber eine ungleich längere Wegstrecke hat man zu überwinden, wenn man statt vom Gasthaus Finkau vom Hotel Gerlosplatte (1687 m) aufsteigt.

AUSGANGSPUNKT ZITTAUER HÜTTE (2329 m)

K: Hm 900, Ekm 5, Z 3. Skt lab, Klt 0, Lg 1. Abf N. April—Juni.

Die Hütte gehört der Sektion Oberpinzgau des ÖAV und wird von Frau Paula Schulze (A-5741 Neukirchen Nr. 12, Tel. 0 65 64-33 22) ab Mitte Juni bewirtschaftet. Der Winterraum ist stets offen (10 Schlafplätze).

Wie beim Anstieg zur Wildkarspitze zum Gasthaus Finkau und auf einer breiten Fahrstraße (nicht geräumt, Fahrverbot) zur Drisselalm (1583 m). Am Ende einer weiten Ebene (»Im Grund«) kommt man zur Talstation der Materialseilbahn. Der unmittelbare Aufstieg ist nun durch eine felsige Steilstufe gesperrt (»Klamml«). Man hält auf einen Durchschlupf rechts

←

Auf dem Großen Kaserer — vor der Verliftung dieses Gebietes. Heute führt ein Schlepplift bis unmittelbar unter den Gipfel. Leicht erreichbar sind durch die Aufstiegshilfen auch 279 Olperer und 280 Kleiner Kaserer.

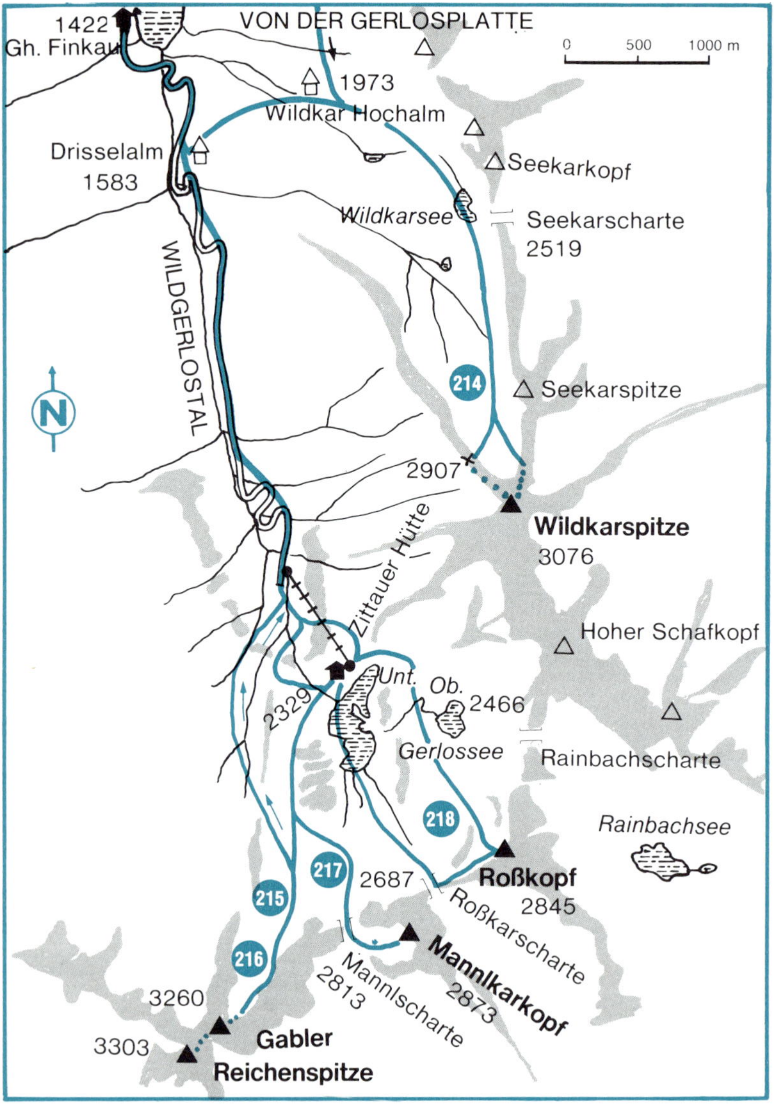
VON DER GERLOSPLATTE
0 500 1000 m
1422
Gh. Finkau
1973
Wildkar Hochalm
Drisselalm
1583
Seekarkopf
Wildkarsee
Seekarscharte
2519
WILDGERLOSTAL
N
214
Seekarspitze
2907
Wildkarspitze
3076
Zittauer Hütte
Hoher Schafkopf
Unt.
Ob.
2466
2329
Gerlossee
Rainbachscharte
218
Rainbachsee
217
2687
Roßkopf
2845
215
Roßkarscharte
216
Mannlkarkopf
2873
Mannlscharte
2813
3260
3303
Gabler
Reichenspitze

vom »Klamml« zu und erreicht in weitem Bogen die Hütte. Wenn es die Verhältnisse erlauben, kann man das Klamml auch links umgehen, wobei man (im letzten Teil recht steil) auf eine gut sichtbare Stütze der Materialseilbahn zu hält. Beide Anstiege sind erst spät im Jahr zu empfehlen. Sie sind insbesondere nach Schneefällen oder Wärme-Einbrüchen heikel.

Gabler, 3260 m

215

K: Hm 950, Ekm 2,5, Z 3. Skt 1a, Klt 1, Lg 1. Abf N. April—Juni.

Von der Hütte auf den Rücken oberhalb des Sees, dann etwas weiter rechts in der Flanke zum Wildgerloskees. Über den Gletscher in Richtung SW zu einem Firnrücken (»Glatze«) und weiter bis zu den Felsen des Gablers. Skidepot. Ohne besondere Schwierigkeiten zum Gipfel.

Reichenspitze, 3303 m

216

K: Hm 1000, Ekm 3, Z 4. Skt 1a, Klt 2, Lg 1. Abf N. April—Juni.

Wie bei 215 bis zu den Felsen, dann über den Kamm auf die Rainbachseite und in eine Einsattelung (3197 m). Über die O-Flanke (verfallene Versicherungen, meist unter Schnee) auf den Gipfel. Bei winterlichen Verhältnissen anspruchsvoll und gefährlich. Für die Abfahrt ist es schöner, in einer Höhe von 2700 m links haltend in die nächste Mulde einzufahren, die von unserem Teil des Wildgerloskeeses durch einen Moränenrücken getrennt ist. In dieser Mulde unmittelbar zum Talschluß (etwa 1800 m).

Mannlkarkopf, 2873 m

217

K: Hm 600, Ekm 2,5, Z 2. Skt 2a (Steilhang vor der Scharte), Klt 0, Lg 1. Abf N. März—Mai.

Wie beim Anstieg zum Gabler in Richtung Wildgerloskees. Noch vor dem Gletscher, in einer Höhe von 2600 m, erreicht man, zunächst ohne Höhengewinn querend, dann Richtung S steil ansteigend, die Mannlkarscharte (2813 m). Über die Scharte (geringer Höhenverlust) und die W-Flanke auf den Gipfel.

218 Roßkopf, 2845 m

K: Hm 550, Ekm 3, Z 2. Skt 1a, Klt 0, Lg 0 (bei vernünftiger Spurwahl). Abf N. März—Mai.

Von der Hütte über den See und in der schönen Mulde in Richtung Mannlkarkopf durch ein schönes Kar. Geradeaus weiter zur Roßkarscharte (2687 m) und über den Westrücken auf den Gipfel. Oder: Von der Hütte dem Sommerweg zur Rainbachscharte folgen. In einer Höhe von 2430 m nach Süden einbiegen und weiter zwischen den Felsabbrüchen über dem Unteren und Oberen Gerlos-See, zuletzt von rechts her zum Gipfel.

AUSGANGSPUNKT: GERLOS (1245 m) — SCHÖNACHTAL

219 Schönbichl, 2050 m

K: Hm 700, Ekm 4, Z 2,5. Skt 0, Klt 0, Lg 0. Abf N, SW (Variante S, W). Dezember—April.

Von der Ortsmitte über die Brücke ins Schönachtal. Bereits nach 500 m Fahrverbot (kein Schranken, Befahren zur Tourenzeit geduldet). Nicht asphaltierte Fahrstraße bis zur Jausenstation Lackenalm (1405 m) und weiter zur Ißalm. Ausgangspunkt zum Schönbichl ist jedoch bereits die Stinkmoosalm (1348 m). In einem weiten Rechtsbogen über die Kreidlschlagalm, unter dem Filzegg (1734 m) links vorbei und in der Grundrichtung Süd auf den Gipfel. Eine andere Anstiegsmöglichkeit beginnt 500 m taleinwärts und führt über die Lahneralm (1390 m) zur Lahnerhöhe (1961 m) und über den S-Rücken auf den Gipfel. Eindrucksvoll ist vor allem die Sicht auf den Kamm, der von der Kirchspitze bis zum Zillerkopf reicht.

220 Schönachschneid, 3062 m

K: Hm 1600, Ekm 7, Z 5. Skt 1ab, Klt 0, Lg 2. Abf NW, N. April und Mai.

Die Schönachschneid ist ein eindrucksvoller Felskamm, der das Schönachtal im Süden abschließt. Der höchste Punkt dieser abweisenden Schneide ist von S her leicht zugänglich. Auf Grund der Länge des Anstieges ist es zweckmäßig, sich die Schönachschneid erst vorzunehmen,

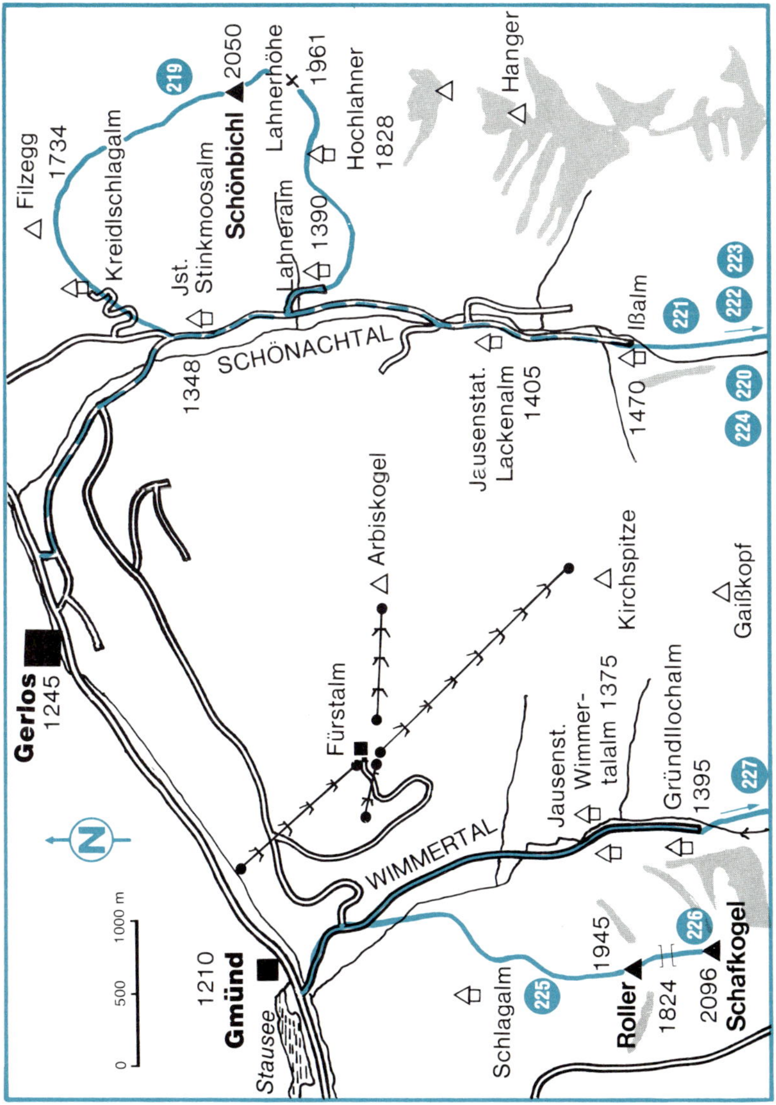

Gerlos
1245
Gmünd
1210
Stausee
0
500
1000 m
N
SCHÖNACHTAL
WIMMERTAL
Filzegg
1734
Kreidlschlagalm
219
Schönbichl
2050
Lahnerhöhe
1961
Hochlahner
1828
Hanger
Jst.
Stinkmoosalm
Lahneralm
1390
1348
Jausenstat.
Lackenalm
1405
Ißalm
1470
221
222
223
220
224
Arbiskogel
Fürstalm
Kirchspitze
Gaißkopf
Jausenst.
Wimmer-
talalm 1375
Gründllochalm
1395
227
Schlagalm
225
Roller
1945
1824
226
Schafkogel
2096

wenn man bis zur Ißalm (1470 m) fahren kann (Fahrverbot, kein Schranken, Befahren zur Skitourenzeit geduldet, 1986). Zu Fuß bis zur Ißalm 1,5 Stunden.

Von der Ißalm über eine Brücke, durch den völlig ebenen Ißanger und über die erste Steilstufe, die links (im Aufstiegssinne) von der Bachschlucht überwunden wird. Anschließend wieder mit geringem Höhengewinn zum Talschluß (1940 m). Man hält sich nun links von einem deutlich erkennbaren Moränenkamm und steigt, teilweise steil, zum östlichen Teil des spaltenreichen Schönachkeeses auf. Weiterhin links haltend steigt man entlang einer Felsrippe bis in eine Höhe von 2750 m auf. Nun beginnt man Richtung SW zu der (anfangs noch nicht sichtbaren) Einsattelung etwas östlich von P. 2981 aufzusteigen. An dieser Stelle kann man unschwierig zum Zillerkees hinüberwechseln. Über diesen hier bereits flachen Gletscher unschwierig zum höchsten Punkt der Schönachschneid.

221 Schneekarspitze, 3205 m

K: Hm 1750, Ekm 7,5, Z 5,5. Skt 1ab, Klt 2 (kurz), Lg 2. Abf SW, NW, N. April—Juni.

Wie beim Anstieg zur Schönachschneid zum obersten Boden des Zillerkeeses. Unterhalb des Gipfels der Schönachschneid, die hier ein sanftes Firndach ist, Richtung O erst flach, dann steiler zum Gipfelaufbau. Durch die W-Flanke und in mäßig schwieriger Kletterei erst durch eine Rinne, dann kurz über den Grat, auf den Gipfel.

222 Wildgerlosspitze, 3278 m (Südgipfel) bzw. 3265 m (Nordgipfel)

K: Hm 1850, Ekm 8, Z 6. Skt 1ab, Klt 2, Lg 2. Abf SW, NW, N. April—Juni.

Einer der formschönsten Gipfel der Reichenspitzgruppe. Wie beim Anstieg zur Schönachschneid zum Zillerkees, Richtung O unterhalb der Schneekarspitze queren und oberhalb eines wilden Gletscherbruches, etwa bei 3100 m, das Firnbecken Richtung SO zu der Einsattelung (3025 m) zwischen Wildgerlosspitze und Kuchelmooskopf ausgehen. Skidepot. Über die Blöcke des S-Grates zu einem kleinen Abbruch (schwierigste Stelle) unterhalb des Gipfels und weiter zum höchsten Punkt. Man erreicht den höheren S-Gipfel. Der etwas niedrigere N-Gipfel (3265 m) ist leichter erreichbar. Man quert dazu nicht die Mulde zum Sattel beim Ansatz des

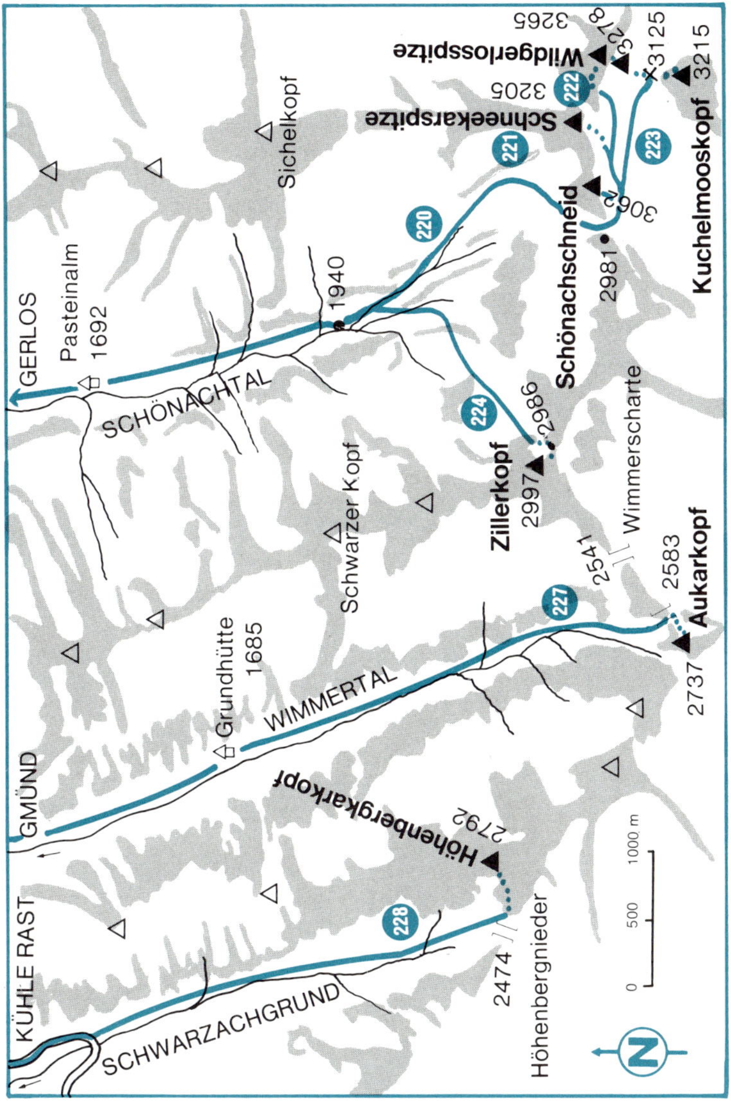
GERLOS
Pasteinalm
1692
1940
SCHÖNACHTAL
Sichelkopf
220
221
222
223
224
Schneekarspitze
3205
Wildgerlosspitze
3265
3278
3125
3215
Kuchelmooskopf
Schönachschneid
3062
2981
2986
Zillerkopf
2997
Wimmerscharte
2541
2583
Aukarkopf
227
2737
Schwarzer Kopf
Grundhütte
1685
WIMMERTAL
GMÜND
Höhenbergkarkopf
2792
KÜHLE RAST
228
2474
Höhenbergnieder
SCHWARZACHGRUND
0
500
1000 m
N

S-Grates, sondern hält auf einen Firnsattel links (nordwestlich) des N-Gipfels zu. Vom Sattel über einen unschwierigen Blockgrat zum N-Gipfel (Klt 1).

223 Kuchelmooskopf, 3215 m

K: Hm 1750, Ekm 8, Z 5,5. Skt 1ab, Klt 0, Lg 2. Abf SO, NO, N. April bis Juni.

Aus der Einsattelung (3125 m) am Beginn des S-Grates der Wildgerlosspitze läßt sich über den N-Rücken unschwierig dieser hübsche Gipfel ersteigen. Möglichst weit hinauf mit Skiern, das letzte Stück meist zu Fuß über unschwierige Blöcke.

224 Zillerkopf, 2997 m

K: Hm 1550, Ekm 5, Z 5. Skt 1ab, Klt 1, Lg 2. Abf NO, N. April und Mai.

Wie beim Anstieg zur Schönachschneid zum Talschluß und weiter bis in eine Höhe von 2000 m. Hier bleibt man rechts (im Anstiegssinne) von dem erwähnten Moränenkamm, steigt in einer Höhe von 2200 m nach rechts über eine weitere Moräne und anschließend Richtung SW zum westlichsten Lappen des Schönachkeeses auf. Über den auch in diesem Teil noch spaltenreichen Gletscher zu einer kleinen Einsattelung links vom Gipfel. Das letzte Stück ist steil und heikel und muß meist zu Fuß zurückgelegt werden. Über den SW-Grat weiter zum Gipfel.

AUSGANGSPUNKT: GMÜND — WIMMERTAL

Gmünd (1210 m) liegt etwas mehr als 2 km talabwärts von Gerlos. Hier zweigt das lange Wimmertal ab — mit einer traumhaft schönen Skimulde über dem Talschluß. Noch vor Gmünd (wenn man von Zell kommt), bei einer Brücke, verläßt man das Haupttal auf einer Fahrstraße (Wegtafel »Wimmertal«, Schranken).

225 Roller, 1945 m

K: Hm 750, Ekm 3, Z 2. Skt 0, Klt 0, Lg 0. Abf N, NO. Dezember—März.

Hübscher Skigipfel gegenüber dem Liftgebiet (»Fürstalmbahnen«). Von Gmünd auf dem Fahrweg ein kurzes Stück ins Wimmertal. In den Talboden, über den Bach, und über schönes Skigelände Richtung SW auf den Rücken, der zum Roller führt.

Schafkogel, 2096 m 226

K: Hm 1050, Ekm 3,5, Z 3. Skt 1a, Klt 0, Lg 1. Abf N, NO. Dezember bis März.

Vom Roller kurz hinab in eine Einsattelung (1824 m) und über die schöne N-Flanke geradewegs auf den Gipfel. In einigem Auf und Ab kann man über den Kamm (teilweise verwächtet, verblasen) unschwierig zum etwas höheren Kehlkopf (2229 m) weitersteigen. Das ist aber skiläuferisch nicht lohnend.

Aukarkopf, 2737 m 227

K: Hm 1550, Ekm 6, Z 5. Skt 1a, Klt 1, Lg 1. Abf N. März—Mai.

Spät im Jahr ist die Fahrstraße zumindest bis zur Jausenstation Wimmertalalm (1375 m) befahrbar, doch besteht Fahrverbot. Die Jausenstation liegt auf der anderen Bachseite und wird nicht berührt. Noch ein Stück weiter, im ebenen Boden bei der Gründllochalm (1395 m) endet der Fahrweg. Bis hierher zu Fuß eine Stunde. Nun über den Bach und — wahrlich ohne Orientierungsschwierigkeiten — im Talboden aufwärts, zuerst sanfter, dann in zunehmender Steilheit auf den Gipfelaufbau zu. Bevor es felsig wird, etwa in einer Höhe von 2500 m, hält man sich etwas links und versucht, den NO-Grat möglichst hoch oben zu erreichen. Skidepot in einer Einsattelung bei 2583 m. In unschwieriger Blockkletterei auf den Gipfel. Die Abfahrt weist auf Grund der windgeschützten Nordlage oft noch spät im Jahr herrlichen Pulverschnee auf.

AUSGANGSPUNKT: GASTHAUS »KÜHLE RAST« (1191 m)

Der Gasthof, beliebter Ausgangspunkt für Skitouren, gerade auch für Tourengeher aus dem süddeutschen Raum, liegt knapp 5 km talabwärts von Gerlos. Man parkt am besten beim Gasthaus, denn die Straße in den Schwarzachgrund ist nur mehr 300 m befahrbar, dann Fahrverbot, Schranken, Parkplatz (im Wald).

228 Höhenbergkarkopf, 2792 m

K: Hm1300, Ekm 6, Z 4,5. Skt 1a, Klt 0, Lg 1. Abf N. Dezember—April.

Auf der Fahrstraße in den Schwarzachgrund und weiter ohne Orientierungsschwierigkeiten bis zur Höhenbergnieder (2474 m). Den Ostgrat kann man auch etwas oberhalb erreichen, über ihn zu Fuß auf den Gipfel.

229 Torhelm, 2452 m

K: Hm 1250, Ekm 5, Z 3,5. Skt 1a, Klt 0, Lg 0 (bei vernünftiger Spurwahl). Abf O, N. Dezember—März.

Vom Gasthaus ein kurzes Stück auf einem Fahrweg, dann nach rechts über freie Wiesen Richtung S zur Weißbachalm. Nun folgt eine Querung (Weg) ins Weißbachtal, zum Weißbachalm-Mitterleger (1757 m). Auf der linken Seite der weiten Mulde weiter bis in eine Höhe von 1950 m. Hier verläßt man den Talboden und steigt nach rechts zu einem Rücken, den man, teilweise verblasen und schmal, nie aber schwierig, bis zum Gipfel verfolgt.

230 Brandberger Seespitze, 2390 m

K: Hm 1200, Ekm 5, Z 3,5. Skt 0, Klt 0, Lg 0 (bei vernünftiger Spurwahl). Abf O, N. Dezember—April.

Wie beim Anstieg zum Torhelm bis in eine Höhe von 1950 m. Hier zweigt man nicht nach rechts zu dem erwähnten Rücken ab, sondern bleibt im Talboden, bis man in einer Höhe von 2200 m über schönes Skigelände nach links zu einem Rücken aufsteigen kann, von dem man zuletzt etwas nach rechts zum höchsten Punkt quert. Der Gipfel ist unbedeutend, die Abfahrt jedoch schöner als die vom Torhelm.

AUSGANGSPUNKT: HAINZENBERG

Der Weiler Hainzenberg liegt oberhalb der ersten Steilstufe nach Zell am Ziller, die man mit dem Pkw in sechs scharfen Kurven bewältigt. Hier befindet sich die Talstation der betagten Gerlosstein-Seilbahn, die uns mühelos auf 1620 m bringt.

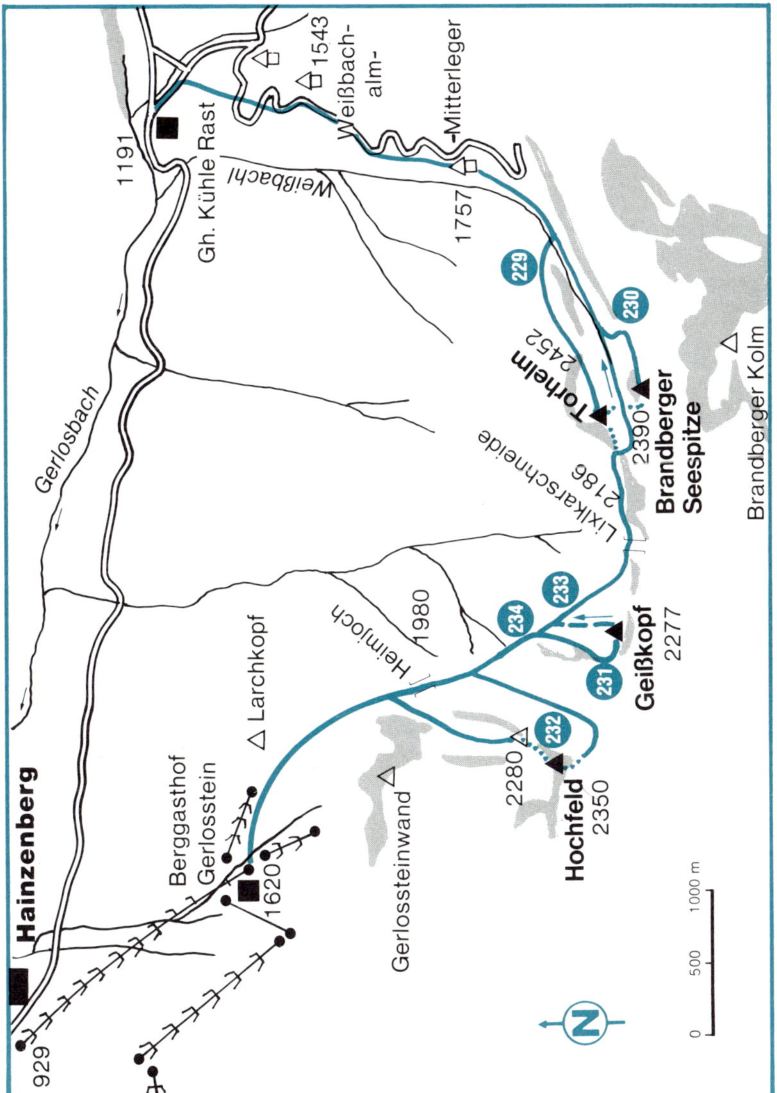
Hainzenberg
929
Berggasthof
Gerlosstein
1620
Larchkopf
Gerlosbach
1191
Gh. Kühle Rast
Weißbachl
Weißbach-
alm-
Mitterleger
1543
1757
229
230
Torhelm
2452
Brandberger
Seespitze
2390
Brandberger Kolm
Lixlkarschneide
2186
233
234
Geißkopf
2277
231
Heimjoch
1980
232
Hochfeld
2350
2280
Gerlossteinwand
N
0
500
1000 m

231 Geißkopf, 2277 m

K: Hm 650, Ekm 4, Z 2. Skt 0, Klt 0, Lg 0. Abf N, NO, dann Piste. Dezember bis April.

Von der Bergstation Richtung SO durch ein Tälchen zum Heimjoch (1980 m). Besonders Bequeme können sich den Anstieg zum Joch weitgehend durch einen Schleiflift abnehmen lassen. Über dieses Joch in eine Mulde, aus der man jedoch bald nach links in eine weitere Mulde quert, in der man zum Geißkopf aufsteigt, den man zuletzt etwas von rechts her erreicht. Der Geißkopf ist eine unscheinbare Erhebung neben mehreren Kuppen ähnlicher Höhe. Hinweis: Es ist die zweite deutliche Erhebung nach dem Torhelm. Die Abfahrt erfolgt unmittelbar über einen schönen, nach Nord ziehenden Rücken.

232 Hochfeld, 2350 m

K: Hm 750, Ekm 3, Z 2,5. Skt 1a, Klt 0, Lg 1. Abf N, NW. Dezember bis April.

Wie beim Anstieg zum Geißkopf zum Heimjoch. Etwas unterhalb des Joches hält man sich jedoch rechts und steigt Richtung S in eine schöne Mulde auf, die zu einem Vorgipfel (kleines Holzkreuz) und über den NW-Grat auf das Hochfeld führt. Der Übergang ist heikel. Im Winter gibt man sich daher mit dem Vorgipfel zufrieden. Besser erreichbar ist der Hauptgipfel, wenn man zum Geißkopf aufsteigt, sich dann aber weiter rechts hält. Durch eine Mulde entlang von Felsabbrüchen zu einem Kamm, dann ziemlich steil (meist zu Fuß) links vom Grat in der Südflanke auf den Gipfel.

233 Brandberger Seespitze, 2390 m (über das Heimjoch)

K: Hm 800, Ekm 5, Z 3. Skt 0, Klt 0, Lg 1. Abf (zur Kühlen Rast) O, N. Jänner—April.

Über das Heimjoch lassen sich auch Torhelm und Brandberger Seespitze erreichen. Die Abfahrt auf dem Anstiegswege ist jedoch skiläuferisch weit weniger lohnend als die zum Gasthof Kühle Rast. Schön ist dagegen eine Überschreitung, wobei man von der Kühlen Rast sowohl mit einem bereitgestellten PKW als auch mit dem Bus zum Ausgangspunkt zurückkehren kann.

Vom Heimjoch quert man bis zu einem breiten Sattel am Ansatz des Torhelm-Westgrates. Vorsicht: Kurze Steilflanken nicht anschneiden, sondern Gelände ausnützen und umgehen (schweres Lawinenunglück vor einigen Jahren unterhalb der Lixlkarschneid). Nun die Lixlkarschneid entlang. Bevor sich der Grat aufsteilt, nach rechts etwa 15 Höhenmeter hinunter und in der steilen Südmulde zwischen Torhelm und Brandberger Kolm erst querend, dann ansteigend, in die Einsattelung links von der Brandberger Seespitze. Bei günstigen Verhältnissen in wenigen Minuten auf den Gipfel. Sonst etwa 150 Höhenmeter durch eine schöne Mulde abfahren und wie beim Anstieg von der Kühlen Rast (Nr. 230) auf den Gipfel.

Torhelm, 2452 m (über das Heimjoch) 234

K: Hm 900, Ekm 5, Z 3,5. Skt 0, Klt 1, Lg 1. Abf (zur Kühlen Rast) O, N. März und April.

Wie beim Anstieg zur Seespitze (Nr. 233) über das Heimjoch und zur Lixlkarschneid bzw. dem Ansatz des Westgrates. Bei günstigen Bedingungen können gute Skibergsteiger mit aufgeschnallten Skiern den Gipfel über den Grat erreichen. Leichter ist es, wie bei 233 zu der Einsattelung links von der Brandberger Seespitze zu queren bzw. aufzusteigen und den Torhelm von Süden über einen kleinen Vorgipfel zu erreichen. Erscheinen beide Möglichkeiten nicht ratsam (z. B. bei Neuschnee), muß man von der Einsattelung durch eine schöne Mulde bis in eine Höhe von 1950 m abfahren und hat dann noch 1, 5 Stunden Aufstieg (wie von der Kühlen Rast, Nr. 229) vor sich.

*

TOURENBEREICH MAYRHOFEN IM ZILLERTAL

Mayrhofen (630 m) erreicht man von der Autobahnabfahrt Achensee—Zillertal nach 31 km Fahrt auf der inzwischen sehr gut ausgebauten Straße über Fügen und Zell am Ziller. Mayrhofen ist sowohl im Sommer als auch im Winter einer der bedeutendsten Fremdenverkehrsorte Österreichs. Auch für Tourengeher hat Mayrhofen viel zu bieten, zumal für jene, die ihre Skier nicht am Ostermontag einsommern. Sternförmig ziehen die Täler vom Zentrum Mayrhofen in verschiedene Richtungen: der Zillergrund, der Stilluppgrund und der Floitengrund nach Osten bzw. Südosten, der Zemmgrund, der Schlegeisgrund nach Süden, das Tuxer Tal nach Westen bzw. Südwesten. Lediglich Zemmgrund und Tuxer Tal weisen größere Siedlungen auf, alle anderen »Gründe« müssen Mayrhofen zugeordnet werden. Es ist damit flächenmäßig der weitaus größte Tourenbereich im Zillertal. Im Hochwinter ist allerdings in Mayrhofen für den Tourengeher nicht viel zu holen. Je später im Tourenjahr, je umfassender werden die Tourenmöglichkeiten. Insbesondere sind Anstiege von den Hütten aus möglich, deren Zugänge im Winter stark lawinenbedroht sind.

Der Zillergrund zieht von Mayrhofen in Richtung O bis zum erst seit 1987 fertiggestellten Speicher »Zillergründl«, wie der hinterste Teil dieses Tales genannt wird. Der Bau der Kraftwerkanlagen hat im Zillergrund wie auch in anderen Tälern im Tourenbereich Mayrhofen auch etwas Gutes: Mautstraßen und Taxidienste verkürzen den Aufstieg zu den Hütten, mitunter (wie beim Zillergrund) um fast vier Stunden (14 km, 800 Hm). Vom Zillergründl führen lange und anspruchsvolle Anstiege auf den Zillerkopf (2997 m), die Wildgerlosspitze (3278 m) und ihren gemütlichen Nachbarn, den Kuchelmooskopf (3221 m). Vom innersten Zillergründl sind Dreiecker (2892 m), Windbachspitze (2869 m) und Winkelkopf (2858 m) erreichbar — Grenzberge nach Südtirol hin. Für weitere Anstiege steht mit der Plauener Hütte (2373 m) ein Stützpunkt zur Verfügung: für die Reichenspitze (3303 m), die Zillerplattenspitze (3147 m) und einige andere Gipfel. Vom Zillergrund zweigen einige Seitentäler ab, von denen der Hundskehlgrund und der Sundergrund die bedeutendsten sind. Aus dem Hundskehlgrund werden Wagnerschneidspitze (2899 m), Löffelspitze (3018 m) und Napfspitze (3143 m) erstiegen. Die Napfspitze ist auch (in noch längerem Anstieg) aus dem Sundergrund erreichbar.

Auch im Stilluppgrund kann man sich mit dem Kleinbus den sonst sehr langen Anstieg zur Kasseler Hütte verkürzen, indem man sich bis zur Grünen Wand Hütte (1413 m) bringen läßt. Die Kasseler Hütte (2178 m) bietet spät im Jahr einige genußvolle Skitouren: die Wollbachspitze (3210 m), die Vordere Stangenspitze (3120 m), die Grüne Wand (2946 m) und die Keilbachspitze (3093 m).

Karten: AV-Karte 35/3 (Zillertaler Alpen, Östliches Blatt, mit Skirouten) und 35/2 (Zillertaler Alpen, Mittleres Blatt). Was die ÖK betrifft, deckt ÖK 150 (Mayrhofen) den Bereich östlich von Mayrhofen, ÖK 149 (Lanersbach) den Bereich westlich von Mayrhofen ab. Als Übersichtskarten empfehlen sich Freytag & Berndt WK 152 (Mayrhofen, Zillertaler Alpen, Gerlos, Krimml) oder Kompaß Nr. 37 (Zillertaler Alpen, Tuxer Voralpen, mit alpinen Skirouten).

Auskünfte und Zimmernachweis:
Fremdenverkehrsverband A-6290 Mayrhofen, Tel. 0 52 85-23 05

ANSTIEGE AUS DEM ZILLERGRUND

Der Zillergrund führt zum Wirtshaus In der Au (1270 m) und weiter zum Gasthaus Bärenbad (1433 m). Das Gasthaus In der Au ist ganzjährig bewirtschaftet und bietet Nächtigungsmöglichkeit (Tel. 0 52 85-24 44). Busverkehr ab Mitte Mai (Johann Schiestl jun.: A-6290 Mayrhofen 42, Tel. 0 52 85-28 58 oder 0 52 85-219). Die Abfahrt erfolgt vom Bahnhof Mayrhofen (an der Umfahrungsstraße). Eine günstige Zustiegsmöglichkeit: Mayrhofen-Tunnel, beim Südportal (bis hierher mit eigenem PKW). Eine Freigabe der Werkstraße für den öffentlichen Verkehr (natürlich mit Maut) wird erwogen. Vom Bahnhof bis zum Gasthof Bärenbad sind es 19 km, bis zur Staumauer 23 km.

Napfspitze, 3143 m (aus dem Sundergrund) 235

K: Hm 1900, Ekm 10, Z 6, Skt 1ab, Klt 1, Lg 2. Abf W, N. April—Juni.

Vom Wirtshaus In der Au (1269 m) auf einem Fahrweg (Fahrverbot, nicht geräumt) in den Sundergrund. Der Fahrweg endet kurz nach der Schönhüttenalm (1771 m). Weiter zunächst mit geringem Höhengewinn, dann etwas steiler zu einer Felsstufe, die am besten auf der linken Talseite (im Aufstiegssinne) überwunden wird. Nun wieder sehr flach (»Mösla«, 2216 m), dann scharf nach links abbiegen und Richtung O aufsteigen. Einen unbedeutenden Vorgipfel (Roßkopf, 2622 m) läßt man links liegen und steigt in die der Napfspitze westlich vorgelagerte große Mulde auf. Noch vor den sperrenden Felsen des Gipfelaufbaus biegt man

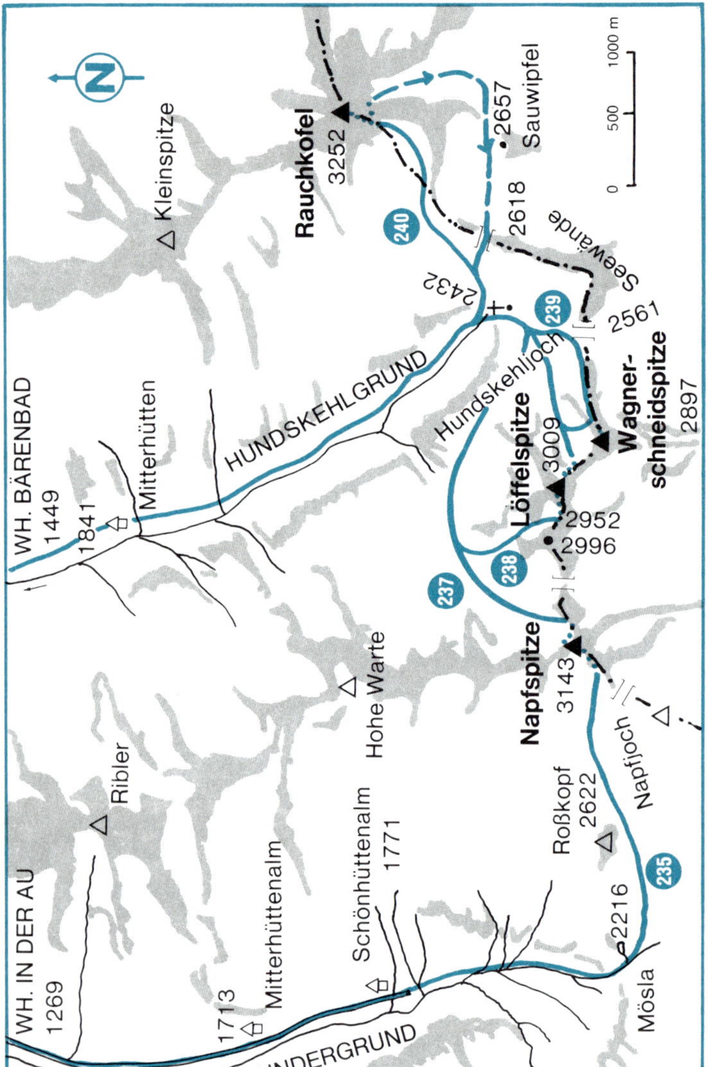
N
Rauchkofel
3252
2657
Sauwipfel
2618
Seewände
2561
Wagner-
schneidspitze
2897
Löffelspitze
3009
2952
2996
Hundskehljoch
2432
240
239
238
237
235
HUNDSKEHLGRUND
WH. BÄRENBAD
1449
1841
Mitterhütten
Kleinspitze
Napfspitze
3143
Napfjoch
Roßkopf
2622
2216
Mösla
Hohe Warte
Ribler
Schönhüttenalm
1771
Mitterhüttenalm
1713
WH. IN DER AU
1269
SUNDERGRUND
0
500
1000 m

nach rechts und erreicht den SW-Grat. Skidepot. Über den Grat etwas steil, aber ohne besondere Schwierigkeiten, auf den Gipfel. Der Gipfel wird mitunter auch als »Dreiecketer« bezeichnet.

Wollbachspitze, 3210 m 236

K: Hm 1950, Ekm 10, Z 6. Skt 2ab, Klt 0, Lg 2. Abf NO, N. April—Juni.

Vom Gasthaus In der Au durch das Sundertal zum Talschluß und über die felsige Geländestufe in das flache Becken (»Mösla«). Ziemlich steil Richtung SW zum Grasleitenkees. In einer Höhe von 2600 m biegt man nach rechts ein und hält auf P. 2808 der AV-Karte zu. Hier bietet sich zumeist die beste Möglichkeit, einen Gletscherabbruch zu überwinden. Über einen sanften Rücken, später etwas nach rechts abbiegend, auf den Gipfel, das letzte Stück unschwierig zu Fuß.

Napfspitze, 3143 m (aus dem Hundskehlgrund) 237

K: Hm 1700, Ekm 10, Z 5,5. Skt 1a. Klt 1, Lg 1. Abf NO , N. April und Mai.

Vom Wirtshaus Bärenbad (1449 m) Richtung S in den Hundskehlgrund und zum Talschluß. Weiter in einer schönen Mulde, die nur allmählich steiler wird, bis in eine Höhe von 2432 m (»Petrusbildl«). Das Hundskehljoch (2561 m) wäre von hier in kurzem und sanftem Anstieg erreichbar. Wir biegen aber scharf nach links ab und queren oberhalb einer Steilstufe das Löffelkar, steigen dann Richtung W zum Griesbachjochkees auf. Über diesen Gletscher zuerst sehr flach, dann mittelsteil Richtung SO auf den Gipfel zu. Den Gipfel erreicht man im letzten Teil des Anstieges zu Fuß etwas von rechts (O) her über eine kurze Gratstufe.

Löffelspitze, 3009 m 238

K: Hm 1600, Ekm 10, Z 5,5. Skt 2ab, Klt 1, Lg 1. Abf NO, N. April und Mai.

Wie beim Anstieg zur Napfspitze durch den Hundskehlgrund, in das Löffelkar und in einer Querung nach W zum Grießbachjochkees. Nun aber schärfer nach links abbiegen und Richtung S auf einen deutlich ausgeprägten Grat zu, der von einem kotierten (P. 2996), aber nicht bezeichneten Gipfel herabzieht. Knapp rechts von diesem Grat, kurzzeitig etwas steil, zu einer Einsattelung (2952 m) zwischen dem erwähnten unbenannten Gipfel und der Löffelspitze. Skidepot. Über den W-Grat unschwierig zum Gipfel.

239 Wagnerschneidspitze, 2897 m

K: Hm 1450, Ekm 8,5, Z 4,5. Skt 1a, Klt 0, Lg 1. Abf O, N. März—Mai.

Vom Gasthaus Bärenbad durch den Hundskehlgrund und weiter Richtung S bis zum Hundskehljoch (2561 m). Über den O-Rücken fast bis zum Gipfel mit Skiern, das letzte Stück unschwierig zu Fuß. Auch von der Wagnerschneidspitze läßt sich über den Verbindungsgrat in leichter Kletterei die Löffelspitze (3009 m) erreichen. Oder: Aus dem Löffelkar zum Grat zwischen Wagnerschneid- und Löffelspitze und (ganz kurz) über den Grat zur Löffelspitze. Aus dem Löffelkar könnte man übrigens auch die Wagnerschneidspitze erreichen.

240 Rauchkofel, 3252 m

K: Hm 1850 , Ekm 10, Z 6. Skt 2a, Klt 1, Lg 1. Abf S, W, N. März—Juni.

Vom Gasthaus Bärenbad durch den Hundskehlgrund bis in eine Höhe von 2380 m. Hier biegt man nach links ab und steigt in der Grundrichtung Ost zur Westflanke auf. Nun bis zu einer Schulter im Südgrat. Skidepot. Über den Blockgrat zum Gipfel. Skiläuferisch ist es besonders schön, auf Südtiroler Gebiet durch ein herrliches Südkar, das beiderseits von ausgeprägten Graten begrenzt wird, bis auf 2600 m abzufahren — sichere Verhältnisse vorausgesetzt! Man quert dann oberhalb des Sauwipfels (2657 m) Richtung West zurück zu einer Einsattelung (2618 m), über die man wieder auf österreichisches Gebiet gelangt.

241 Schönachschneid, 3062 m

K: Hm 1650, Ekm 6, Z 5. Skt 2a, Klt 0, Lg 1. Abf S. März—Mai.

Vom Gasthof Bärenbad auf der Werkstraße zum Speicher Zillergründl. Der letzte Teil führt durch einen Tunnel. Das nördliche Ufer des Speichers entlang, bis man links nach Steilgelände eine Aufstiegsmöglichkeit in eine deutlich ausgeprägte Mulde (»Zillerkargründl«) sieht. Durch

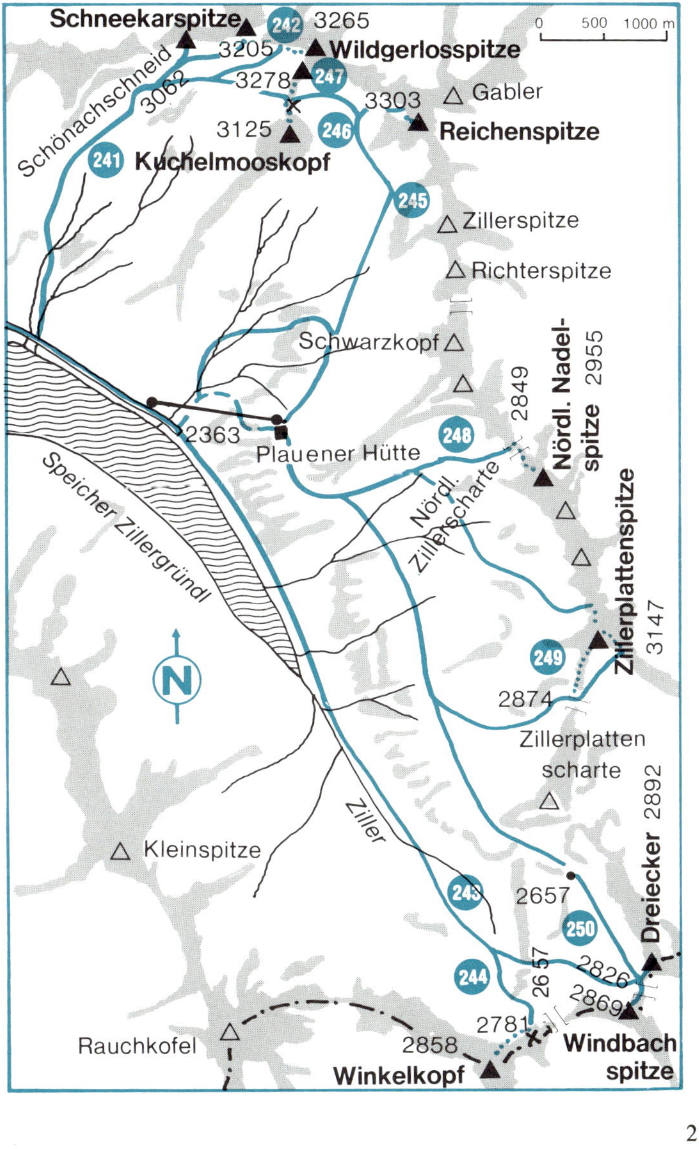
Schneekarspitze
242
3265
3205
Wildgerlosspitze
3278
247
Schönachschneid
3062
3303
Gabler
Reichenspitze
3125
246
241
Kuchelmooskopf
245
Zillerspitze
Richterspitze
0 500 1000 m
Schwarzkopf
2849
Nördl. Nadelspitze
2955
2363
Plauener Hütte
248
Nördl. Zillerscharte
Speicher Zillergründl
Zillerplattenspitze
3147
249
N
2874
Zillerplatten scharte
Ziller
2892
Kleinspitze
Dreiecker
243
2657
250
244
2826
26 57
2869
2781
Windbach spitze
Rauchkofel
2858
Winkelkopf

diese Mulde und weiter, durch das Zillerkar, in der Grundrichtung N zum westlichen Teil des Zillerkeeses. Über diesen Gletscher ohne Schwierigkeiten bis zum Gipfel. Quert man unterhalb der Schönachschneid in Richtung Ost, kann man wie bei 221 auch die Schneekarspitze (3205 m) besteigen.

242 Wildgerlosspitze, 3278 m

K: Hm 1800, Ekm 6,5, Z 6. Skt 2a, Klt 2, Lg 1. Abf SW, S. März—Mai.

Wie bei 241 zum Zillerkees. In einer Höhe von 3100 m quert man oberhalb eines Gletscherbruches Richtung Südost zu der Einsattelung (3125 m) zwischen Wildgerlosspitze und Kuchelmooskopf. Skidepot. Über die Blöcke des Südgrates zu einem kleinen Abbruch (schwierigste Stelle) unterhalb des Gipfels und weiter zum höchsten Punkt. Man erreicht den etwas höheren Südgipfel. Der Nordgipfel (3265 m) ist leichter erreichbar. Man quert nicht die Mulde zum Sattel beim Ansatz des Südgrates, sondern hält auf einen Firnsattel links (nordwestlich) des Nordgipfels zu. Vom Sattel erreicht man über einen unschwierigen Blockgrat (Klt 1) den Gipfel.— Aus der Einsattelung (3125 m) läßt sich auch der Kuchelmooskopf (3215 m) unschwierig erreichen (vgl. 223).

243 Dreiecker, 2892 m

K: Hm 1450, Ekm 10, Z 5,5. Skt 2a (kurze Steilstufen, sonst 0), Klt 0, Lg 1. Abf NW, N. März—Mai.

Vom Gasthof Bärenbad zum Speicher Zillergründl und das Nordufer entlang, dann im Talboden der Ziller, immer in sehr sanftem Anstieg, bis zum Talschluß. Erst in einer Höhe von 2400 m müssen wir eine kurze Steilstufe Richtung O überwinden. Wir steigen zu den Resten des Dreieckerkeeses auf und über diesen flachen Gletscherfleck zu einer Einsattelung (2826 m) zwischen Dreiecker und Windbachspitze. Skidepot. Über den SW-Grat ohne besondere Schwierigkeiten auf den Gipfel. Noch kürzer und leichter läßt sich von der Scharte aus die Windbachspitze besteigen. Bei günstigen Bedingungen kommt man auf beide Gipfel mit Skiern.

244 Winkelkopf, 2858 m

K: Hm 1400, Ekm 10, Z 5. Skt 1a (kurz; sonst 0), Klt 1, Lg 1. Abf NO, N. März—Mai.

Wie beim Anstieg zum Dreiecker durch das Zillergründl bis in eine Höhe von 2400 m (vor der felsigen Steilstufe). Nun behält man die Grundrichtung bei und steigt ohne Schwierigkeiten zum Heiliggeistjöchl (2657 m), ehemals wichtiger Übergang ins Ahrntal, auf. Man kann auch bereits etwas unterhalb der Scharte über die NO-Flanke zu einem Vorgipfel (P. 2781) aufsteigen. Skidepot. Mit geringem Höhenverlust in eine Senke und über den NO-Grat in leichter Blockkletterei auf den Gipfel.

AUSGANGSPUNKT: PLAUENER HÜTTE (2363 m)

Die Plauener Hütte (2363 m) gehört der Sektion Plauen-Vogtland des DAV. Sie wird von Herrn Hauser (A-6283 Hippach, Tel. im Tal 0 52 85-31 14) ab Mitte Juni bewirtschaftet. Ein Winterraum mit zehn Lagern bleibt stets offen.

K: Hm 950, Ekm 6, Z 3. Skt 2ab, Klt 0, Lg 2. Abf W. April—Juni.

Vom Gasthof Bärenbad (1449 m) auf der Werkstraße der TKWAG (Tauernkraftwerke AG), teilweise durch Tunnels, zum Speicher Zillergründl (1850 m). Am linken (nördlichen) Ufer eine halbe Stunde entlang. Kurz nach einer Bachschlucht (»Keesbäche«) zweigt der Weg zur Hütte ab (Hinweisschild). Spät im Jahr ist es zweckmäßig, dem Sommerweg zu folgen, der über einen steilen W-Hang, unterbrochen von einer Felsstufe, zur Hütte führt. Die Felsstufe muß dabei zu Fuß überwunden werden. Wer den steilen Hüttenanstieg vermeiden möchte oder muß, kann nach der ersten Steilstufe in die weite Bachmulde zurückkehren und Richtung NO bis über den sperrenden Felsgürtel aufsteigen. Man befindet sich dann etwa 100 m höher als die Hütte, die man über die sanft geneigten Hänge des Kuchelmooskares abfahrend erreicht.

Reichenspitze, 3303 m 245

K: Hm 950, Ekm 3,5, Z 3. Skt 2a (Gipfelflanke), Klt 1, Lg 1. Abf W—S. April—Juni.

Von der Hütte über die sanften Hänge Richtung N zum Kuchelmooskees. Über den spaltenreichen Gletscher zuerst weiterhin Richtung N, nach einer Steilstufe (etwa in einer Höhe von 2900 m) Richtung NW abbiegen. In einem Bogen um den felsigen Gipfelaufbau der Reichenspitze herum und Richtung O in einer Firnflanke zu einer Einsattelung etwas nordwestlich des Gipfels. Skidepot. Über steilen Firn oder unschwierige Blöcke zum Gipfel.

246 Kuchelmooskopf, 3215 m

K: Hm 850, Ekm 4, Z 3. Skt 1a, Klt 0, Lg 1. Abf N, SO—SW. April bis Juni.

Wie beim Anstieg zur Reichenspitze zum Kuchelmooskees und in das weite Firnbecken oberhalb des Gletscherbruches. In sehr flachem Anstieg Richtung NW in die Einsattelung (3125 m) zwischen Kuchelmooskopf und der kühnen Wildgerlosspitze. Über den N-Rücken ohne Schwierigkeiten auf den Gipfel.

247 Wildgerlosspitze, 3278 m

K: Hm 950, Ekm 4, Z 3,5. Skt 1a, Klt 2, Lg 1. Abf SO—SW. April—Juni.

Skibergsteiger, die den II. Schwierigkeitsgrad sicher beherrschen, können diesen ungleich bedeutenderen Gipfel besteigen. Wie beim Anstieg zum Kuchelmooskopf in den Sattel (3125 m). Über den S-Grat mäßig schwierig (schwierigste Stelle ist ein kurzer Steilabbruch unterhalb des Gipfels) zum höchsten Punkt. Erreicht wird der etwas höhere N-Gipfel. Handelt es sich um den letzten Tag eines Aufenthaltes auf der Plauener Hütte, kann man die Abfahrt durch den Eisbruch vermeiden, indem man wie bei 241 und 242 über den östlichen Lappen des Zillerkeeses zum Speicher abfährt. Leidenschaftliche Gipfelsammler können bei dieser Gelegenheit auch die Schneekarspitze (3205 m) und die Schönachschneid (3062 m) »mitnehmen«.

248 Nördliche Nadelspitze, 2955 m

K: Hm 600, Ekm 3, Z 2. Skt 0 (lediglich ganz kurzer Steilhang unterhalb der Scharte), Klt 2, Lg 1. Abf SW. April und Mai.

Von der Hütte quert man in Richtung S, eine Mulde ausgehend, um den felsigen Ausläufer eines Grates herum, der vom Schwarzkopf herabzieht. In der weiten Mulde des Hohenaukares steigt man Richtung O zur Nördlichen Zillerscharte (2849 m) auf. Skidepot. Über den NW-Grat mäßig schwierig zum Gipfel.

Zillerplattenspitze, 3147 m

249

K: Hm 800, Ekm 5, Z 3,5. Skt 1a, Klt 2, Lg 1. Abf S, W. viel Querung. April—Juni.

Wie beim Anstieg zur Nördlichen Nadelspitze in das Hohenaukar. Das ganze riesige Kar wird in einer Höhe von 2400 bis 2500 m gequert. Erst im darauffolgenden, durch einen von der Zillerplattenspitze herabziehenden Grat deutlich getrennten Kar, dem Seekar, steigt man zur Zillerplattenscharte (2874 m) auf. Für die spätere Abfahrt ist es am günstigsten, nicht (wie im Sommer üblich) über den S-Grat aufzusteigen, sondern in das hübsche südlich eingelagerte Kar zum SO-Grat hin zu queren, den man in einer Höhe von etwa 3000 m erreicht. Über große Platten geht es steil zum Gipfel.

Wegmäßig etwas kürzer ist eine Variante, die im Hohenaukar zum Hohenaukees aufsteigt und eine Einsattelung (3098 m) am Beginn des N-Grates benützt, über dessen Blöcke man (gleichfalls mäßig schwierig) auf den Gipfel gelangt.

Dreiecker, 2892 m

250

K: Hm 550, Ekm 6, Z 2,5. Skt 1a, Klt 0, Lg 1. Abf W-Hänge, viel Querung. April und Mai.

Der größte Teil des Anstieges muß als landschaftlich sehr schöne Wanderung bezeichnet werden. Von der Hütte in einer Höhe zwischen 2400 und 2500 m durch das ganze Hohenaukar und das anschließende Seekar. Erst nach dem Grat, der vom Keeskarkopf herabzieht, geht es aufwärts, und zwar zu P. 2657 der AV-Karte. Weiter unterhalb des Kammes, der Keeskarkopf und Dreiecker verbindet, zum Dreieckerkees und zu der Einsattelung (2826 m) zwischen Windbachspitze und Dreiecker. Vom Sattel aus können beide Gipfel ohne Schwierigkeiten bestiegen werden, bei günstigen Verhältnissen sogar mit Skiern. Handelt es sich um den letzten Tag eines Aufenthaltes auf der Plauener Hütte, empfiehlt es sich, unmittelbar ins Zillergründl abzufahren.

*

ANSTIEGE AUS DEM STILLUPPTAL

Das Tal wird links und rechts von Steilflanken begrenzt, die einen Aufstieg in die darüberliegenden herrlichen Kare arg erschweren. Die Gipfel selbst sind schroff und nicht als Skiberge, sondern als Kletterziele bekannt wie z. B. Gigalitz (3002 m) auf der einen oder Grundschartner (3064 m) auf der anderen Talseite. Die Kasseler Hütte (2177 m), die man vom Talschluß aus erreicht, bietet allerdings eine Reihe schöner Skigipfel an.

AUSGANGSPUNKT: KASSELER HÜTTE (2177 m)

K: Hm 800, Ekm 3, Z 2,5. Skt 2 ab, Klt 0, Lg 2. Abf W, SW-Hänge. April bis Juni.

Die Hütte gehört der Sektion Kassel des DAV und wird von Frau Herta Wiesinger (A-6290 Mayrhofen, Sportplatzstraße 17, Tel. im Tal 0 52 85-24 69) von Mitte Juni an bewirtschaftet. Ein Winterraum mit sechs Lagern ist stets offen. Bis zum Speicher Stillupp, genauer: bis zum Gasthof Wasserfall (1108 m) führt eine Mautstraße der TKWAG. Eine gehörig lange Straßenwanderung kann man sich ersparen, wenn man mit dem Kleinbus zur Grüne Wand Hütte (1438 m) weiterfährt. Die Fahrten werden vom Taxi-Unternehmen Kröll (Tel. 0 52 85-24 14) durchgeführt. Die Abfahrt erfolgt vom Landes-Reisebüro in Mayrhofen, ab Mitte Mai Linienverkehr. Man kann auch mit dem eigenen PKW auf der Mautstraße bis zum Stausee fahren und das Taxi nur für die Weiterfahrt zur Grüne Wand Hütte benützen. Die Mautstraße ins Stillupptal zweigt unmittelbar bei der Talstation der Ahornbahn ab. Die private Grüne Wand Hütte ist ab Mitte Mai geöffnet und bietet Nächtigungsmöglichkeit. Zu Fuß erreicht man sie vom Speicher in zwei Stunden, von Mayrhofen in vier Stunden. Von der Grüne Wand Hütte zum Talschluß. Dem Sommerweg folgend, links von der Schlucht des Sonntagskarbaches aufsteigen, bis man in einer Höhe von etwa 2000 m nach rechts (S) zur Kasseler Hütte einbiegen und querend aufsteigen kann. Der Hüttenanstieg ist lawinengefährdet und weist mehrere Steilstücke auf. Bei entsprechend sicheren Verhältnissen spät im Jahr ist eine Abfahrt von der Hütte unmittelbar in den Talboden möglich und skiläuferisch natürlich wesentlich schöner.

Vordere Stangenspitze, 3120 m

251

K: Hm 950, Ekm 2,5. Z 2,5. Skt 1a, Klt 0, Lg 1. Abf W-Hänge. April und Mai.

Von der Hütte in das Sonntagskar und auf den Rücken zu, der von der Vorderen Stangenspitze nach W streicht. In der Flanke neben diesem Rücken bis fast unter den Gipfel, das letzte Stück über unschwierige Blöcke zu Fuß.

Wollbachspitze, 3210 m

252

K: Hm 1050, Ekm 3,5, Z 3. Skt 1a, Klt 0, Lg 1. Abf W, NW. April—Juni.

Von der Hütte zunächst eine Mulde ausgehen, dann Richtung SO zum östlichen Stilluppkees aufsteigen. Hier hält man sich links auf die eindrucksvolle Hintere Stangenspitze zu, unter deren Gipfelaufbau man zum Stangenjoch (3058 m) steigt. Über den N-Rücken, bei günstigen Verhältnissen mit Skiern, zum Gipfel.

Grüne Wand, 2946 m

253

K: Hm 800, Ekm 3,5, Z 2,5. Skt 1a, Klt 0, Lg 1. Abf O, NO. April und Mai.

Von der Hütte wie beim Anstieg zur Wollbachspitze zum östlichen Stilluppkees. Noch vor dem Beginn des Gletschers hält man sich rechts und steigt Richtung S zum Keilbachjoch (2835 m) auf. Über den SO-Rücken geht es unschwierig auf die Grüne Wand. Die Abfahrt erfolgt am besten über die gut befahrbare O-Flanke. Vom Keilbachjoch aus kann man unschwierig auch (über den W-Rücken, erst im letzten Teil leichte Kletterei) die Gfallenspitze (2966 m) ersteigen.

Keilbachspitze, 3093 m

254

K: Hm 950, Ekm 3,5, Z 3. Skt 2a, Klt 2, Lg 1. Abf N. April—Juni.

Von der Hütte dem Verlauf des Sommerweges nach nahezu ohne Höhengewinn ins Eiskar. Richtung S zum Westlichen Stilluppkees, einem ziemlich steilen Gletscher, den man erreicht, wenn man einen Rücken

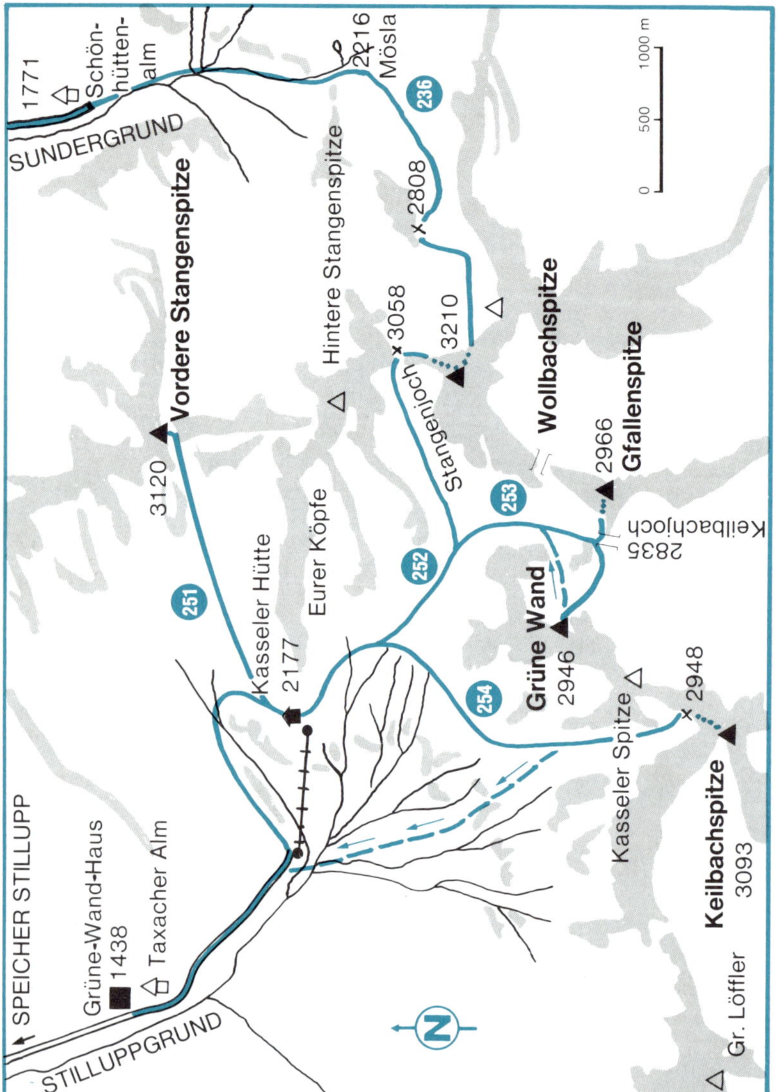
SPEICHER STILLUPP
Grüne-Wand-Haus
1438
Taxacher Alm
STILLUPPGRUND
SUNDERGRUND
1771
Schön-
hütten-
alm
3120
Vordere Stangenspitze
251
Kasseler Hütte
2177
Eurer Köpfe
Hintere Stangenspitze
2216
Mösla
236
2808
3058
3210
Stangenjoch
Wollbachspitze
253
252
2966
Gfallenspitze
2835
Keilbachjoch
Grüne Wand
2946
254
Kasseler Spitze
2948
Keilbachspitze
3093
Gr. Löffler
N
0
500
1000 m

überquert, der in der Fortsetzung des felsigen N-Grates der Kasseler Spitze herabzieht. Auf dem Gletscher hält man sich eher links, nahe den Felsen dieses Grates und steigt mit Skiern bis zu P. 2948 der AV-Karte oder etwas höher auf. Den Gipfel erreicht man in mäßig schwieriger Kletterei über einen teilweise recht steilen Blockgrat. Die Abfahrt ist für gute Skifahrer ausgesprochen genußvoll. Sie kann, wenn es sich um den letzten Tag eines Aufenthaltes auf der Kasseler Hütte handelt, mit Vorteil bis in den Talboden fortgesetzt werden. Man erspart sich dadurch die Querung zur Hütte.

*

TOURENBEREICH DORNAUBERG/GINZLING

Der kleine Ort Dornauberg-Ginzling (985 m) liegt zehn Kilometer südlich von Mayrhofen. Bei der Anreise hat man kurz nach Mayrhofen zwei Möglichkeiten: entweder links durch einen Tunnel mit Ampelregelung (für LKW und Autobusse vorgeschrieben) oder rechts auf der alten schmalen Straße. Auf diesen beiden Wegen wird eine schluchtartige Engstelle überwunden Bei der Talfahrt müssen auch PKW den Tunnel benützen. Von Dornauberg-Ginzling lassen sich mehrere wichtige Ausgangspunkte erreichen.

Anstrengend und anspruchsvoll sind die Touren im Floitengrund. Der Anstieg zur Greizer Hütte (2227 m) ist besonders lawinengefährdet und sollte erst sehr spät im Jahr unternommen werden. Von der Hütte lassen sich bekannte Gipfel wie der Große Löffler (3376 m), der Schwarzenstein (3368 m) und der Große Mörchner (3283 m) ersteigen. Erhebliche Spaltengefahr!

Den bekanntesten Stützpunkt bildet die Berliner Hütte (2040 m) im Zemmgrund. Das gefährlichste ist auch hier der Hüttenanstieg. Die Tourenmöglichkeiten sind unterschiedlich. Sie reichen vom unschwierigen Anstieg auf den Schwarzenstein (3368 m) über die Berliner Spitze (3253 m) und den Großen Möseler (3478 m) bis zum Turnerkamp (3418 m), der schon einen erprobten Skibergsteiger erfordert.

Wenn die Mautstraße zum Schlegeisspeicher (Parkplatz etwa 1800 m Höhe) befahrbar ist, erschließt das Zamser Tal eine Reihe schöner Anstiege, etwa auf den Schrammacher (3410 m), die Hohe Wandspitze

(3289 m) oder die Rotbachlspitze (2895 m). Auch der Olperer (3476 m), für den es allerdings günstigere Aufstiegsmöglichkeiten gibt, ist von hier aus erreichbar. Die »Schlegeisalpenstraße« verkürzt auch den Zustieg zum Furtschagelhaus (2295 m) mit Tourenmöglichkeiten auf das Schönbichler Horn (3133 m) und den Großen Möseler (3478 m).

Karten: AV-Karte 35/3 (Zillertaler Alpen, Mittleres Blatt). Für den Großen Möseler und die noch weiter westlich gelegenen Gipfel ist die AV-Karte 35/1 (Zillertaler Alpen, Westliches Blatt) erforderlich oder ÖK 149 (Lanersbach). Als Übersichtskarten Freytag & Berndt WK 152 (Mayrhofen, Zillertaler Alpen, Gerlos, Krimml) oder Kompaß Nr 37 (Zillertaler Alpen, Tuxer Voralpen, mit alpinen Skirouten).

Auskünfte und Zimmernachweis:
Fremdenverkehrsverband A-6295 Dornauberg-Ginzling, Tel. 0 52 86-280.

AUSGANGSPUNKT: FLOITENGRUND — GREIZER HÜTTE (2227 m)

K: Von der Sulzenalm Hm 900, Ekm 7, Z 3. Skt 2ab, Klt 0, Lg 2. Abf W, NW. April—Juni.

Die Floite und der Anstieg zur Greizer Hütte sind besonders stark von Lawinen bedroht. Der Aufstieg sollte frühestens im April erfolgen, besser erst im Mai. Die Anstiege von der Hütte aus und die Abfahrt bis zum Talboden sind auch im Juni noch möglich. Die Abstürze der Flanken im Tal sind stark felsdurchsetzt, steil, und ebensowenig skifreundlich wie die darüberliegenden Gipfel. Von Ginzling auf einer Fahrstraße bis zur Jausenstation Tristenbachalm (1177 m) mit dem eigenen PKW. Weiter zur Sulzenalm (1326 m), am Wirtshaus Steinbock (1380 m, Sommerbewirtschaftung) vorbei bis zum Talschluß beim Inneren Keesboden (1657 m). Hier geht es zunächst noch in der Grundrichtung SO in angenehmer Steilheit weiter, bis man bei 1800 m nach links zweigt und Richtung O steil zur Hütte aufsteigt. Man hält sich dabei an den Verlauf des Sommerweges bzw. anfangs rechts davon, und erreicht die Hütte zuletzt nach links ausholend, um einen kleinen Felsabbruch zu umgehen.

Die Hütte gehört der Sektion Greiz des DAV und wird von Herrn Rudolf Kröll (A-6290 Mayrhofen Nr. 616, Tel. im Tal 0 52 85-22 34) ab Mitte Juni bewirtschaftet. Ein Winterraum mit 14 Lagern ist mit AV-Schlüssel zugänglich (laut Hütten-Handbuch; tatsächlich offen angetroffen).

Lapenspitze, 2992 m 255

K: Hm 800, Ekm 2,5, Z 3. Skt 1a, Klt 2, Lg 1. Abf SW, W-Hänge. April bis Juni.

Von der Hütte die breite W-Flanke des Grießfeldes Richtung N querend ansteigen und unter dem Ausläufer des von der Lapenspitze herabziehenden Felsgrates in eine schöne Mulde, in der man Richtung NO zur Lapenscharte (2700 m) aufsteigt. Man hält dann aber etwas weiter rechts auf eine Einschartung zwischen dem Hauptgipfel und einem Vorgipfel zu, von der man bei günstigen Verhältnissen (sehr steil!) abfahren kann. Über Blöcke ohne besondere Schwierigkeiten zum höchsten Punkt.

Großer Löffler, 3376 m 256

K: Hm 1150, Ekm 3, Z 3,5. Skt 1a, Klt 0, Lg 1. Abf NW. April—Juni.

Von der Hütte das Grießfeld Richtung S querend zum Floitenkees. Man hält sich etwas rechts von einem auffälligen Felsgrat, der diesen Teil des Gletschers in einen nördlichen und südlichen Lappen teilt. Auf dem steilen und spaltenreichen Gletscher steigt man bis fast zur Grathöhe hinauf und biegt dann nach links ab und erreicht über die SSW-Flanke den Gipfel. Ein Skidepot muß meist erst ganz kurz unter dem höchsten Punkt errichtet werden.

Westliche Floitenspitze, 3194 m 257

K: Hm 1000, Ekm 4, Z 3. Skt 1a, Klt 0, Lg 1. Abf N. April—Juni.

Diese höhere der beiden Floitenspitzen ist auch wesentlich leichter erreichbar und kann bei günstigen Verhältnissen mit Skiern bestiegen werden. Von der Hütte das Griesfeld querend ansteigen zum Floitenkees. Der arg zerklüftete Gletscher wird links von einem Gletscherbruch gequert. Nun hält man auf einen felsigen Ausläufer unseres Gipfels zu, den man bei etwa 2800 m erreicht. Felsabbrüche in der W-Flanke umgeht man in einem weiten Linksbogen, wobei man fast den Tribbachsattel (3053 m) erreicht. Das letzte Stück über unschwierige Blöcke zu Fuß.

Schwarzenstein, 3368 m 258

K: Hm 1150, Ekm 5, Z 3,5. Skt 2a (kurze Steilstufe), Klt 0, Lg 1. Abf N, O. April—Juni.

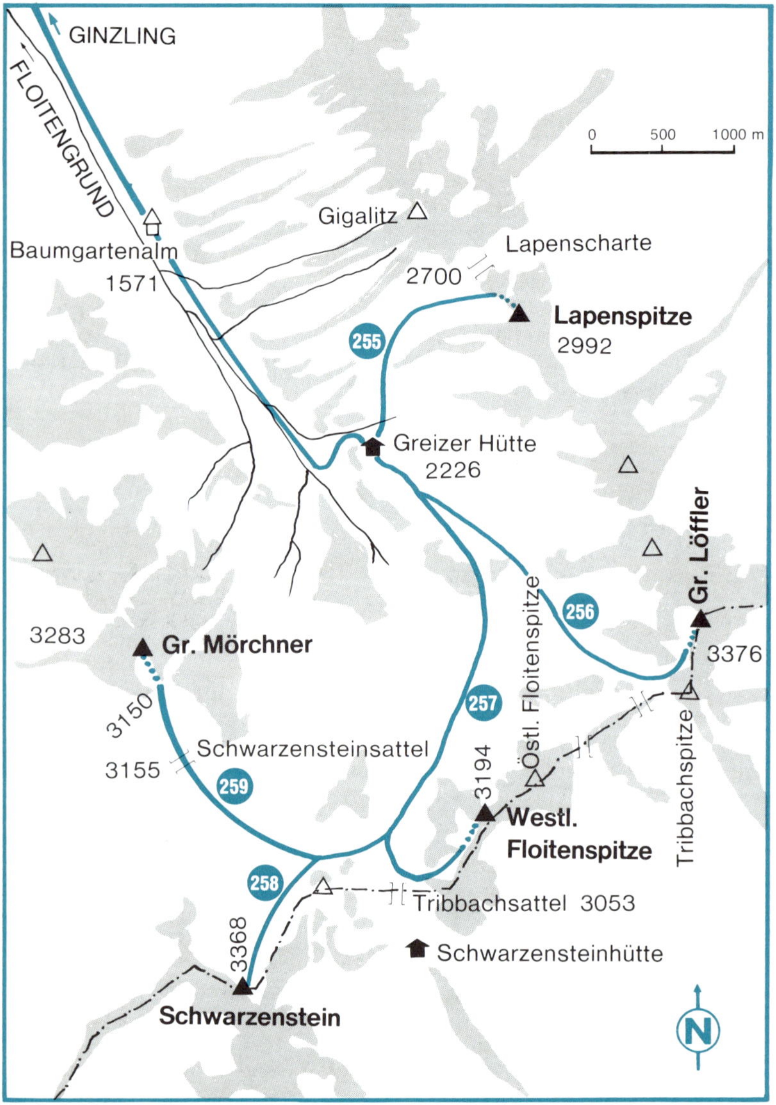
GINZLING
FLOITENGRUND
0 500 1000 m
Gigalitz
Lapenscharte
Baumgartenalm
1571
2700
Lapenspitze
2992
255
Greizer Hütte
2226
Gr. Löffler
Östl. Floitenspitze
256
3283
Gr. Mörchner
3376
3150
257
Schwarzensteinsattel
3155
3194
Tribbachspitze
259
Westl.
Floitenspitze
258
Tribbachsattel 3053
3368
Schwarzensteinhütte
Schwarzenstein
N

Wie beim Anstieg zur Westlichen Floitenspitze zum Tribbachsattel (3053 m). Über eine ausgesprochene Steilstufe erreicht man das ungemein flache Gipfeldach.

Großer Mörchner, 3283 m 259

K: Hm 1100, Ekm 6, Z 3,5. Skt 2a (kurze Steilstufe, sonst 1a), Klt 0, Lg 1. Abf N, W-Hänge. April—Juni.

Wie beim Anstieg zur Westlichen Floitenspitze zum Tribbachsattel. Über eine Steilstufe auf den flachen und breiten Rücken, der Schwarzenstein und Mörchner verbindet. Flach hinab zum Schwarzensteinsattel (3155 m), von dem man fast eben zu einer Einsattelung (3150 m) am Fuße des SO-Grates gelangt. Über diesen Grat, der eher einen behäbigen Rücken darstellt, unschwierig auf den Gipfel.

AUSGANGSPUNKT: ZEMMGRUND — BERLINER HÜTTE (2040 m)

K: Hm 800, Ekm 6, Z 3. Skt 0, Klt 0, Lg 1. Abf NO (großteils langweilig). März—Juni.

Wenn man von Ginzling taleinwärts fährt, zweigt links die »Gunggl« ab, ein wenig skifreundliches Hochtal mit abweisenden, felsdurchsetzten Steilflanken. Ganz anders dagegen der Zemmgrund mit der Berliner Hütte, der größten und vielleicht bekanntesten Hütte in den Zillertaler Alpen. Sie gehört der Sektion Berlin und wird von Herrn Gerhard Hörhager (A-6295 Ginzling Nr. 45, Tel. 0 52 86-223, im Tal 0 52 86-240) ungefähr ab Pfingsten bewirtschaftet. Außerhalb der Bewirtschaftungszeit steht ein großer Winterraum mit 16 Lagern zur Verfügung. Von Ginzling sind es 7 km zum Gasthof Breitlahner (1257 m). Parkplatz. Der Alpengasthof bietet auch Nächtigungsmöglichkeit (Tel. 0 52 86-212). Älteren unter uns ist noch der Saumpfad in Erinnerung, über den mit Pferden die Versorgung der Hütte erfolgte. Inzwischen ist der größte Teil zu einem Fahrweg ausgebaut worden. Auf diesem Fahrweg zunächst zur Grawandhütte (1640 m, Sommerbewirtschaftung). Der Weiterweg zur Alpenrosehütte (1875 m) beeindruckt durch die Tiefblicke in die Schlucht des Zemmbaches. Von der Alpenrose geht es in einer halben Stunde zur Berliner Hütte (2040 m) weiter.

260 Schönbichler Horn, 3133 m

K: Hm 1300, Ekm 3, Z 3,5. Skt 1a, Klt 0, Lg 1. Abf O, NO. März—Mai.

Ausgangspunkt für diese Skitour ist der Gasthof Alpenrose (1875 m) unterhalb der Hangstufe, die zur Berliner Hütte führt. Auch hier kann genächtigt werden (Tel. 0 52 86-222), allerdings erst ab Juni. Andernfalls kurze Abfahrt von der Berliner Hütte. Den Wiederanstieg zur Hütte erspart man sich, wenn man das Horn am letzten Tag eines Aufenthaltes auf der Berliner Hütte ansetzt. Der Weg ist recht eindeutig vorgezeichnet. Von der Alpenrose Richtung SO durch den ebenen Talboden, dann nach rechts schwenken ins Garberkar. In dieses Kar gelangt man, indem man einen felsdurchsetzten Abbruch, über den der Abfluß vom Waxeckkees erfolgt, an der rechten Seite (im Aufstiegssinne) überwindet. Nach diesem Steilstück in herrlichstem Skigelände durch das Garberkar zur etwas südlich des Gipfels gelegenen Schönbichler Scharte (3081 m). Skidepot. Über unschwierige Blöcke auf den Gipfel. Wenn man bei der Abfahrt innerhalb des Moränenrückens bleibt, findet man meist noch spät im Jahr Schnee bis in den Talboden.

261 Großer Möseler, 3478 m

K: Hm 1650, Ekm 6, Z 5. Skt 2a (nur Gipfelhang), Klt 0, Lg 1. Spaltengefahr. Abf SO—NO. April—Juni.

Auch für diesen Anstieg ist das Gasthaus Alpenrose der geeignetere Ausgangspunkt. Man kann von der Berliner Hütte zwar auch ins Garberkar queren, doch ist das mühsam und gleichfalls mit Höhenverlust verbunden. Von der Berliner Hütte kurze Abfahrt in den Talboden und wie beim Anstieg zum Schönbichler Horn bis in eine Höhe von etwa 2600 m. Hier hält man sich nach links (Richtung SO) und erreicht das sehr spaltenreiche Waxeckkees bereits oberhalb der wildesten Brüche. Den Getscher quert man Richtung S bis nahe zum Gipfelaufbau des Möseler. Zwei Firnmulden geht man aus und erreicht die östliche Möselescharte (3240 m). Kurzer Abstieg auf den östlichen Nevesferner, also

→

Besonders beliebt ist wegen des günstigen Verhältnisses von Aufstieg und Abfahrt der Übergang vom 281 Riffler zur 282 Realspitze. Die Abfahrt von diesem Gipfel ins Tuxer Tal ist allerdings steil, anspruchsvoll und lawinengefährdet. Das Foto zeigt die Wächten dicht unterhalb des Gipfels, der bei günstigen Verhältnissen mit Skiern erreicht werden kann.

nach Südtirol. In der SO-Flanke unseres Gipfels steigt man möglichst hoch hinauf, auf die Einsattelung zwischen Großem und Kleinem Möseler zu. Skidepot. Über den Grat unschwierig zum Gipfel.

Roßruggspitze, 3304 m 262

K: Hm 1300, Ekm 4, Z 4,5. Skt 2a (Steilstufe unter dem Steinmandl), Klt 0, Lg 1. Abf N. April—Juni.

Der »Roßruggen« ist eine deutlich ausgeprägte Schneide, die von der Roßruggspitze Richtung N zieht, gerade auf die Berliner Hütte zu. Von der Hütte kurz in den Talboden, den man überquert und über eine Steilstufe etwas mühsam aufsteigt. Unterhalb der felsigen Ausläufer des Roßruggen (»Steinmandl« 2635 m) hält man sich links und steigt zum spaltenreichen Hornkees auf. Am westlichen Rand des Gletschers, immer unterhalb der Schneide des Roßruggens, zur Einsattelung zwischen unserem Gipfel und dem mächtigen Turnerkamp (3229 m), in der AV-Karte kotiert, aber nicht bezeichnet, der »Roßruggscharte«.

Unschwierig über den O-Rücken auf den Gipfel. Skiläuferisch schön, doch ungleich weniger begangen als Möseler oder Berliner Spitze. Leichter, lawinensicherer, aber spaltengefährdeter ist folgender Weg: Wie beim Anstieg zum Möseler bis in eine Höhe von 3100 m. Nun nach links, unterhalb des Möselenock (3297 m) queren, dann über einen steileren Hang Richtung Südost und schließlich Richtung Ost zum Gipfel.

Turnerkamp, 3418 m 263

K: Hm 1500, Ekm 5, Z 5. Skt 2a, Klt 2 (eventuell auch 1e), Lg 1. Abf SO (kurze Gipfelflanke), N. April—Juni.

Wie beim Anstieg zur Roßruggspitze in die Scharte zwischen den beiden Gipfeln (Roßruggscharte, 3229 m). Kurze Abfahrt auf den östlichen Nevesferner (Abfellen lohnt nicht) und in kurzem Wiederanstieg zur Einsattelung P. 3230 am Beginn des S-Grates. An dieser Stelle ist es unschwierig möglich, zum Trattenbachkees hinüberzuwechseln. Nun

←

Das Gipfelkreuz steht auf dem 288 Rastkogel und wurde zu einer Zeit aufgenommen, in der man sich den Anstieg noch nicht durch Aufstiegshilfen verkürzen konnte. Die prachtvolle Aussicht zeigt viele großartige Gipfel wie 279 Olperer, Gefrorene Wand, 281 Riffler, 282 Realspitze u. a. m.

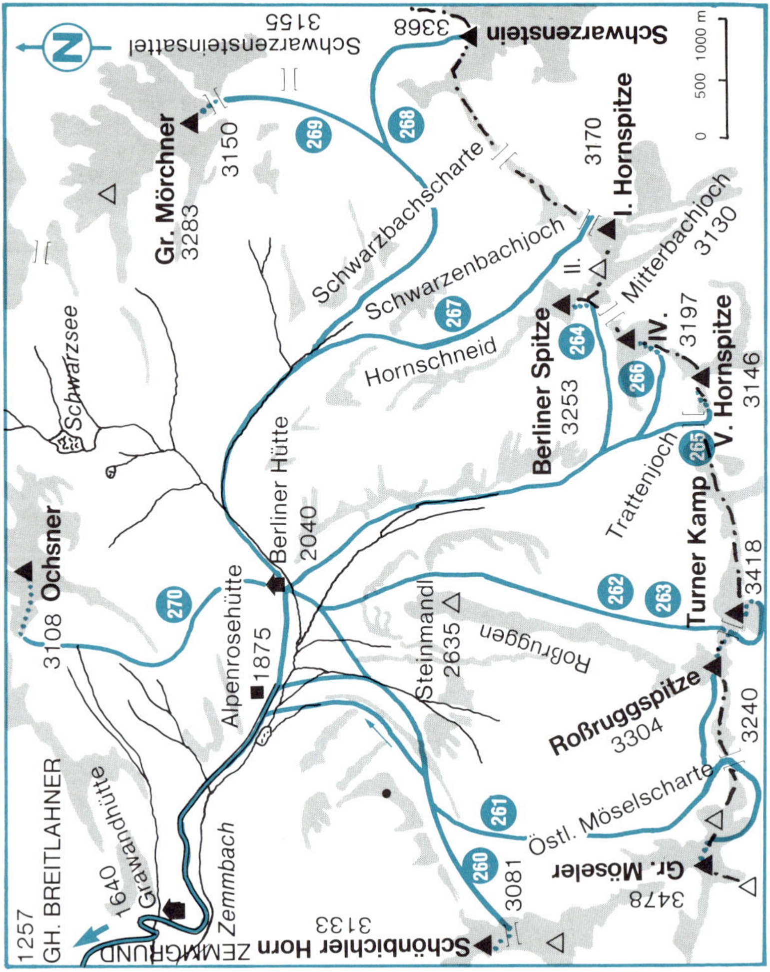

steigt man zu einer deutlich sichtbaren Rinne auf, die die SO-Flanke des Turnerkamps durchzieht. Das Skidepot errichtet man am Beginn der Rinne, durch die man, im oberen Teil eventuell in den Felsen der rechten Begrenzung, mäßig schwierig den Gipfel erreicht.

Dritte Hornspitze (Berliner Spitze), 3253 m 264

K: Hm 1250, Ekm 4,5. Z 3,5. Skt 1a, Klt 0. Lg 1. Abf NW, N. März—Juni.

Der Name hat sich anstatt der ursprünglichen Bezeichnung »Dritte Hornspitze« durchgesetzt. Von der Hütte zunächst sanft durch den Talboden auf die Zunge des spaltenreichen Hornkeeses zu. Steil zum Gletscher hinauf, an seiner linken (östlichen) Seite aufsteigen, vorbei an eindrucksvollen Eisbrüchen, in eine weite Mulde. An ihrem Ende hält man sich links und steigt zum östlichen Lappen des Hornkeeses auf — durchwegs für einen Gletscheranstieg ziemlich steil. Unterhalb des Mitterbachjoches (3130 m) steigt man in der Gipfelflanke möglichst hoch hinauf. Skidepot. Steil, aber unschwierig zum Gipfel (meist gut gespurt).

Fünfte Hornspitze, 3146 m 265

K: Hm 1150, Ekm 4, Z 4. Skt 1a, Klt 2, Lg 1. Abf NW, N. April—Juni.

Wie beim Anstieg zur Berliner Spitze auf das Hornkees, am Gletscherbruch vorbei, in die Gletschermulde. Nun aber nicht nach links abzweigen, sondern weiterhin Richtung SSO, in schönem Gletscheranstieg zum Trattenjoch. Mit Skiern erreicht man noch einen Vorgipfel. Skidepot. Ziemlich schwierig auf einem ausgesetzten Band in die N-Flanke und durch eine Rinne zum Gipfel.

Vierte Hornspitze, 3197 m 266

K: Hm 1200, Ekm 4,5, Z 3,5. Skt 2a (kurze Steilstufe), Klt 1, Lg 1. Abf W, N. März—Juni.

Wie beim Anstieg zur Fünften Hornspitze bis in eine Höhe von 2900 m. Hier hält man sich stärker links und erreicht nach einer Steilstufe ein sanftes Plateau, über das man zu einer Einsattelung zwischen Fünfter und Vierter Hornspitze kommt. Skidepot. Über den S-Grat unschwierig zum Gipfel.

Erste Hornspitze, 3170 m 267

K: Hm 1150, Ekm 5, Z 3,5. Skt 2a (Steilstück unterhalb des Gletschers), Klt 0, Lg 2. Abf N. April—Juni.

Von der Hütte Richtung NO in den weiten flachen Talboden, in dem man Richtung SO gegen den Talschluß aufsteigt. Nun nach rechts steil auf den westlichen Teil des Schwarzensteinkeeses. An wilden Gletscherbrüchen vorbei in das Becken, das der Ersten Hornspitze vorgelagert ist, und zum Schwarzenbachjoch (etwa 3100 m). Nicht verwechseln mit der nordöstlich gelegenen Schwarzenbachscharte (3020 m)! Über den NO-Rücken mit Skiern, dann kurz zu Fuß, unschwierig auf den Gipfel.

268 Schwarzenstein, 3368 m

K: Hm 1350, Ekm 7, Z 4. Skt 1a, Klt 0, Lg 1. Abf NW. März—Juni.

Wie beim Anstieg zur Ersten Hornspitze in den flachen Talboden und bis zum Talschluß. Nun aber nicht nach rechts über den Steilhang, sondern links haltend in etwas geringerer Steilheit zum Schwarzensteinkees hinauf. Unterhalb eines Gletscherbruches (etwa in 2650 m) hält man sich links und quert den mittelsteilen Gletscherhang ansteigend in Richtung Schwarzensteinsattel (3155 m). Hier oder auch schon etwas früher biegt man wieder nach rechts ein und erreicht ziemlich genau Richtung S ansteigend den flachen Gipfelaufbau und den höchsten Punkt. Eigenartiges Gipfelzeichen, unschöne Anlagen eines Privatsenders.

269 Großer Mörchner, 3283 m

K: Hm 1250, Ekm 6, Z 4. Skt 1a, Klt 1, Lg 1. Abf W-Hänge, NW. April bis Juni.

Wie beim Anstieg zum Schwarzenstein Richtung Schwarzensteinsattel (3155 m) oder bereits etwas unterhalb links halten und unmittelbar zur Einsattelung (3150 m) am Beginn des SO-Rückens aufsteigen. Skidepot. Ohne besondere Schwierigkeiten auf den Gipfel.

270 Ochsner, 3108 m

K: Hm 1100, Ekm 3, Z 3,5. Skt 1a, Klt 1, Lg 1. Abf S. März—Mai.

Von der Berliner Hütte Richtung N zur Schwarzensteinalpe aufsteigen. Nun hält man sich nach links, um unterhalb des vom Ochsner herabziehenden Grates in eine Flanke zu gelangen, die anfangs steil, zu einem ebenen Boden führt (etwa 2750 m). Weiter zu einer Einsattelung zwischen Hennsteigenspitze (3000 m) und Ochsner. Skidepot. Über den W-Grat in unschwieriger Kletterei auf den Gipfel. Großartige Aussicht auf das gesamte Tourengebiet der Berliner Hütte.

AUSGANGSPUNKT: ZAMSER GRUND — DOMINIKUSHÜTTE (1805 m)

Die private Dominikushütte, eher ein gepflegter Berggasthof, steht oberhalb der Staumauer am Nordende des Schlegeisspeichers. Sie ist über eine Mautstraße der Tauernkraftwerke AG (Auskünfte: Tel. 0 52 85-81 27) erreichbar und wird ab Mitte Mai von Herrn Franz Eder bewirtschaftet (A-6295 Ginzling, Tel. 0 52 86-216). Zu Fuß vom Breitlahner zwei Stunden. Nächtigungsmöglichkeit. Die meisten Anstiege sind auch im Juni noch möglich, doch müssen die Skier dann bis zum Schnee getragen werden. Wenn eine Überschreitung geplant wird: Ab 1. Juni kann man mit dem Postbus von Mayrhofen zum Schlegeisspeicher fahren.

Olperer, 3476 m 271

K: Hm 1700, Ekm 6 (über O-Grat kürzer), Z 5 (von der Olpererhütte 3,5). Skt 2a, Klt 2, Lg 2 (wegen der O-Lage frühe Abfahrt ratsam). Mai und Juni.

Vom Parkplatz etwa zehn Minuten den Stausee entlang bis zur Wegtafel »Olpererhütte«. Durch lichten Wald ziemlich steil in freies Gelände und weiterhin steil bis in eine Höhe von 2250 m. Hier kann man beginnen, das Riepenkar zu queren und zur Olpererhütte (2389 m) aufzusteigen. Die Hütte gehört der Sektion Berlin des DAV und wird von der in Bergsteigerkreisen geschätzten »Olpererhex«, Frau Olga Platzer (A-6295 Ginzling, Tel. 0 52 86-210 im Tal) ab Anfang Juni bewirtschaftet. Eine Nächtigung im stets offenen Winterraum (14 Lager, kein Brennmaterial) ist natürlich möglich, für einigermaßen trainierte Skibergsteiger aber unnötig (Anstiegszeit etwa 1,5 Stunden).

Von der Hütte Richtung NO auf das Große Riepenkees und flach, erst im letzten Teil etwas steiler, auf den Riepensattel (etwa 3050 m), der wenig ausgeprägten Scharte zwischen Gefrorener Wand und Olperer. Man befindet sich nun im Gletscherskigebiet Hintertux, das man aber nicht berührt, wenn man bereits in einer Höhe von 2900 m nach links abzweigt und über einen ziemlich steilen Hang aufsteigt. Eine kurze felsige Einlage überwindet man mit aufgeschnallten Skiern, denn der anschließende »Schneegupf« ist für sichere Skiläufer durchaus befahrbar. Skidepot in etwa 3360 m Höhe am Beginn der »Schlüsselstelle« dieses Anstieges (Metallbügel, 1986 auch ein altes Kletterseil, das man nicht ungeprüft benützen sollte). Eine zweite Kletterstelle, einen Aufschwung kurz vor dem Gipfel, kann man zumeist rechts umgehen.

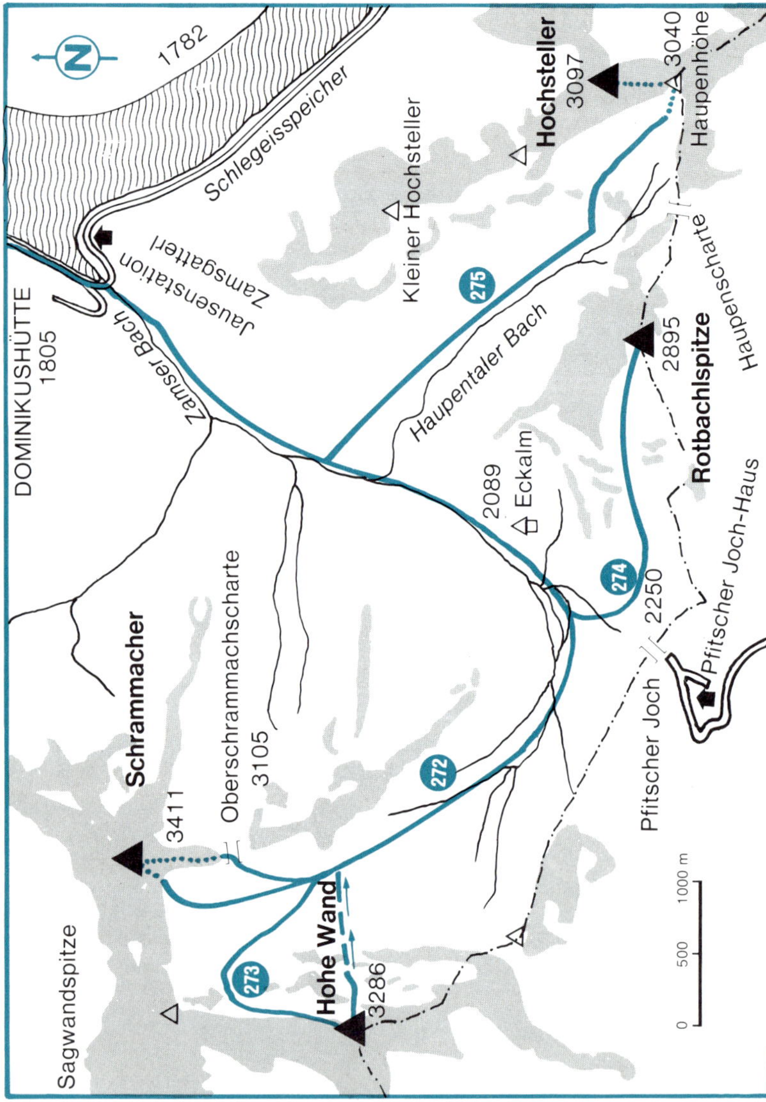
N
1782
Schlegeisspeicher
DOMINIKUSHÜTTE
1805
Jausenstation
Zamsgatterl
Zamser Bach
Kleiner Hochsteller
Hochsteller
3097
3040
Haupenhöhe
Haupenscharte
275
Haupentaler Bach
2895
Rotbachlspitze
2089
Eckalm
274
2250
Pfitscher Joch-Haus
Pfitscher Joch
Schrammacher
Oberschrammachscharte
3105
272
3411
Hohe Wand
3286
273
Sagwandspitze
0
500
1000 m

Schrammacher, 3411 m

272

K: Hm 1650, Ekm 9, Z 5,5. Skt 1a, Klt 1, Lg 2. Abf SO. April—Juni.

Vom Parkplatz bei der Dominikushütte zuerst den Schlegeisspeicher, dann den Zamser Bach entlang mit recht geringem Höhengewinn, bis zum Talschluß unterhalb des Pfitscher Jochs. In einer Höhe von 2100 m biegt man nach rechts ab und erreicht, nun immer in ansehnlicher Steilheit, das Stampflkees. Am östlichen Rand des Gletschers über eine Steilstufe, dann sanft, zur Oberschrammachscharte (3105 m). Skidepot. Über den S-Grat in leichter Kletterei auf den Gipfel.

Man kann auch über die S-Flanke aufsteigen, bis in eine Höhe von etwas über 3200 m mit Skiern, dann ohne besondere Schwierigkeiten über Blöcke.

Hohe Wand, 3286 m

273

K: Hm 1500, Ekm 10, Z 5. Skt 2a, Klt 0, Lg 2. Abf SO. April—Juni.

Wie beim Anstieg zum Schrammacher in den Talschluß und über die ziemlich steilen SO-Hänge zum Stampflkees. Nach dem ersten Steilstück auf dem Gletscher in sehr sanftem Anstieg bis zum obersten Firnbecken unterhalb der Sagwandspitze. Hier biegt man scharf nach links ab und erreicht über einen sehr steilen Hang den Kamm, der von der Sagwandspitze nach S zieht. Über diesen Kamm zum höchsten Punkt der vielgipfeligen Hohen Wand.

Ausgezeichnete Skiläufer können unmittelbar über die steile O-Flanke abfahren, die an den steilsten Stellen etwas über 40 Grad aufweist (Skt 3).

Rotbachlspitze, 2895 m

274

K: Hm 1100, Ekm 7,5, Z 3,5. Skt 2a, Klt 0, Lg 2. Abf W, NW. April—Juni.

Wie beim Anstieg zum Schrammacher bis zum Talschluß. Nun steigt man aber auf der gegenüberliegenden Talseite Richtung S, später (etwa ab 2300 m) Richtung O durch die steile W-Flanke zum Gipfel auf, den man etwas von links her erreicht.

Hochsteller, 3097 m

275

K: Hm 1300, Ekm 8, Z 5. Skt 2ab, Klt 1, Lg 2. Abf NW. April—Juni.

Wie beim Anstieg zum Schrammacher in den Zamser Grund, jedoch nicht bis zum Talschluß, sondern abzweigen, bevor der Haupentaler Bach

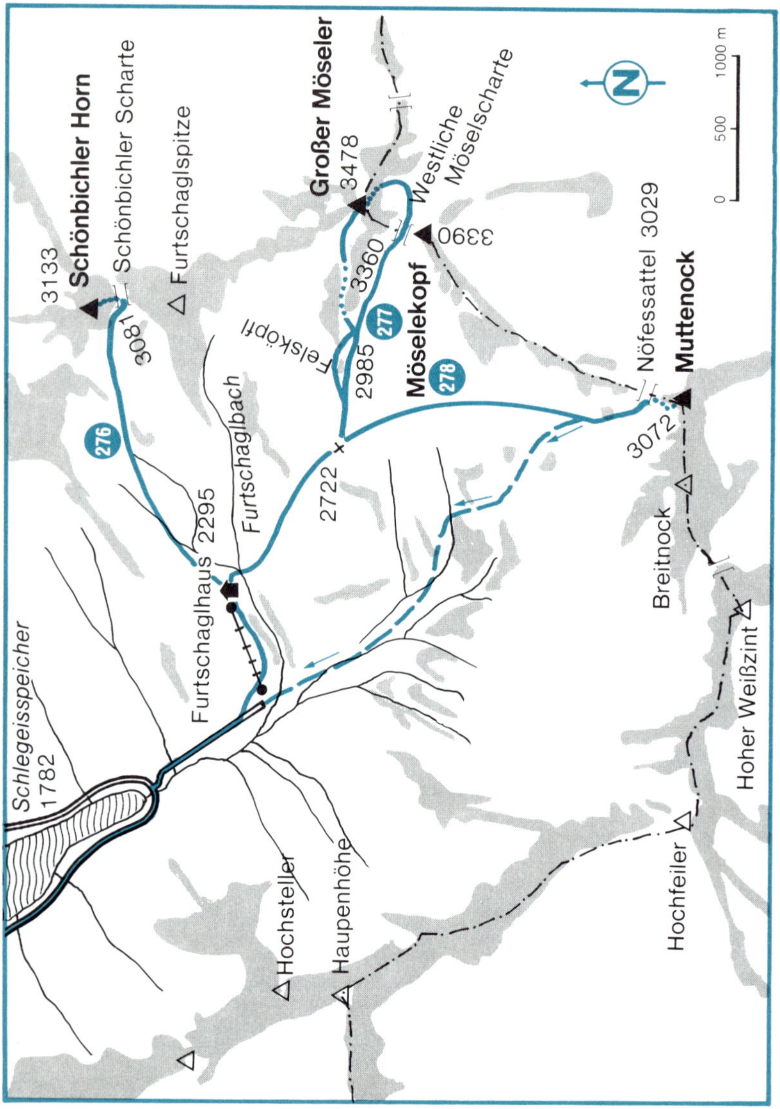

Schönbichler Horn
3133
Schönbichler Scharte
3081
Furtschaglspitze
Großer Möseler
3478
Westliche
Möselscharte
3390
3360
Felsköpfl
2985
Möselekopf
277
278
Nöfessattel 3029
Muttenock
3072
2722
276
Furtschaglbach
Furtschaglhaus 2295
Breitnock
Hoher Weißzint
Hochfeiler
Hochsteller
Haupenhöhe
Schlegeisspeicher
1782
N
0
500
1000 m

von links einmündet (erster Bach nach dem Stausee). Noch vor dem Bach über eine Steilstufe in das flache Tal und bis zum Talschluß. Einigen Felsen nach links ausweichend über eine neuerliche Steilstufe, dann etwas sanfter, zuletzt ungemein steil zur Haupenhöhe (3040 m). Etwas darunter muß zumeist das Skidepot errichtet werden. Über die Blöcke des S-Grates in geringer Schwierigkeit zum Gipfel.

AUSGANGSPUNKT: FURTSCHAGELHAUS (2295 m)

K: Hm 500, Ekm 7,5, Z 2,5. Skt 2ab, Klt 0, Lg 2. Abf SW, NW. Mai und Juni.

Die Hütte gehört der Sektion Berlin des DAV und wird von Herrn Anton Daxenbichler (A-6295 Ginzling, Tel. im Tal 0 52 86-244) erst ab Anfang Juli bewirtschaftet. Ein Winterraum mit zwölf Lagern steht stets offen. Der Hüttenanstieg ist ausgesprochen lawinengefährdet, die Hütte sollte deshalb am besten erst im Mai als Ausgangspunkt für Skitouren gewählt werden.

Vom Breitlahner auf einer Mautstraße (zumeist ab Mai geöffnet) zum Schlegeisspeicher und zum Parkplatz am Ende der Straße (Schranken). Auf der für den öffentlichen Verkehr gesperrten Fahrstraße am Ufer des Stausees entlang und weiter zur Talstation der Materialseilbahn. Dem Verlauf des Sommerweges folgend sehr steil, erst im allerletzten Teil etwas gemütlicher, zur Hütte.

Schönbichler Horn, 3133 m 276

K: Hm 850, Ekm 2,5, Z 2,5. Skt 2a, Klt 0, Lg 1. Abf SW. Mai und Juni.

Von der Hütte in Richtung NO ins Furtschaglkar. Links von einem auffallenden Moränengupf hinauf und in die steile Flanke einqueren, die zur Schönbichler Scharte (3081 m) knapp südlich des Gipfels, führt. Skidepot. Über unschwierige Blöcke auf den Gipfel, einen der schönsten Aussichtspunkte der Zillertaler Alpen.

Großer Möseler, 3478 m 277

K: Hm 1250, Ekm 4, Z 4. Skt 2a, Klt 1, Lg 1. Abf S (kurz), NW. Mai und Juni.

Von der Hütte zum Furtschaglbach, auf einen Moränenkamm und über diesen zum Schlegeiskees. Richtung O über den spaltenreichen Gletscher zum »Felsköpfl« (2985 m). Spät im Jahr ist es nun oft günstiger, von hier über den Westrücken unmittelbar zum Gipfel aufzusteigen (üblicher Sommerweg). Sonst rechts am Felsköpfl vorbei zur Westlichen Möselescharte (etwa 3360 m). Gipfelsammler werden es nicht versäumen, sich nach S zu wenden und den Möselekopf (3390 m) zu besteigen. Nun folgt ein mitunter recht heikler Abstieg im Übergang zum östlichen Nevesferner. Anschließend die Mulde querend etwas abfahren und möglichst hoch in Richtung auf die Einsattelung zwischen Großem und Kleinem Möseler aufsteigen. Weiter über den Grat unschwierig zum Gipfel.

278 Muttenock, 3072 m

K: Hm 800, Ekm 4, Z 3. Skt 1a, Klt 1, Lg 1. Abf W-Hänge, NW. Mai und Juni.

Von der Hütte wie beim Anstieg zum Möseler bis zum Beginn des Schlegeiskeeses. Von hier Richtung S in langer Querung leicht ansteigend zum Nevessattel (3029 m). Etwas unterhalb des Sattels bleiben und möglichst hoch mit Skiern hinaufsteigen. Skidepot. Zuletzt über die Blöcke des N-Grates in leichter Kletterei auf den Gipfel. Wenn man nicht mehr zur Hütte zurückkehren muß, kann man (bei guten Verhältnissen und genügend Schnee) unmittelbar in den Talboden abfahren.

*

TOURENBEREICH TUXER TAL — FINKENBERG, LANERSBACH, TUX

Kurz nach Mayrhofen (man fährt beim Bahnhof vorbei und berührt den Ortskern nicht) zweigt nach rechts die Straße ins Tuxer Tal ab. Gleich nach der ersten Steilstufe kommt man nach Finkenberg, später nach Lanersbach (1281 m, 13 km von Mayrhofen) und nach Hintertux (1493 m, 19 km von Mayrhofen). Zur Talstation der Gletscherbahn fährt man noch etwa einen Kilometer weiter. Großer Parkplatz. Die Straße ist gut ausgebaut, wird im Winter sorgfältig geräumt, sodaß nur in ganz besonderen Fällen Schneeketten erforderlich sind.

Großartig ist der Talschluß, der vom Olperer (3476 m) beherrscht wird. Der Olperer selbst und die Gipfel um ihn herum lohnen zwar nach wie vor eine Besteigung. Sie können aber nicht mehr als »Skitouren« angesprochen werden, wenn man auf dem Anstiegswege abfährt. Ein Schlepplift führt nahezu auf den Gipfel des Großen Kaserer (3263 m). Der Ausgangspunkt für den Kleinen Kaserer (3093 m), die Höllscharte, wird von der Bergstation eines Schlepplifts in kurzer Abfahrt erreicht. Die großartige Mulde entlang der Lärmstange, die früher den Höhepunkt der Abfahrt von einem der beiden Kaserer bedeutete, wird durch einen Sessellift erschlossen. Der Anstieg auf die Gefrorene Wandspitze (3288 m) wird durch Liftanlagen auf 38 (!) Hm verringert. Der Einstieg zum N-Grat auf den Olperer, dem beliebtesten Anstieg, wird mit einem Schlepplift erreicht, der fast in die Wildlahnerscharte (3255 m) führt. Lediglich der Hohe Riffler (3231 m) kann noch als Skitour betrachtet werden. Die Aufstiegshilfen nehmen einem lediglich den Weg zum Spannagelhaus (2528 m) ab. Der Gipfelanstieg ist im Vergleich zu früheren Jahrzehnten nahezu unverändert. Wegen der langen Querungen ist die Abfahrt auf dem Anstiegswege jedoch nicht sonderlich empfehlenswert. Wer jedoch Aufstiegshilfen nicht grundsätzlich ablehnt, sondern in seine Pläne einbaut, der ist im Bereich der Hintertuxer Gletscherbahn recht gut bedient. Vom Riffler gibt es eine großartige Abfahrt unmittelbar nach Hintertux. Noch empfehlenswerter ist die Abfahrt über das Federbettkees und der Aufstieg zur Realspitze (3038 m) mit anschließender neuerlicher Abfahrt durch das Griererkar. Natürlich ist es auch möglich, tourenmäßig in andere Täler abzufahren, etwa in das Schmirntal mit Rückkehr über das Tuxer Jochhaus und neuerlicher Abfahrt durch die »Schwarze Pfanne« nach Hintertux. Auch wenn man nach einer Besteigung des Olperers über Riepenkees und Olpererhütte zum Schlegeisspeicher abfährt, bietet die Rückkehr nach Hintertux keine unüberwindlichen Schwierigkeiten.

Lanersbach (1281 m) bzw. Vorderlanersbach (1257 m) bieten beides: kurze Anstiege nach der Benützung von Aufstiegshilfen wie Grübelspitze

(2394 m), Rastkogel (2761 m) oder Halslspitze (2764 m), aber auch »echte« Skitouren wie den Geier (2857 m) über das Junsjoch, die Torwand (2755 m) über das Torjoch, Nafingjoch (2440 m) und Halslspitze (2574 m), Hobarjoch (2512 m) und Almkogel (2419 m) und die Torspitze (2663 m), die man sowohl von Norden als auch von Süden her erreichen kann. Selbst Gipfel, die man zumeist nur von der Wattener Lizum her kennt: Hippoldspitze (2664 m) oder gar der Geier (2857 m) sind aus dem Tuxer Tal erreichbar.

Finkenberg ist mit Mayrhofen durch einen Skizirkus verbunden. Auf der gegenüberliegenden Talseite gibt es jedoch einen schönen Anstieg auf die Mittlere Grinbergspitze (2861 m).

Karten: Die Gipfel rund um das Gletscherskigebiet Hintertux werden durch die AV-Karte 35/1 (Zillertaler Alpen, Westliches Blatt) abgedeckt. Für die Anstiege von Lanersbach und Finkenberg ist die ÖK 149 (Lanersbach) erforderlich. Sie umfaßt auch den gesamten Bereich von Hintertux. Als Übersichtskarten können dienen Freytag & Berndt WK 152 (Mayrhofen, Zillertaler Alpen, Gerlos, Krimml) oder Kompaß Nr. 37 (Zillertaler Alpen, Tuxer Voralpen). Auch die vom Fremdenverkehrsverband Tux-Lanersbach herausgegebene »Wander- und Tourenkarte Tuxertal« (1:40.000) leistet gute Dienste.

Auskünfte und Zimmernachweis:
Fremdenverkehrsverband A-6292 Finkenberg, Tel. 0 52 85-26 73
Fremdenverkehrsverband A-6293 Lanersbach, Tel. 0 52 87-207
Fremdenverkehrsverband A-6294 Hintertux, Tel. 0 52 87-207

AUSGANGSPUNKT: HINTERTUXER GLETSCHERBAHN

Eine Gondelbahn führt in zwei Teilstrecken zunächst zur Sommerbergalm (1986 m) und weiter zum Tuxer Ferner Haus (2660 m). Etwas darunter liegt das Spannagelhaus (2528 m) des Österreichischen Touristenklubs (Tel. 0 52 87-251), das ganzjährig bewirtschaftet wird. Ebenfalls dem Österreichischen Touristenklub gehört das Tuxer Joch Haus (2313 m), das von der Mittelstation Sommerbergalm (1986 m) der Gondelbahn mit einem Sessellift erreicht wird. Zwei weitere Sessellifte bringen den Skifahrer nahezu auf den Gipfel der Gefrorenen Wandspitze, Schlepplifte nahezu auf den Gipfel des Großen Kaserers und in die Wildlahner Scharte. Trotz der Aufschrift, daß an Skifahrer keine Einzelkarten verkauft werden, kommt man entsprechend ausgerüsteten Tourengehern entgegen. Sie erhalten ein »maßgeschneidertes« Angebot für die Auffahrt und, wenn der Schnee nicht mehr bis ins Tal reicht, auch für die Talfahrt (1986). Diese Einzelkarten

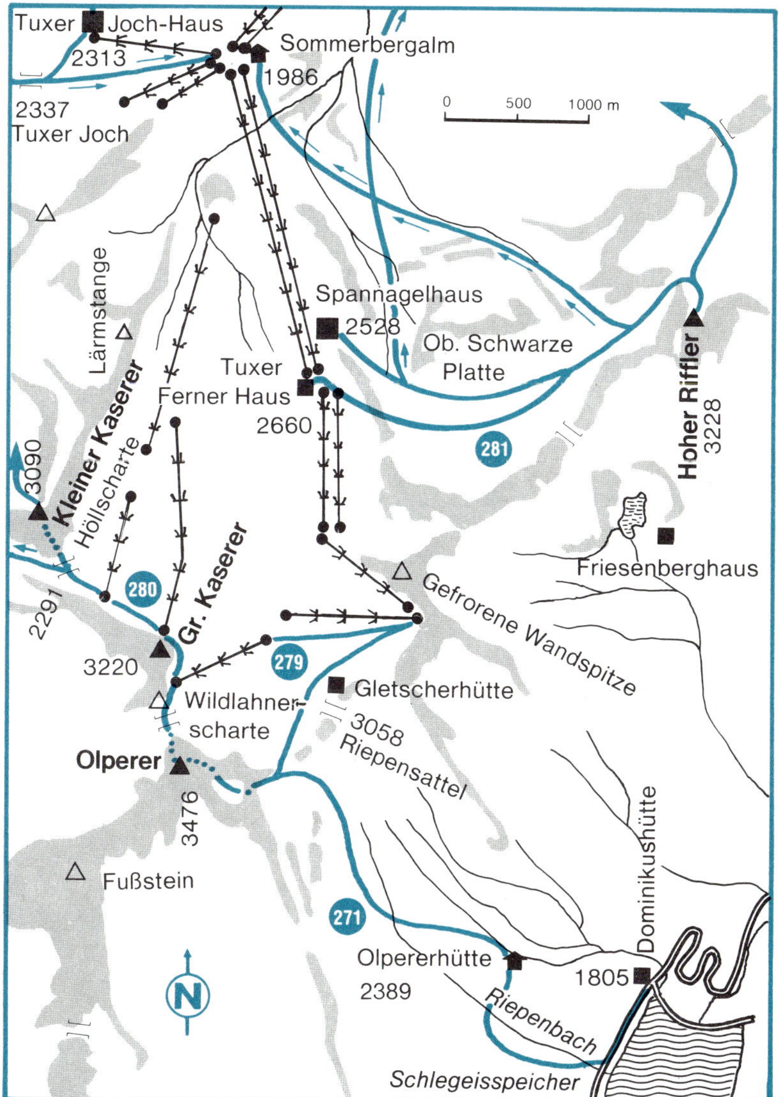

Tuxer Joch-Haus
2313
2337
Tuxer Joch
Sommerbergalm
1986
0 500 1000 m
Lärmstange
Spannagelhaus
2528
Ob. Schwarze Platte
Tuxer Ferner Haus
2660
Hoher Riffler
3228
281
3090
Kleiner Kaserer
Höllscharte
Friesenberghaus
2291
280
Gr. Kaserer
Gefrorene Wandspitze
3220
279
Gletscherhütte
Wildlahnerscharte
3058
Riepensattel
Olperer
3476
Fußstein
Dominikushütte
271
Olpererhütte
2389
1805
N
Riepenbach
Schlegeisspeicher

werden allerdings nur für Teilstrecken der Gondel- und Sesselbahnen ausgegeben. Wer auch Schlepplifte benützen will, muß sich eine Tageskarte lösen.

279 Olperer, 3476 m

K: über den SO-Grat Hm 450, Ekm 1, Z 2. Skt 2a (ohne Schneegupf 0), Klt 2, Lg 1. Abf SO, NO, Piste. April—Juni.

Den bequemsten Ausgangspunkt erreicht man, wenn man zwei Teilstrecken der Gondelbahn und zwei Teilstrecken des Doppelsessellifts zur Gefrorenen Wand benützt. Von der Bergstation (3250 m) fährt man Richtung Riepensattel (3058 m) ab. Man hält sich dabei etwas rechts von der Gletscherhütte. Nun steigt man Richtung SW zu den Felsen auf (spät im Jahr Spalten, Bergschrund möglich). Hier hat man die kürzeste felsige Einlage zum »Schneegupf«, in dessen Firn man bis zum Einstieg des SO-Grates aufsteigt. Die Felspassage ist leicht zu überwinden. Guten Skiläufern ist zu empfehlen, die Skier aufzuschnallen, da der »Schneegupf« gut befahrbar ist. Über eine Steilstufe (schwierigste Stelle) auf den Grat und in anregender Blockkletterei zum Gipfel. Kurz vor dem Kreuz ein kurzer Aufschwung, der aber meist rechts umgangen werden kann. Einige einzementierte Griffe. Gelegentlich vorfindbare alte Kletterseile besser nicht benützen. Über ihren Zustand wissen nur die einheimischen Bergführer verläßlich Bescheid.

Will man über den N-Grat aufsteigen, benützt man ebenfalls Gondelbahn und Sessellifte, fährt dann aber zu einem Schlepplift ab, der einen fast bis in die Wildlahner Scharte (3220 m, Bergstation des Lifts 3200 m) bringt. Rechts vom Grat kann man nun noch ein Stück mit Skiern ansteigen. Über den Grat (Schwierigkeit und Versicherungen ähnlich wie beim SO-Grat) auf den Gipfel. Wer der klettertechnischen Schwierigkeit auch mit aufgeschnallten Skiern gewachsen ist, kann den Olperer natürlich überschreiten. Dabei empfiehlt sich der Aufstieg über den N-Grat und der Abstieg über den SO-Grat. Abfahrten sind natürlich auch zum Schlegeisspeicher oder zur Geraer Hütte möglich.

280 Kleiner Kaserer, 3090 m

K: Hm 100, Ekm 0,5, Z 0,5. Skt 0, Klt 2, Lg 0. Abfahrt Piste. März—Juni. Großartige, aber sehr schwierige Abfahrtsvarianten möglich.

Der Große Kaserer (3266 m) scheidet als Tourengipfel aus. Man erreicht ihn in knappen zehn Minuten von der Bergstation des Schlepplifts. Der Kleine Kaserer dagegen verlangt nach wie vor einen tüchtigen Bergsteiger. Man ersteigt ihn mäßig schwierig von der Höllscharte aus über den S-Grat, anfangs etwas rechts vom Grat, später unmittelbar auf dem Grat. Die Höllscharte erreicht man nach kurzer Abfahrt von der Bergstation des Kaserer-Schlepplifts.

Für ganz ausgezeichnete Skibergsteiger ergeben sich trotz des Wegfalls der früher üblichen Abfahrt östlich vom Kaserergrat und an der Lärmstange vorbei in den Talboden, interessante Möglichkeiten. Diese Abfahrten werden im Tourenbereich St. Jodok dargestellt. Wer sein Auto bei der Talstation der Zillertaler Gletscherbahnen geparkt hat, steht vor einer aussichtslosen Lage, wenn er mit öffentlichen Verkehrsmitteln zurückkehren will. Bei sicheren Verhältnissen, wie sie aber ohnehin auch für die Abfahrt ins Schmirntal erforderlich sind, kann man aus dem Kasererwinkel steil durch die Pettensgrube zum Tuxer Joch (2337 m) aufsteigen und entweder auf der Piste oder tourenähnlicher über das Tuxer Joch Haus (2313 m) und durch die »Pfanne« zum Parkplatz zurückkehren.

Hoher Riffler, 3228 m 281

K: Hm 600, Ekm 4, Z 2. Skt 1a (Varianten teilweise schwieriger), Klt 0, Lg 1 (Varianten 2). Abf NW, N. März—Juni.

Mit den beiden Teilstrecken der Gondelbahn zum Tuxer Ferner Haus (2660 m). Ohne Höhengewinn quert man Richtung SO in eine weite Mulde, die man ausgeht und zum Schwarzbrunnerkees aufsteigt. Unterhalb des felsigen Gipfelaufbaues ziemlich steil zu dem Rücken, über den man das Federbettkees auf der N-Seite des Rifflers erreicht. In einem Rechtsbogen über den sanft geneigten Gletscher mit Skiern bis zum höchsten Punkt. Die Abfahrt auf dem Anstiegswege ist wegen der langen Querung nicht lohnend. Günstiger ist es, vom Schwarzbrunnerkees Richtung NW unmittelbar in die Kleegrube abzufahren (Skt 2ab) oder (leichter) zuerst Richtung W zu queren und westlich von der Oberen Schwarzen Platte nach N abzubiegen (Skt 1a). In beiden Fällen überquert man den Kunerbach und kommt in den Boden, von dem aus man mit dem Sessellift oder zu Fuß zur Mittelstation Sommerbergalm der Gondelbahnen zurückkehrt. Je nach Verhältnissen mit den Skiern auf der Piste oder mit der Bahn zum Parkplatz zurück. Bei günstigen Verhältnissen kann man auch von der Kleegrube unmittelbar in den Talboden abfahren. Ausgezeichnete Skiläufer können auch folgende Variante wählen (Skt 2ab): Vom Riffler Richtung NO über das Federbettkees, in einer Höhe von 2900 m nach links einbiegen zur Oberen Riffler Scharte (2868 m). Sehr steil in das Bodenkar und weiter in den Talboden. Spät im Jahr ist es bei günstigen Bedingungen für hervorragende Skiläufer auch möglich, sehr steil über die Untere Rifflerscharte zum Friesenberghaus oder durch das Wesendlekar und weiter zur Mautstraße, die zum Schlegeis-Stausee führt, abzufahren. Sinnvoll nach der Öffnung der Mautstraße im Mai.

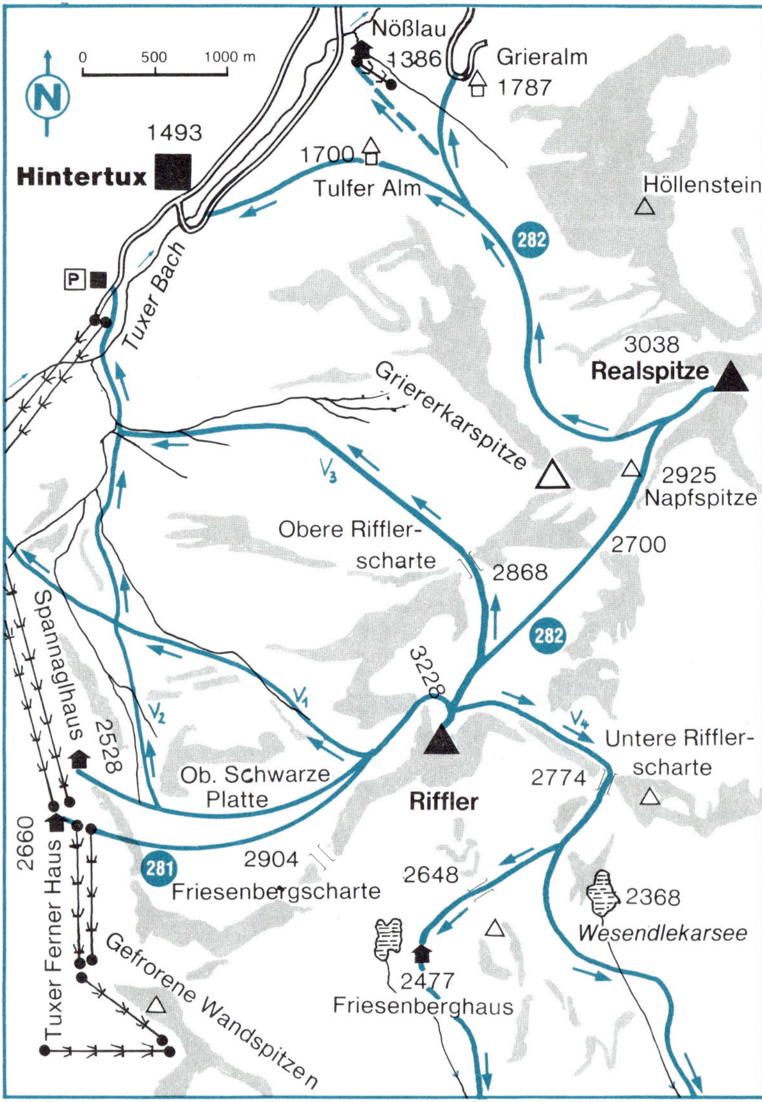

0
500
1000 m
N
Nößlau
1386
Grieralm
1787
1493
Hintertux
1700
Tulfer Alm
Höllenstein
282
Tuxer Bach
P
3038
Realspitze
Griererkarspitze
V3
2925
Napfspitze
Obere Riffler-
scharte
2700
2868
282
Spannaglhaus
3228
V1
V2
V4
2528
Untere Riffler-
scharte
Ob. Schwarze
Platte
2774
Riffler
2660
2904
281
Friesenbergscharte
2648
2368
Tuxer Ferner Haus
Wesendlekarsee
Gefrorene Wandspitzen
2477
Friesenberghaus

Touren-Skilauf
sicher und genußvoll
in Pulver und Firn

SÜDTIROL
Skitouren
fürs Wochenende
R. Weiss

Skitouren
Kitzbüheler Alpen
R. Weiss
Gebietsführer

Skitouren im
Engadin
R. Weiss
Gebietsführer

Skitouren
Stubaier Alpen
Nordtirol–Südtirol

Skitouren
Nationalpark
Hohe Tauern
R. Weiss
Gebietsführer

Realspitze, 3038 m 282

K: Hm 950, Ekm 5, Z 3 (reine Anstiegszeiten). Skt 2ab, Klt 0, Lg 2. Abf NO—NW. April—Juni.

Vom Tuxer Ferner Haus (2660 m) zur Einsattelung nordwestlich des Hohen Rifflers. Von hier fährt man über das spaltenlose Federbettkees Richtung NO bis in eine Höhe von 2700 m ab. Anfellen und zum Verbindungskamm zwischen Napfspitze und Realspitze aufsteigen. Bei günstigen Schneeverhältnissen erreicht man den Gipfel über den SW-Grat mit Skiern. Die Abfahrt erfolgt nicht auf dem Anstiegswege, sondern über die W-Flanke (Vorsicht bei schlechter Sicht: Man fährt auf einer Art Terrasse, rechts Felsen!) in das Rötschneidkar — teilweise sehr steil. Weiter dann im Grierer Kar bis in eine Höhe von 1900 m. Hier muß man sich entscheiden: entweder man hält sich etwas links zur Tulfer Alm und quert dann Richtung WSW nach Hintertux; oder (skiläuferisch schöner) man fährt steile Waldschneisen weiter hinab bis zum Weiler Nößlau (1386 m), wandert nach Madseit (1404 m) hinaus (etwa eine Viertelstunde) und kehrt mit dem Bus zum Parkplatz zurück. Oder: Man überquert den Grierer Bach und fährt zur Grieralm (1787 m). Von hier Rodelbahn (mit Anliegerverkehr) ins Tal. Verächter von Aufstiegshilfen können selbstverständlich die Realspitze auf den beschriebenen Abfahrtsrouten auch im Anstieg erreichen, wobei die zuletzt beschriebene Variante den günstigsten Ausgangspunkt bietet.

AUSGANGSPUNKT: FINKENBERG (839 m)

Finkenberg, das über die Finkenberger Alm-Bahn (Doppelsessellift) sowohl mit Mayrhofen als auch mit dem noch etwas weiter talauswärts liegenden Hippach liftmäßig verbunden ist, weist auf der dem Liftgebiet gegenüberliegenden Talseite eine Paradetour für hervorragende Skibergsteiger auf, die Mittlere Grinbergspitze (2867 m).

Mittlere Grinbergspitze, 2867 m 283

K: Hm 1850, Ekm 5, Z 5,5. Skt 2ab, Klt 1, Lg 2. Abf N, NO. April und Mai.

Von Finkenberg rund 3 km in Richtung Lanersbach zum Ortsteil Innerberg. Unmittelbar nach der Brücke über den Tuxbach zweigt nach links ein Fußweg ab, über den man den Talboden des Grinbergbaches erreicht. Bei der Brücke wenig Parkraum, doch genügend »Parknischen« an der Straße. In der Bachmulde steigen wir zur Grinbergalm (1380 m) auf. Hierher auch auf einer Straße vom Ortsteil Brunnhaus. Eine Viertelstunde später verläßt man den gemütlichen Talboden und steigt nach rechts in Richtung SW sehr steil ins Grinbergkar auf, dem man in einer leichten Drehung nach links folgt und zu einem Firnfleck gelangt, der nördlich unseres Gipfels eingelagert ist. Über dieses Firnfeld steigt man zum O-Grat auf, den man im letzten Teil zu Fuß durch eine steile Rinne erreicht, über den Grat in leichter Kletterei auf den Gipfel.

AUSGANGSPUNKT: LANERSBACH (1281 m)

Genaugenommen handelt es sich um zwei Ausgangspunkte: um Lanersbach (13 km von Mayrhofen) und Vorderlanersbach (1257 m, 11 km von Mayrhofen). Lanersbach ist liftmäßig gut erschlossen. Dadurch fallen eine Reihe von Tourenmöglichkeiten weg oder die Anstiege werden stark verkürzt.

284 Nestspitze (Lange-Wand-Spitze), 2965 m

K: Hm 1700, Ekm 6, Z 5. Skt 1a, Klt 1, Lg 1. Abf NO. März—Mai.

Es handelt sich gewissermaßen um eine »Parallelabfahrt« zur Realspitze. Nach dem Ortsende von Lanersbach quert die Straße für ein kurzes Stück auf die andere (östliche) Seite des Tuxer Baches. Bevor sie nach etwa 500 m wieder zur westlichen Talseite zurückkehrt, bei der Jausenstation »Klausboden« vorbei zur »Guggerhütte«. Auf einem Fahrweg zur Höllensteinhütte (1710 m) bei der Loschboden Alm (1740 m). Nun links halten, bis man zwischen den Felsgraten der »Langen Wand« und der Mitterschneide zwischen Felsstufen Richtung Süd in das »Lange Wand Kar« einbiegen kann. Durch das mäßig steile Kar, erst im letzten Teil steil, steigt man zur Langen Wand Scharte (2796 m) auf. Die Nestspitze wird von hier aus über zwei Vorgipfel (2855 m und 2952 m) in mäßig schwierigem Anstieg über den SW-Grat erreicht. Die meisten Tourengeher geben sich mit der Scharte oder dem etwas höheren ersten Vorgipfel (»Hauserspitze«) zufrieden. Durch die schattseitige und windgeschützte Lage weist das Kar meist gute Schneeverhältnisse auf.

Anmerkung: Von der Höllensteinhütte können weitere Touren in schöne Kare unternommen werden (Nächtigungsmöglichkeit, auch Auffahrt).

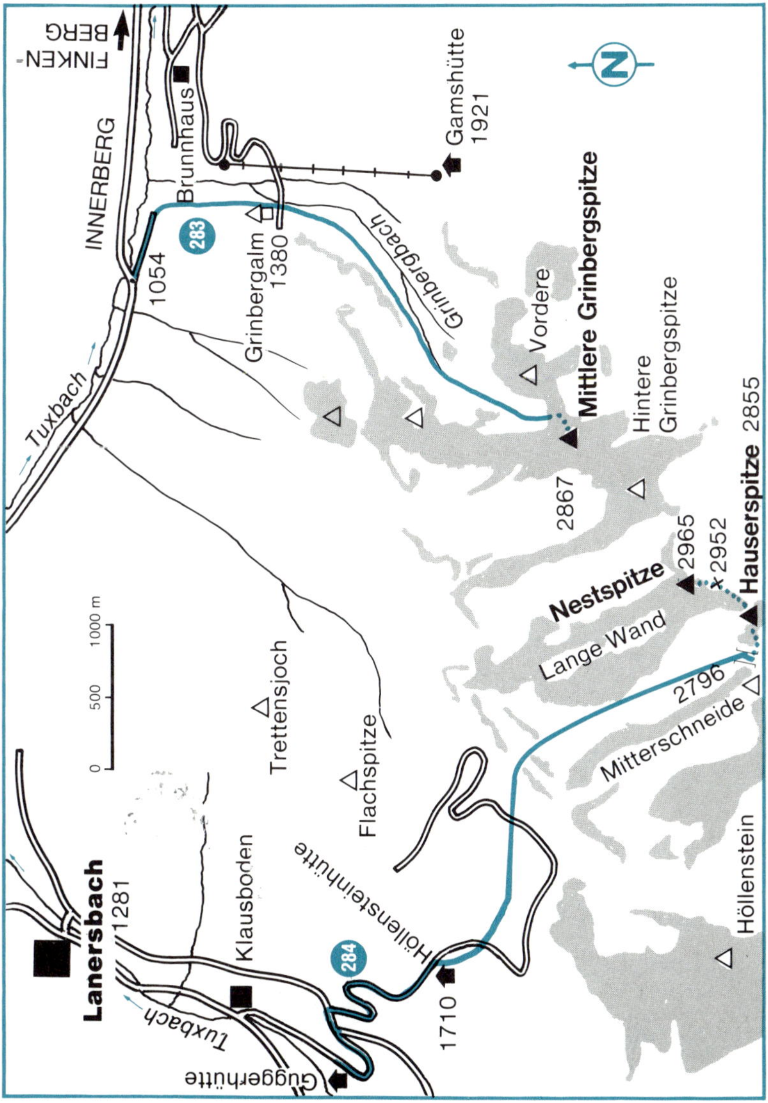
FINKEN-BERG
INNERBERG
Brunnhaus
Gamshütte 1921
Grinbergalm 1380
283
1054
Tuxbach
Grinbergbach
Vordere
Mittlere Grinbergspitze
Hintere Grinbergspitze
2867
Nestspitze
2965
2952
Hauserspitze 2855
Lange Wand
2796
Mitterschneide
Höllenstein
Trettensjoch
Flachspitze
0
500
1000 m
Lanersbach
1281
Klausboden
Tuxbach
Guggerhütte
Höllensteinhütte
284
1710
N

285 Grüblspitze, 2395 m

K: Hm 100, Ekm 1, Z 0,5. Skt 0, Klt 0, Lg 0 (bei vernünftiger Spurwahl). Abf O-Hänge. Dezember—April.

Von dem früher beliebten Drei-Stunden-Anstieg ist nicht viel übrig geblieben. Mit den Bergbahnen Eggalm erreicht man mit einem Sessellift, anschließend mit einem Schlepplift (»Beillift«), den Kamm in einer Höhe von 2300 m. Ein halbstündiger Anstieg über den mitunter etwas abgeblasenen Rücken führt in einigem Auf und Ab auf den Gipfel. Die Abfahrt erfolgt über sehr schöne O-Hänge und führt über die Waldhoaralm (1850 m) in den Talboden. Bis zur Alm prachtvolles Skigelände, dann noch eine schöne Schneise. Die weitere Abfahrt ist teilweise recht mühsam. Weit nach rechts ausholend auf einem Waldweg bis zu einer Lichtung, über die man wieder freie Hänge erreicht. Auf und neben einer Fahrstraße in langer Schrägfahrt nach links zurück zur Talstation.

Eine andere Abfahrt ist nach N möglich. In einer schönen Mulde (»Eggerkar«), später deutlich rechts vom Talboden, erreicht man einen Forstweg, auf dem man in langer Querung zur Piste und zum neuen Doppelsessellift »Eggalm-Nord« bzw. gleich nach Lanersbach zurückkehrt.

286 Madseitberg, 2292 m

K: Hm 900, Ekm 5, Z 3. Skt 1a, Klt 0, Lg 1. Abf N, O. Dezember—April.

Von Lanersbach etwa 1 km weiter in Richtung Hintertux, dann nach rechts abzweigen und mit dem PKW noch ein Stück hinauf zu den letzten Häusern. Auf einem Forstweg zum Junsalm Hochleger (1984 m). Richtung SW in eine deutlich ausgeprägte Mulde aufsteigen. Nun Richtung S weiter zum Kamm und zum Gipfel, der trotz der geringen Höhe einen prachtvollen Einblick in die Zillertaler Alpen bietet.

287 Geier, 2857 m

K: Hm 1500, Ekm 8, Z 5. Skt 1a (Variante 2ab), Klt 0, Lg 1. Abf N, SO (Variante SO—NO). Februar—Mai.

Wie beim Anstieg zum Madseitberg zum Junsalm Hochleger (1984 m). Über die teilweise steilen SO-Hänge zum Junsjoch (2484 m) aufsteigen. Die steilen Hänge sollte man nicht queren, sondern Richtung NW etwa 100 m abfahren. Nun kann man in die Mulde einqueren, bis man den Normal-

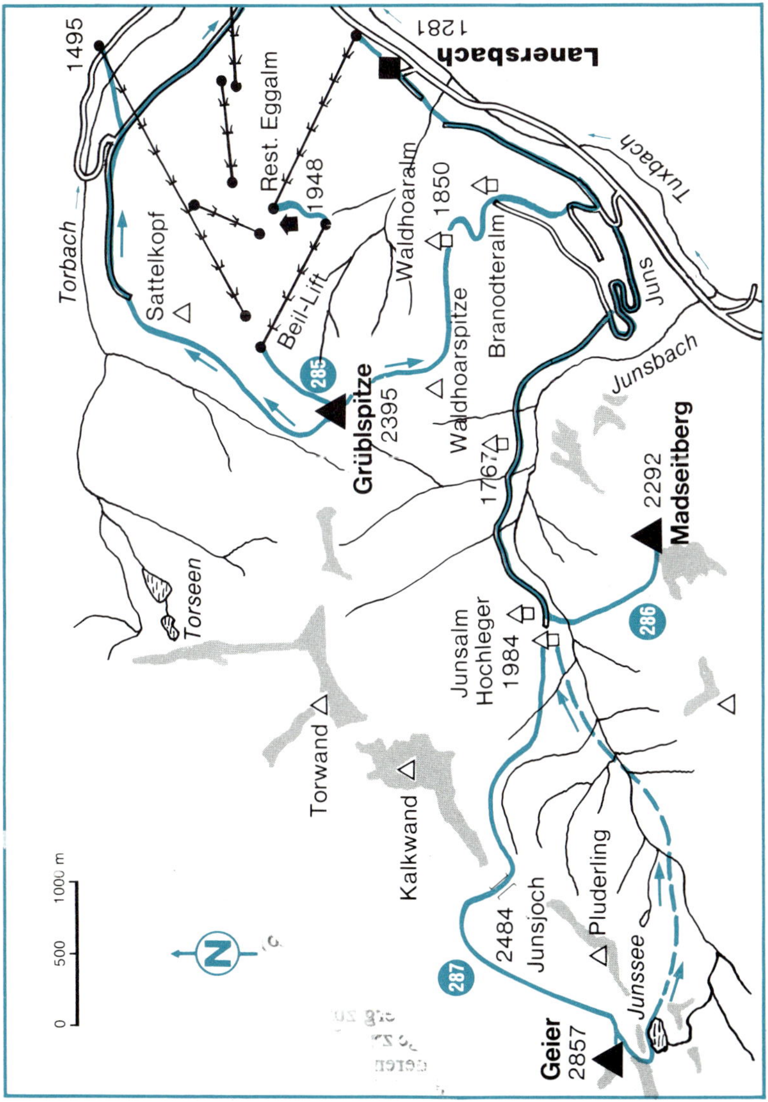
Lanersbach
1281
Tuxbach
Rest. Eggalm
1948
1495
Torbach
Sattelkopf
Beil-Lift
Waldhoaralm
1850
Branodteralm
Juns
Junsbach
Grüblspitze
2395
285
Waldhoarspitze
1767
Madseitberg
2292
Torseen
Junsalm
Hochleger
1984
286
Torwand
Kalkwand
Pluderling
2484
Junsjoch
287
Junssee
Geier
2857
N
0
500
1000 m

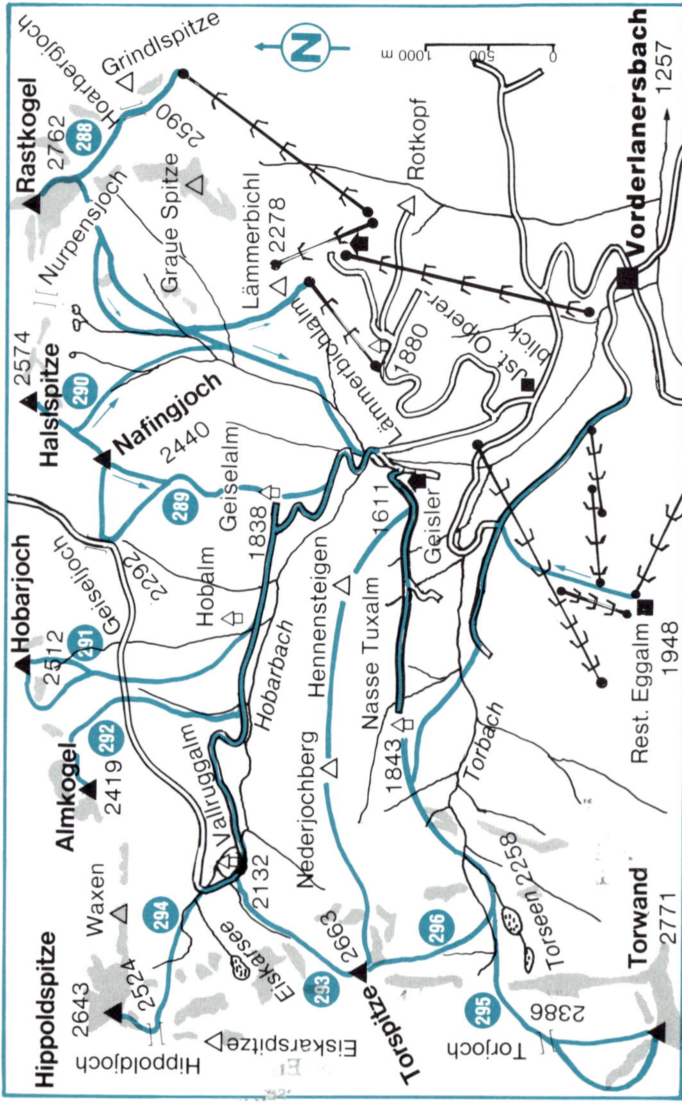

Rastkogel
2762
288
Hoarbergjoch
Grindlspitze
2590
Nurpensjoch
Graue Spitze
Lämmerbichl
2278
Rotkopf
1000 m
500
0
Vorderlanersbach
1257
Halslspitze
2574
290
Nafingjoch
2440
289
Geiselalm
1838
Lämmerbichlalm
1880
Jst. Oberer-blick
Geisler
1611
Hobarjoch
Geiseljoch
2292
Hobalm
291
2512
Hennensteigen
Hobarbach
Nasse Tuxalm
Almkogel
2419
292
Vallruggalm
Nederjochberg
1843
Torbach
Rest. Eggalm
1948
Waxen
294
2132
Eiskarsee
2663
2258
296
Torseen
Torwand
2771
Hippoldspitze
2643
2524
293
Torspitze
295
2386
Hippoldjoch
Eiskarspitze
Torjoch

anstieg zum Geier von der Lizumer Hütte und über ihn den Gipfel erreicht. Dieser Anstieg kann bei sicheren Firnverhältnissen zu einer Rundtour ausgeweitet werden, wenn man über die steilen und anfangs auch felsdurchsetzten Hänge zum Junssee und weiter in das Tal des Junsbaches abfährt.

Rastkogel, 2762 m 288

K: Hm 400, Ekm 1,5, Z 1,5. Skt 1a, Klt 0, Lg 1. Abf SW, S. Februar—April.

Von Vorderlanersbach mit der Dreisesselbahn »Rastkogel I« und mit der Doppelsesselbahn »Rastkogel II« bis in eine Höhe von 2500 m. Nun über das Hoarbergjoch (2590 m) zum SO-Rücken und weiter zum Gipfel, den man bei günstigen Bedingungen fast mit Skiern erreichen kann. Bei der Abfahrt kommt man erst später auf die Piste, wenn man nicht bis zum Hoarbergjoch abfährt, sondern gleich nach dem felsigen Gipfelaufbau nach rechts in die weiten Mulden der Lämmerbichlalm einbiegt. In diesem prachtvollen Skigelände fährt man bis in eine Höhe von 2100 m ab. Nun muß man sich entscheiden: entweder einen halbstündigen Gegenanstieg auf den Lämmerbichl (2278 m; ein Schlepplift, der einem diese Mühe abnimmt, ist bereits geplant...) und auf den Pisten nach Vorderlanersbach; oder im Talboden weiter bis zu einem Fahrweg, auf dem man gleichfalls zum Ausgangspunkt zurückkehren kann.

Nafingjoch, 2440 m 289

K: Hm 1000, Ekm 5, Z 3. Skt 1a, Klt O, Lg 1. Abf S. Dezember—April.

Von Vorderlanersbach auf schmaler Bergstraße nach Schöneben (1485 m) bzw. ein Stück weiter zur Jausenstation Olpererblick. Auf einem Fahrweg in den Talboden hineinqueren und zur Geiselalm (1838 m) aufsteigen. Über schöne Wiesen nähert man sich Richtung N einer Steilstufe, die man am besten nach rechts ausholend überwindet. In sanftem Anstieg weiter zum Geiseljoch (2292 m) und über den W-Rücken auf den Gipfel. Bei günstigen Schneeverhältnissen fährt man vom Gipfel unmittelbar Richtung S ab.

Halslspitze, 2574 m 290

K: Hm 1100, Ekm 5, Z 4. Skt 0, Klt 0, Lg 0 (bei vernünftiger Spurwahl). Abf SO, S. Dezember—April.

Das Nafingjoch ist eine unbedeutende Erhebung auf dem Rücken, der von der Halslspitze nach SW zieht. Über diesen Rücken erreicht man nahezu ohne Höhenverlust die bedeutendere Halslspitze. Eine unmittelbare Abfahrt vom Gipfel ist nicht möglich. Man muß den Rücken bis zu einer Wegtafel zurückverfolgen (etwa auf halbem Weg zum Nafingjoch), bevor man in die schönen Hänge einfahren kann, über die man ohne den Umweg über die Geiselalm unmittelbar in den Talboden und zum Fahrweg gelangt.

291 Hobarjoch, 2512 m

K: Hm 1050, Ekm 6, Z 3,5. Skt 0, Klt 0, Lg 0 (bei vernünftiger Spurwahl). Abf S. Dezember—April.

Wie beim Anstieg zum Nafingjoch zur Geiselalm. Bei der Rechtskurve unterhalb der Almhütten steigt man jedoch nicht weiter auf, sondern quert zur Hobalm (etwa 1800 m). Ein kurzes Stück noch taleinwärts, dann nach rechts abzweigen und Richtung N über herrliches freies Skigelände zum Gipfel aufsteigen. Der Gipfelhang ist steil. Von links her läßt sich das Hobarjoch in etwas sanfterem Anstieg erreichen.

292 Almkogel, 2419 m

K: Hm 950, Ekm 6, Z 3. Skt 0, Klt 0, Lg 0 (bei vernünftiger Spurwahl). Abf S. Dezember—April.

Wie beim Anstieg zum Hobarjoch zur Hobalm. Weiter in Richtung Talschluß, dann über die freien S-Hänge aufsteigen. Im letzten Teil etwas nach links biegen und in einer deutlich ausgeprägten Mulde zur Einsattelung zwischen Almkogel und Hobarjoch. Über den O-Rücken unschwierig auf den Gipfel.

293 Torspitze, 2663 m (von Norden)

K: Hm 1200, Ekm 7, Z 4. Skt 2a (kurze Steilstufen), Klt 0, Lg 1. Abf N, O. Februar—April.

Wie beim Anstieg zum Hobarjoch zur Hobalm (etwa 1800 m) und weiter in Richtung Talschluß. Noch bevor man diesen erreicht (Steilstufe, Wasserfall) steigt man nach rechts bis in eine Höhe von 2000 m auf, quert dann zum Talschluß und steigt kurz zur Vallruggalm (2132 m) auf. Von der Alm Richtung W steil hinauf, dann nach links, noch immer steil, in eine schöne Mulde, in der man sanft, zuletzt aber wieder steil, zum Gipfel aufsteigt.

Anmerkung: Geiselalm und Hobalm lassen sich auch vom Lämmerbichl (Aufstiegshilfen) nach einer Abfahrt und einer etwas unangenehmen Querung erreichen. Der Zeitgewinn ist nicht bedeutend.

Hippoldspitze, 2643 m 294

K: Hm 1200, Ekm 8, Z 4. Skt 2ab (kurze Steilstufen), Klt 0, Lg 1. Abf O, SO. Jänner—April.

Wie beim Anstieg zur Torspitze zur Vallruggalm (2132 m). Richtung NW in den »Hippoldanger«. Steil und heikel, kleinere Felsen umgehend, zum Hippoldjoch, der Einsattelung zwischen Eiskarspitze und Hippoldspitze, Über den S-Rücken unschwierig auf den Gipfel.

Torwand, 2771 m 295

K: Hm 1100, Ekm 7, Z 4. Skt 2ab (kurze Steilstufen), Klt 0, Lg 1. Abf N bis SO. Februar—April.

Von Vorderlanersbach taleinwärts (= Ski-Abfahrt), unter der neuen Doppel-Sesselbahn durch. Hierher auch in der Abfahrt von der Mittelstation Eggalm. Weiter taleinwärts, über eine Brücke (Hinweisschild) und zur Nassen Tuxalm (1843 m) aufsteigen. Hierher auch von der Jausenstation Geisler (1611 m). Noch vor der Alm hält man sich links, quert ein Bachtal und anschließend oberhalb einer Felsstufe in ein Becken des Torbaches. Nach einer kurzen Steilstufe erreicht man die Torseen (2258 m) und in einem leichten Linksbogen, nunmehr ohne Schwierigkeiten, das Torjoch (2386 m). Bei sehr günstigen Verhältnissen kann man nun unmittelbar über die N-Flanke zum Gipfel aufsteigen. Sicherer und bequemer ist es, ein kurzes Stück im flachen Talboden abzufahren und über den NW-Rücken den Gipfel zu erreichen.

Torspitze, 2663 m (von Süden) 296

K: Hm 1350, Ekm 6, Z 4. Skt 1a, Klt 0, Lg 1. Abf SO, O. Februar—April.

Wie beim Anstieg zur Torwand zur Nassen Tuxalm (1843 m) und zu den Torseen (2258 m). Durch ein schönes Südkar zum Gipfel, den man etwas von rechts her erreicht. Hat es nachts ordentlich durchgefroren, ist es günstiger, mit dem PKW zum Geiselhof (»Jausenstation Geisler«, 1600 m) zu fahren und mit aufgeschnallten Skiern über den ausgeprägten Ostrücken aufzusteigen. Das ist vor allem ein Vorteil, wenn die Schneelage eine Abfahrt bis ins Tuxer Tal nicht mehr zuläßt. Die Abfahrt erfolgt zunächst wie beschrieben. Von der Nassen Tuxalm quert man auf einem Fahrweg zum Geisler zurück.

*

TOURENBEREICH UNTERES ZILLERTAL

Dieser Tourenbereich umfaßt den langen Abschnitt zwischen Mayrhofen und der Einmündung des Zillerflusses bei Straß, insgesamt 28 km. Auch in diesem Bereich der Zillertaler Alpen verkürzen zahlreiche Aufstiegshilfen die Anstiege. Auch Straßen führen teilweise hoch hinauf, von Hippach z. B. zur Atlas-Sportalm (1730 m). Von hier aus oder nach einer Nächtigung auf der Rastkogelhütte (2134 m) können einige schöne Skigipfel erstiegen werden wie der Pangert (2551 m), der Rastkogel (2761 m), der Roßkopf (2578 m). Auch der Kraxentrager (2473 m) läßt sich von hier aus besteigen und die Kammwanderung über die Seewand (2418 m) bis zum Marchkopf (2499 m) fortsetzen. Auf der gegenüberliegenden Talseite kann man von der Ramsau mit den Ramsberg-Sesselliften zum Arbiskogel (1830 m) hinauffahren und befindet sich damit in unmittelbarer Nachbarschaft der Gerlosstein-Alm, die in kurzer Abfahrt erreichbar ist. Natürlich lassen sich dann von hier aus Hochfeld (2350 m) und Torhelm (2452 m) besteigen — vergleiche die Anstiegsbeschreibungen im Tourenbereich Gerlos. Von Kaltenbach führt eine Gondelbahn in zwei Teilstrecken in das Skigebiet »Hoch-Zillertal«, das durch einen Sessellift und ein halbes Dutzend Schlepplifte erschlossen wird. Obwohl die Anstiege zu den früher prachtvollen Tourengipfeln wie etwa dem Wimbachkopf (2443 m) stark verkürzt sind, bietet das weitläufige Gelände doch wenigstens Möglichkeiten zu tourenmäßigen Abfahrten. Ähnliches gilt für die Spieljoch-Liftanlagen bei Fügen bzw. Fügenberg, nicht aber für die kleine Hotelsiedlung Hochfügen, von deren Aufstiegshilfen aus eine ganze Reihe von Gipfeln erstiegen werden können wie die Wetterkreuzspitze (2256 m), der Marchkopf (2499 m), der Roßkopf (2578 m) und sogar der Gilfert (2506 m). Insbesonders bei Einheimischen beliebt ist das Sonntagsköpfl (2246 m).

Bei so vielen Aufstiegshilfen wird der Tourengeher häufig nicht ausgelastet sein und Zeit finden, sich auch mit Kunst und Kultur zu befassen. In Zell am Ziller findet der Kunstfreund in der Pfarrkirche einen qualitätsvollen Bau aus dem Ende des 18. Jh.s Eindrucksvoll ist die mächtige Kuppel mit ihren schönen Fresken. In Fügen stammt die Pfarrkirche in ihrem heutigen Zustand zwar aus dem 14. Jh., sie ist aber vermutlich viel älter. Sehenswert sind verschiedene Fresken und der Hochaltar aus unserem Jh., in den spätgotische Reliefs einbezogen sind. Eine ähnliche Verbindung von Moderne und Gotik wurde bei den Seitenaltären gesucht.

Karten: Eine AV-Karte steht für diesen Tourenbereich nicht zur Verfügung. Als genaue Karten dienen für den südlichen Teil (Gebiet um die Rastkogelhütte) die ÖK 149 (Lanersbach) und 150 (Mayrhofen), für den nördlichen Teil (Anstiege von der Zillertaler Höhenstraße und von Hochfügen aus) die ÖK 119 (Schwaz) und 120 (Wörgl). Als Übersichtskarten empfehlen sich Freytag & Berndt WK 151 (Zillertal, Tuxer Voralpen, Jenbach, Schwaz) oder Kompaß Nr. 28 (Nördliches Zillertal). Für den südlichen Teil kann zur Übersicht auch eine beim Fremdenverkehrsverband Hippach erhältliche Wanderkarte (1:35.000) verwendet werden.

Auskünfte und Zimmernachweis:
Fremdenverkehrsverband Hippach und Umgebung,
A-6283 Hippach, Tel. 0 52 82-36 30
Fremdenverkehrsverband A-6280 Zell am Ziller, Tel. 0 52 82-22 81
Fremdenverkehrsverband A-6272 Kaltenbach, Tel. 0 52 83-22 18
Fremdenverkehrsverband A-6274 Aschau, Tel. 0 52 82-29 23
Fremdenverkehrsverband A-6272 Ried, Tel. 0 52 83-23 07
Fremdenverkehrsverband A-6271 Uderns, Tel. 0 52 88-23 84
Fremdenverkehrsverband A-6262 Schlitters, Tel. 0 52 88-28 47
Fremdenverkehrsverband A-6263 Fügen-Hochfügen, Tel. 0 52 88-22 62
Fremdenverkehrsverband A-6263 Fügenberg, Tel. 0 52 88-24 59

AUSGANGSPUNKT: ATLAS SPORTALM (1730 m) — RASTKOGELHÜTTE (2117 m)

Von Hippach geht es auf einer schmalen, aber zum größten Teil gut ausgebauten Bergstraße zum Gasthof Mösl und über etliche Kehren zur Atlas-Sportalm (1730 m) nahe der Mautstelle der »Zillertaler Höhenstraße«, die im Winter nicht geräumt wird. Von hier auf einem bei Schneelage oft schwer erkennbaren Weg erst in einigem Auf und Ab zu einer Alm (Sidanalm, 1871 m), dann mittelsteil zur Rastkogelhütte (2117 m) der Sektion Oberkochen des DAV. Man kann auch über den oberen Weg ansteigend zur Hütte queren. Die Hütte wird von Herrn Martin Wechselberger (A-6283 Hippach, Tel. 0 52 85-21 45) mit Ausnahme einer »Jännerlücke« während der gesamten Tourensaison bewirtschaftet. Die Anstiege sind nicht so lang,

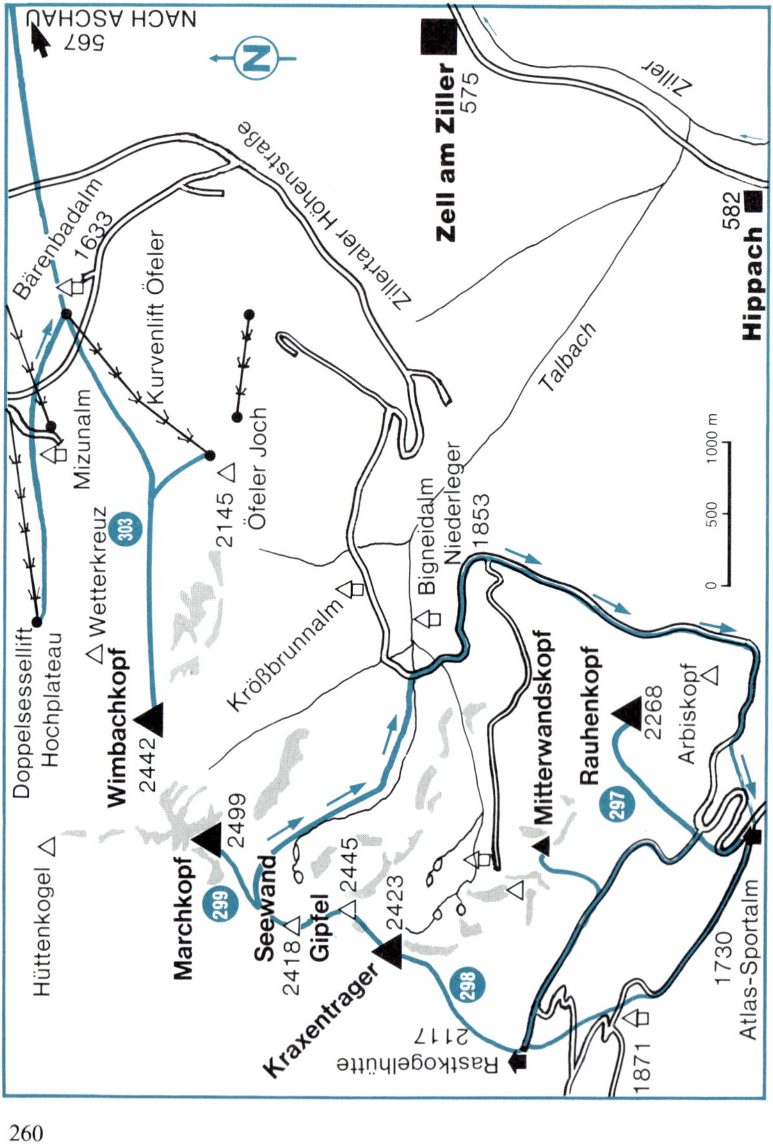
NACH ASCHAU
567
Zell am Ziller
575
Ziller
Zillertaler Höhenstraße
Bärenbadalm
1633
Kurvenlift Öfeler
Mizunalm
Wetterkreuz
303
2145
Öfeler Joch
Talbach
Hippach
582
Doppelsessellift
Hochplateau
Wimbachkopf
2442
Krößbrunnalm
Bigneidalm
Niederleger
1853
0
500
1000 m
Hüttenkogel
Marchkopf
2499
299
Seewand
2418
Gipfel
2445
2423
Kraxentrager
298
Mitterwandskopf
Rauhenkopf
2268
297
Arbiskopf
Rastkogelhütte
2117
1871
1730
Atlas-Sportalm

daß eine Hüttennächtigung nötig wäre, viele Tourengeher ziehen aber die gemütliche Hütte einem Talquartier vor. Nach Schneefällen sind für die Auffahrt zur Atlas-Sportalm Ketten erforderlich. Die Rastkogelhütte ist auch Ausgangspunkt für Ziele im Kamm, der vom Arbiskopf nach Nordost zieht.

Rauhenkopf, 2268 m 297

K: Hm 550, Ekm 2, Z 1,5. Skt 0, Klt 0, Lg 0. Abf SW. Dezember—April.

Der Anstieg auf diesen unbedeutenden Gipfel erfolgt nicht über die Rastkogelhütte, sondern unmittelbar von der Sportalm aus. Vom Parkplatz ein kurzes Stück auf der Straße (im Winter Rodelbahn) weiter bis zu einer Rechtskurve. Hier verläßt man die Straße und steigt über den schönen SW-Hang zu einer Einsattelung westlich des Rauhenkopfs auf und erreicht über den Rücken unschwierig den Gipfel.

Kraxentrager, 2423 m 298

K: Hm 700, Ekm 4, Z 2,5. Skt 1a, Klt 0, Lg 1. Abf SW-Hänge. Dezember bis April.

Von der Sportalm auf dem Fahrweg zur Rastkogelhütte (2117 m). Von der Hütte in Richtung NO zum Grat und über den Kamm unschwierig auf den Gipfel.

Marchkopf, 2499 m 299

K: Hm 900, Ekm 6, Z 3,5. Skt 1a, Klt 0, Lg 1. Abf SW. Dezember—April.

Vom Kraxentrager kann man, skiläuferisch nicht lohnend, aber sehr aussichtsreich, über den »Gipfel« (2445 m) und die Seewand (2418 m) zum Marchkopf weitersteigen. Der Grat ist durchwegs gut begehbar, lediglich ein kurzes Stück nach der Seewand muß zu Fuß zurückgelegt werden. Der Gipfel selbst wird nicht über die (etwas verwächteten) Gratköpfe, sondern über die S-Flanke erreicht. Will man auch eine genußvolle Abfahrt haben, empfiehlt es sich, von der Seewand in die schönen Mulden der Bigneidalm einzufahren. Bei der Höhenstraße ist dann allerdings eine halbstündige Querung fällig, bis man zur Sportalm abfahren kann. Geübte Wegfinder können natürlich auch bis in den Talboden abfahren, den man zwischen Hippach und Zell am Ziller erreicht. Das ist jedoch nicht unmittelbar entlang des Talbaches möglich. Von Hippach gibt es eine private Busverbindung zur Sportalm.

300 Roßkopf, 2576 m

K: Hm 850, Ekm 6, Z 3. Skt 1a, Klt 0, Lg 1. Abf NO, SO. Dezember—April.

Von der Sportalm wie beschrieben zur Rastkogelhütte. Von hier quert man zum Sidanjoch (2127 m) und steigt über den NO-Rücken unschwierig zum Gipfel auf. Bei der Abfahrt kann man vom halben Weg zwischen Roßkopf und Sidanjoch ziemlich steil in den Talboden abfahren. Wenn man sich in einer Höhe von 1800 m links hält, kann man den Weg und fast ohne Gegenanstieg die Sportalm erreichen.

301 Rastkogel, 2762 m

K: Hm 1050, Ekm 8, Z 3,5. Skt 1ab, Klt 0, Lg 1. Abf N, SO-Hänge. Jänner—April.

Von der Sportalm auf dem Weg in Richtung Rastkogelhütte. Man steigt jedoch nicht bis zur Hütte auf, sondern quert den Hang unterhalb des Sidanjochs zu einer Mulde, durch die man zu den kleinen Sidanseen aufsteigt. Nun weiter durch ein gut ausgeprägtes Tälchen bis zum Kamm, der vom Rastkogel herabzieht, und über den SW-Rücken unschwierig auf den Gipfel.

302 Pangert, 2550 m

K: Hm 850, Ekm 6, Z 3. Skt 2a, Klt 0, Lg 1. Abf N, O. Februar—April.

Von der Sportalm wie beim Hüttenanstieg zur Sidanalm (1871 m). Von hier quert man in das Tal des Sidanbaches. Diesem Tal folgt man in seiner weiten Linkskurve bis zum Talschluß. Eine Steilstufe überwindet man auf der linken Seite (rechts Felsen), schwenkt danach aber wieder nach rechts ein und erreicht über den teilweise steilen N-Rücken den Gipfel. Etwas kürzer und skiläuferisch sehr schön: Geradeaus (Richtung Südost) weiter zum Kamm und über den Nordrücken auf das Sandegg (2360 m). Abfahrt: Unterhalb von P. 2023 der ÖK zum Sidanbach. Dann mehrere Bachgräben querend und in leichtem Anstieg zur Atlas-Sportalm zurück. Dem Bachbett könnte man auch bis zum Gasthof Mösl folgen.

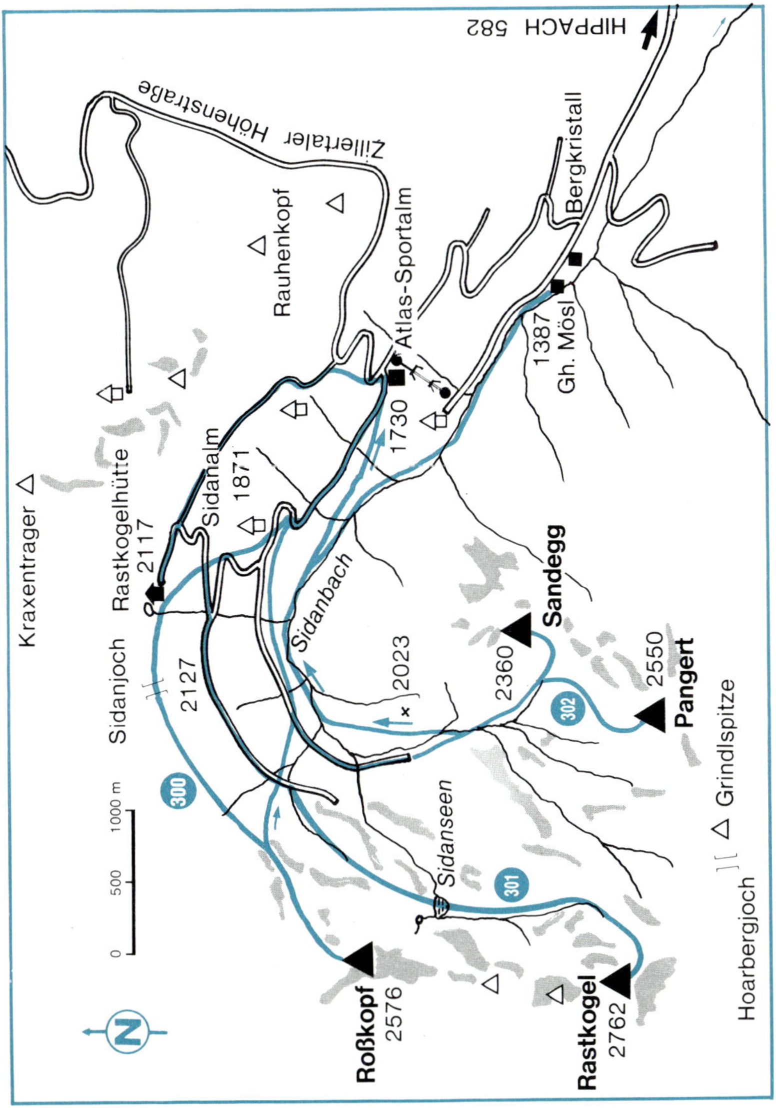
HIPPACH 582
Zillertaler Höhenstraße
Rauhenkopf
Bergkristall
Atlas-Sportalm
1387
Gh. Mösl
1730
Kraxentrager
Rastkogelhütte
2117
Sidanalm
1871
Sidanjoch
2127
Sidanbach
2023
Sandegg
2360
2550
Pangert
302
300
301
Grindlspitze
Sidanseen
Hoarbergjoch
Roßkopf
2576
Rastkogel
2762
0
500
1000 m
N

AUSGANGSPUNKT: ZILLERTALER HÖHENSTRASSE

Die Zillertaler Höhenstraße zieht in einer Höhe zwischen 1800 und 2100 m parallel zur Talstraße von N nach S. Die nördlichste Auffahrt erfolgt in Ried bzw. in Kaltenbach, die südlichste in Hippach. Eine weitere Auffahrt gibt es von Aschau aus. Von Kaltenbach erreicht man die Höhenstraße auch im Winter mit zwei Teilstrecken einer Gondelbahn. Die Höhenstraße wird im Mai freigegeben und kann dann für Unentwegte sogar noch als Ausgangspunkt für kurze Skitouren dienen. Im Winter dagegen ist man auf die Bahnen angewiesen, die zum Skigebiet Hochzillertal führen.

Ausgangspunkt für diese Bahnen ist Kaltenbach, das man von der Autobahnabfahrt Zillertal nach 15 km erreicht. Zwei Teilstrecken einer Gondelbahn bringen ins Skigebiet Hochzillertal und in eine Höhe von 1750 m. Je nach dem angestrebten Gipfel kann man sich den Anstieg durch einen Sessellift oder verschiedene Schlepplifte weiter verkürzen.

303 Wimbachkopf, 2442 m

K: Hm 300, Ekm 1,5, Z 1. Skt 1a, Klt 0, Lg 1. Abf 0 (1900 Hm, teilweise Piste). Dezember—März.

Vor der Errichtung des Skizentrums Hochzillertal einer der schönsten Tourengipfel des Vorderen Zillertals — nun eine Halbtagsunternehmung mit knapp 300 Hm Anstieg und einer Riesenabfahrt über fast 1900 Hm nach Aschau (567 m). Von Kaltenbach mit den beiden Teilstrecken der Gondelbahn in das Skigebiet Hochzillertal. Kurze Abfahrt zum Doppelsessellift »Hochplateau« auf 2300 m Höhe. Abfahrt zum Kurvenlift »Öfeler« und Auffahrt zur Bergstation knapp unterhalb des Öfeler Jochs (2145 m). Von hier queren wir in die flache Mulde östlich des Wimbachkopfes ein, von der es über schönes Skigelände ziemlich steil zum Gipfel geht. Abfahrt zur Bärenbadalm (1633 m) und durchwegs Richtung O durch Waldschneisen und über schöne Almwiesen nach Aschau. Busverbindung zurück zum Parkplatz bei der Seilbahn.

*

AUSGANGSPUNKT: FÜGEN, HOCHFÜGEN

Eine gut ausgebaute Bergstraße — nicht zu verwechseln mit der bemauteten Zillertaler Höhenstraße — führt von Fügen (544 m) im Zillertal durch den Finsinggrund zum Skidörfl Hochfügen (1473 m).

Wetterkreuzspitze, 2254 m 304

K: Hm 1100, Ekm 5, Z 3,5. Skt 1a, Klt 0, Lg 1. Abf W. Dezember—April.

Etwa 7 km nach Fügen kommt man zum Gasthof Schellenbergalm (1291 m). Man fährt noch etwa 1 km weiter und parkt dann neben der Straße. Kurze Abfahrt in den Talboden. Man verfolgt nun den Bach bis zu einer Brücke, die man überquert und erst Richtung S, dann Richtung SO zum Kegel-Niederleger und zum Kegel-Mittelleger (1706 m) aufsteigt. Durch schöne Mulden steigt man Richtung W zu dem Kamm auf, der vom Wetterkreuz in Richtung N zieht und erreicht von N her unschwierig mit Skiern den Gipfel.

Der Anstieg läßt sich auf 1,5 Stunden verkürzen, wenn man vom Liftgebiet Hochfügen mit der Doppelsesselbahn Holzalm auf- und dann Richtung NW zum Mittelleger abfährt. Die Rückkehr ist vom Gasthof Schellenbergalm mit dem Skibus, der Fügen und Hochfügen verbindet, möglich. Von den Holzalmliften läßt sich auch der Hüttenkogel (2386 m) leicht erreichen.

Kleiner Gamsstein, 1924 m 305

K: Hm 600, Ekm 1,5, Z 2. Skt 0, Klt 0, Lg 0 (bei vernünftiger Anlage der Spur). Abf O. Dezember—März.

Zur Orientierung dient die Brücke über den Maschentalbach (1430 m), etwa 2 km vor Hochfügen. Gute Parkmöglichkeit 100 m nach der Brücke. Vom Parkplatz zurück zur Brücke. Auf der rechten (nördlichen) Talseite durch eine Waldschneise, bald aber (nach etwa 100 Hm) nach rechts auf herrliche freie Hänge und zur Maschentalalm. Über schöne O-Hänge auf den Gipfel.

Sonntagsköpfl, 2244 m 306

K: Hm 950, Ekm 2, Z 2,5. Skt 1a, Klt 0, Lg 0 (bei vernünftiger Anlage der Spur). Abf N (beim Anstieg von Hochfügen O). Dezember—April.

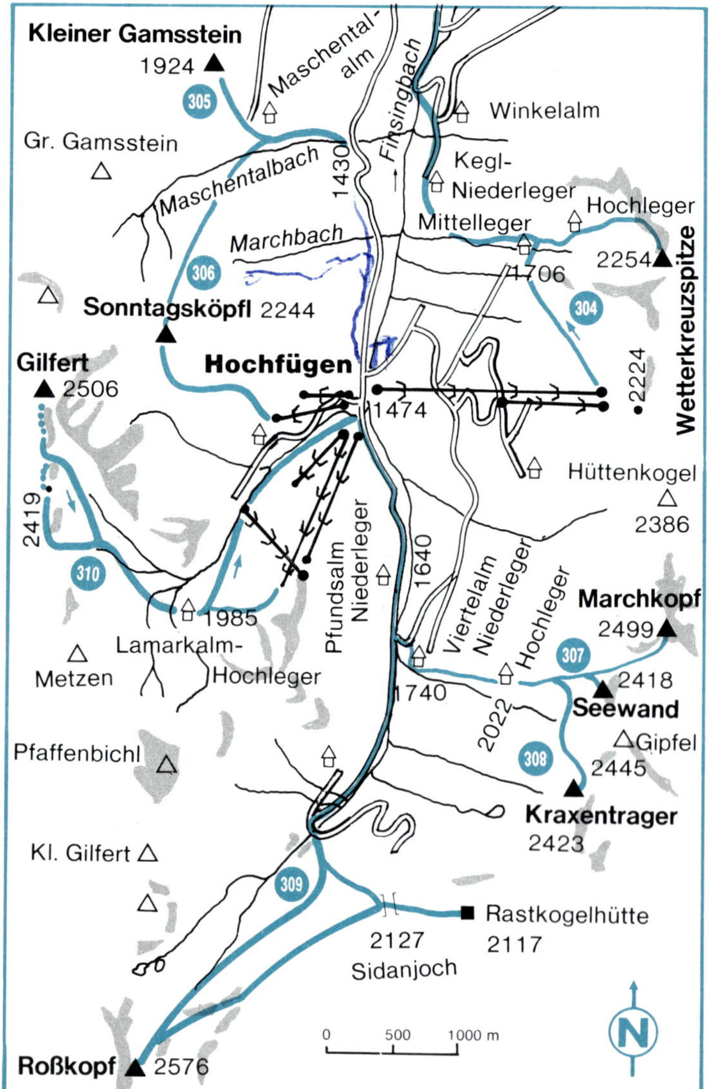

Kleiner Gamsstein
1924
305
Maschentalalm
Finsingbach
Winkelalm
Gr. Gamsstein
Maschentalbach
1430
Kegl-
Niederleger
Hochleger
Mittelleger
Marchbach
306
2254
1706
Wetterkreuzspitze
304
Sonntagsköpfl 2244
Gilfert
2506
Hochfügen
1474
2224
Hüttenkogel
2386
2419
Pfundsalm
Niederleger
1640
Viertelalm
Niederleger
Hochleger
310
Marchkopf
2499
1985
Lamarkalm-
Hochleger
Metzen
307
2418
Seewand
1740
2022
Gipfel
308
2445
Pfaffenbichl
Kraxentrager
2423
Kl. Gilfert
309
Rastkogelhütte
2117
2127
Sidanjoch
0
500
1000 m
N
Roßkopf
2576

Wie beim Anstieg zum Kleinen Gamsstein zur Maschentalalm. Knapp unter der Alm zweigt man nach links ab, überquert an einer günstigen Stelle den tiefen Einschnitt des Maschenbachtales, und steigt über herrliche Hänge und durch schöne Mulden auf das Köpfl. Ein weiterer Anstieg führt über die Lichtungen südlich des Marchbaches, dann nach Südwest, zuletzt Richtung West auf den Gipfel. Ein Anstieg auf das Sonntagsköpfl ist auch von Hochfügen aus möglich, wobei man sich durch den kleinen Schlepplift »Lamark« eine halbe Anstiegsstunde einsparen kann. Bei günstigen Verhältnissen kann man ziemlich unmittelbar über die herrlichen O- und SO-Hänge zum Gipfel aufsteigen, wobei man stets die Möglichkeit hat, gefährlichen Steilstücken durch eine geschickte Spuranlage auszuweichen.

Marchkopf, 2499 m 307

K: Hm 1050, Ekm 5, Z 3,5. Skt 1a, Klt 0, Lg 1. Abf W. Dezember—April.

Von Hochfügen auf einem Fahrweg (Fahrverbot, nicht geräumt) den Finsingbach entlang zum Pfundsalm Niederleger (1640 m). Wenig später zweigt nach links ein Fahrweg ab, dem wir in zwei großen Kehren zum Viertelalm-Niederleger (1740 m) folgen. Richtung SO durch schöne Zirbenbestände zum Hochleger (2022 m). Nun ziemlich genau in Richtung O auf den Kamm, der Seewand (2418 m, etwas kürzer erreichbar) und Marchkopf verbindet, und über ihn unschwierig zum Gipfel.

Kraxentrager, 2423 m 308

K: Hm 950, Ekm 4, Z 3. Skt 1a, Klt 0, Lg 1. Abf NW. Jänner—April.

Wie beim Anstieg zum Marchkopf zum Viertelalm-Hochleger (2022 m). Der Sommerweg quert hier bereits Richtung S das Bachbett. Für uns ist es günstiger, bis in eine Höhe von 2150 m anzusteigen und dann erst nach rechts zu queren und in einer Mulde aufzusteigen, die den Kamm zwischen dem Kraxentrager und dem »Gipfel« erreicht. Von NO unschwierig auf den Gipfel.

Roßkopf, 2576 m 309

K: Hm 1150, Ekm 6, Z 3,5. Skt 1a, Klt 0, Lg 1. Abf N. Jänner—Mai.

Wie beim Anstieg zum Marchkopf in das Tal des Finsingbaches. Nun aber weiter bis zum Talschluß. Einen sperrenden Felsriegel überwindet man, indem man auf die andere Bachseite wechselt, aufsteigt und unterhalb des Sidanjochs, in einer Höhe von 2100 m in eine sehr flache Mulde quert. Durch die N-Flanke in zunehmender Steilheit auf den Gipfel. Leichter, aber auch langwieriger läßt sich der Gipfel erreichen, wenn man zum Sidanjoch (2127 m) aufsteigt und in einigem Auf und Ab den NO-Rücken bis zum Gipfel verfolgt. Das Sidanjoch ermöglicht auch einen unschwierigen Übergang zur Rastkogelhütte.

310 Gilfert, 2506 m

K: Hm 500, Ekm 4, Z 2,5. Skt 1a (Variante 2ab), Klt 1, Lg 2. Abf O, N (Variante SO, N). März—Mai. (Anstieg von Hochfügen um 1,5 Stunden länger.)

Auch der Gilfert läßt sich von Hochfügen aus erreichen, allerdings ungleich anspruchsvoller als auf den üblichen Anstiegen von der Hausstatt oder von Innerst. Mit dem Sessellift »Pfaffenbühel« zur Bergstation (etwa 2100 m). Von hier quert man zum Lamarkalm-Hochleger (1985 m). In gemütlichem Anstieg geht es nun Richtung NW in den Kessel der Spitzlalm, von dem aus man nach links (Richtung W) zu dem Rücken aufsteigt, der vom Gilfert nach S zieht. Über diesen Rücken erreicht man, teilweise ein wenig mühsam zu Fuß, aber ohne besondere Schwierigkeiten, den Gipfel. Bei sicherem Firn kann man bereits von einem südlich des Gilfert gelegenen Vorgipfel steil, eng und anspruchsvoll zum Lamarkalm-Hochleger abfahren. Natürlich muß man auch nicht mehr zur Bergstation queren, sondern kann bereits früher in den Talboden abfahren. Diese Route wählt man auch für den Aufstieg, wenn die Lifte nicht mehr in Betrieb sind.

*

LITERATURVERZEICHNIS

Beikircher, Werner und Hellweger, Karl (1981): Alpinführer Tauferer und Ahrntal. Bozen.

Bergverlag-Tourenblätter, Mappe 7 (o.J.): Zillertaler Alpen, Glockner- und Venedigergruppe. München.

Dehio-Handbuch (1980): Die Kunstdenkmäler Österreichs — Tirol. Wien.

Deutscher und Österreichischer Alpenverein, Hg. (1985, 4.A.): Hüttenhandbuch. München.

Dollinger, Inge (1983): Tiroler Kunstreise. Innsbruck.

Dondio, Willy (1983): Schutzhütten in Südtirol. Calliano.

Dumler, Helmut (1978): Tauferer Tal — Ahrntal. München.

Frei, Mathias (1977): Kunstreise durch Südtirol. Bozen.

Frei, Werner (1983): Tiroler Tourenbuch (mit 200 Sommer- unt Wintertouren). Innsbruck.

Gasser, Hannes (1974, 2.A.): Erlebnis Zillertaler Alpen.

Gionco, Franco und Malusardi, Alberto (1983): Dallo Stevio a San Candido. Turin.

Grassler, Franz (1983): Alpenvereinseinteilung der Ostalpen (AVE), in: AV-Jahrbuch 1984, 215—224. München.

Hensler, Emil (o.J.): Die Naviser Hütte und ihr Wandergebiet. Innsbruck.

Hiebeler, Toni (1982): Lexikon der Alpen. München.

Hochtouristengruppe des AVS, Hg. (o.J.): BV-Tourenblätter, Mappe 6 — Skihochtouren in Südtirol. München.

Hunger, Gerhard, Hg. (1984): Skitouren Atlas, Ostalpen 2 — Zwischen Brenner und Gasteiner Tal. München.

Hunger, Gerhard, Hg. (1984): Skitouren Atlas Ostalpen, Band V (Östliches Südtirol und angrenzende Gebiete). München.

Keill, Peter (1984): Skihochrouten in den Alpen. München.

Klier, Walter (1976): Kleiner Führer durch die Tuxer Voralpen. München.

Klier, Heinrich u. Walter (1983, 9.A.): Alpenvereinsführer Zillertaler Alpen. München.

Klier, Walter (1986): Kleiner Führer Zillertaler Alpen. München.

Knaurs Kulturführer in Farbe (1977): Österreich. München.

Kössler, Ulli und Zandanel, Luis (1985): Skitourenführer Südtirol (und Randgebiete). Meran.

Kössler, Ulli und Zandanell, Luis (1983): Skitourenführer Südtirol. Lana und Innsbruck.

Mehling, Marianne, Hg. (1982): Knaurs Kulturführer Südtirol. München.

Menara, Hanspaul (1978): Südtiroler Skitouren. Bozen.

Menara, Hanspaul (1981): Alpenwege 1 — Zillertaler Alpen. Bozen.

Pause, Walter (o.J.): Abseits der Piste (100 stille Skitouren in den Alpen).

Pause, Walter (o.J.): Ski Heil (100 schöne Ski-Abfahrten in den Alpen). München.

Rampold, Josef (1981, 4.A.): Eisacktal. Bozen.

Schnürer, Sepp (1986): Zillertaler Alpen — Stubaier Alpen. München.
Seibert, Dieter (1979): AV-Skiführer Ostalpen, Band 1. München.
Seibert, Dieter (1982): Traumtouren im Tiefschnee (226 Ziele für Genießer). München.
Seibert, Dieter und Stiebler, Christoph (1985): Skitouren. München.
Spitzenstätter, Walter (1983, 2.A.): Tirol — ausgewählte Skitouren. Innsbruck.
Verkehrsverband Sand in Taufers, Hg. (1985): Tauferer — Ahrntal. Bozen.
Weingartner, Josef (1973): Die Kunstdenkmäler Südtirols, Band I. Innsbruck.
Weiss, Rudolf (1983): Touren-Skilauf (Sicher und gennußvoll in Pulver und Firn). Innsbruck.
Wiedmann, Otti (1976): Auf steilen Wegen in Tirol. Innsbruck.

STICHWORTVERZEICHNIS

*